河南省哲学社会科学规划项目（2023CJJ144）
河南省软科学研究计划项目（242400410167）
河南省高校人文社会科学研究一般项目（2024-ZZJH-027）
资助

国际风险投资对企业创新的影响研究

The Impact of International Venture Capital on Enterprise Innovation

基于国家距离和海外上市的视角

张凯歌◎著

中国经济出版社
CHINA ECONOMIC PUBLISHING HOUSE
·北京·

图书在版编目（CIP）数据

国际风险投资对企业创新的影响研究：基于国家距离和海外上市的视角 / 张凯歌著 . --北京：中国经济出版社，2024. 4

ISBN 978-7-5136-7704-2

Ⅰ. ①国… Ⅱ. ①张… Ⅲ. ①国际投资-风险投资-影响-企业创新-研究 Ⅳ. ①F273. 1

中国国家版本馆 CIP 数据核字（2024）第 062852 号

责任编辑　牛慧珍
责任印制　马小宾
封面设计　任燕飞

出版发行　中国经济出版社
印 刷 者　北京艾普海德印刷有限公司
经 销 者　各地新华书店
开　　本　710mm×1000mm　1/16
印　　张　17. 5
字　　数　295 千字
版　　次　2024 年 4 月第 1 版
印　　次　2024 年 4 月第 1 次
定　　价　88. 00 元
广告经营许可证　京西工商广字第 8179 号

中国经济出版社 **网址** http://epc. sinopec. com/epc/ **社址** 北京市东城区安定门外大街 58 号 **邮编** 100011
本版图书如存在印装质量问题，请与本社销售中心联系调换（联系电话：010-57512564）

前 言
PREFACE

从2013年攻读硕士学位开始，我就在导师的指导下重点关注企业创新，主要从公司治理视角研究企业创新能力的提升问题。在2018年攻读博士学位之后，我逐渐将研究聚焦在风险投资对企业创新的作用机制和提升路径探索上，并重点关注国际风险投资。本书是在我博士学位论文《国际风险投资对企业创新的影响研究》的基础上，修改完善形成的。

创新驱动引领高质量发展。企业作为国家创新的主体，已成为中国创新型国家建设的核心力量。然而与发达国家相比，我国企业创新还存在研发投入不够、关键共性技术供给不足和创新转化效率较低等问题，企业创新能力还有待进一步提高。同时，风险投资行业兴起于欧美等发达国家，但随着其国内竞争加剧和收益降低，企业出于开拓市场、增加收益或者传播价值观等目的，纷纷走出国门，开启国际化投资进程，以国际风险投资的身份将资金更多地投向当地风险投资行业不发达且有较大发展潜力的新兴国家市场，并对当地企业发展产生了重要影响。然而，针对国际风险投资是否对企业发展产生了积极培育作用的问题，学术界虽然进行了广泛的探讨和研究，但却得到了不一致甚至完全相反的结论。特别地，目前基于企业创新视角，对国际风险投资在新兴国家的投资绩效影响研究还相对缺乏，且尚未形成完整统一的理论框架，有待进一步深入探究。

基于上述背景，为了打开国际风险投资影响新兴国家企业创新的黑箱，揭示其在新兴国家投资的行为动机、作用效果及影响机制，本书在对国际风险投资影响企业创新的信息不对称理论、委托代理理论、资源基础理论、信号理论、外来者劣势、社会网络理论、新兴者劣势、社会认同理论和家乡偏误以及国内外已有研究文献进行全面梳理的基础上，构建了相关理论研究框架，并以有风险投资支持的新兴国家全球上市企业为样本，整合了来自 EIKON 数据库、Datastream 数据库、BVD 全球企业数据库、BVD 知识产权数据库、世界银行、CEPII 官网、美国中央情报局（Central Intelligence Agency，CIA）、Hofstede 官网、世界经济自由度报告和世界知识产权组织等多维度数据，综合运用多元回归分析法、Heckman 两阶段法、工具变量法、中介效应分析法、调节效应分析法等多样化的研究方法，主要对以下问题进行了深入探讨：

（1）国际风险投资在新兴国家的投资有何特点？

（2）与本土风险投资相比，国际风险投资是否更有利于新兴国家企业创新？不同特征的国际风险投资对企业创新的影响存在差异吗？

（3）与创业企业间较远的国家距离是国际风险投资影响企业创新的重要原因吗？风险投资特征和创业企业国家禀赋会影响国家距离与企业创新的关系吗？

（4）海外上市是国际风险投资影响企业创新的中介路径吗？该中介路径作用发挥的深层次潜在影响机制是什么？不同的风险投资特征对该中介路径有何影响？

为了回答上述问题，本书在对国际风险投资在新兴国家的投资现状进行分析的基础上，研究了国际风险投资对企业创新的影响效果，并进一步从国家距离和海外上市的视角探究了国际风险投资影响企业创新的作用机制和优化路径，并得出了相关结论。通过上述研究，本书在选题及研究视角、研究方法和现有理论体系完善三个方面具有一定的创新性，是对现有文献研究的进一步深化和有益补充。同时，本书的研究内容还能为政府和各级部门建立更加有效的风险投资机制、引导和吸引成熟的国际风险投资机构到中国希望发展的领域中去、促进国际风险投资机构与创业企业之间的良性互动，提供更加直接的微观证据，并有利于创业企业更加科学地认识国际风险投资与本土风险投资对企业创新的差异化影响机制，为其合理引入不同背景和不同特征风险资本的战略决策提供实证依据。此外，针对国际风险投资的研究内容还有助于中国风险投资机构学习成熟的跨国投资模式，以更好地应对国际化投资过程中面临的困难，从而为其顺利走出国门，更好更快地实现国际化进程提供经验参考。

本书适用于对风险投资和企业创新方面研究感兴趣的人士，如高校经管类专业教师和学生、政府部门工作人员、风险投资机构管理者、上市公司管理者，以及致力于从事企业投融资的社会公众。本书对于上述人士学习风险投资和企业创新的相关知识，建立更加有效的风险投资机制，制定更加合理的风险投资引入战略决策，促进风险投资与创业企业之间的良性互动，提高企业创新水平，具有重要的参考价值。

张凯歌

2023 年 11 月

目 录
CONTENTS

第一章
绪论

第一节　研究背景与意义

一、研究背景

创新是引领发展的第一动力，是建设现代化经济体系的战略支撑。自2006年《国家中长期科学和技术发展规划纲要（2006—2020年）》（以下简称科技规划纲要）实施以来，到2012年召开全国科技创新大会，发布《中共中央 国务院关于深化科技体制改革加快国家创新体系建设的意见》（中发〔2012〕6号），再到2016年全国科技创新大会、两院院士大会、中国科学技术协会代表大会，中共中央、国务院印发《国家创新驱动发展战略纲要》，以及党的二十大报告、2023年《政府工作报告》，国家出台了一系列政策来深化并加强“创新”在国家发展中的驱动引领作用。同时，企业作为国家创新的主体，是中国创新型国家建设的核心力量，政府也出台了一系列与企业创新密切相关的国家发展战略和改革纲领性文件，如《关于强化企业技术创新主体地位全面提升企业创新能力的意见》、《关于引导企业创新管理提质增效的指导意见》、《中国制造2025》（张赤东，2017）和《企业技术创新能力提升行动方案（2022—2023年）》等，以期更好更快地促进企业创新能力的提高，推进产业提质升级，从而促进经济高质量发展。此外，在一系列政策的推动下，我国企业创新能力得到明显提升，企业研发投入主体地位更加凸显。2022年我国企业研发投入占全社会研发投入比重为77.6%，规模以上工业企业中超过五成企业开展了技术创新活动。但与发达国家相比，我国企业创新还存在研发投入不够、关键共性技术供给不足、激励企业创新的机制不健全等问题。因此，如何更好地加强企业的创新主体地位，引导企业持续加大研发投入，提高企业创新转化效率，是实现更好更快建设现代化经济体系的重要保障。

同时，已有研究及欧美等国的实践经验表明，风险投资机构作为专业投资者，可以依据其拥有的风险资本和相关知识技术，提高企业创新水平（Shinkle et al.，2019；Corsi et al.，2019），促进行业整体创新（Pradhan et al.，2020；Popov & Roosemboom，2012；Kortum & Lerner，2000），进而对国家经济增长产生积极影响（Kraemer-Eis et al.，2016；Strebulaev & Gornall，2015）。因此，建立有效的风险投资机制，充分调动风险资本促进科技成果转化的积极性，是实施创新战略的重要环节（Sun et al.，2020；Pierrakis et al.，2019）。根据《2019年中国创业投资年度统计报告》，2019年中国创业投资市场共发生3455起投资案例，已披露的金额共计1577.80亿元，平均投资规模为5480.39万元。由此可见，由于条件和程序的便利，风险投资已成为我国企业尤其是初创企业的重要融资渠道，突破了传统上严重依赖商业银行融资的弊端。此外，风险投资行业兴起于欧美等发达国家，基于减少信息不对称和与之相关的逆向选择和道德风险问题的考虑，通常会选择地理临近的目标公司进行投资，具有明显的本土化特征（王疆，2013；Devigne et al.，2018）。但随着发达国家国内风险投资行业的竞争加剧和收益降低，出于开拓市场、增加收益或者传播价值观等目的，风险投资机构纷纷走出国门，开启国际化投资进程（Schertler & Tykvova，2011；Hain et al.，2016；Plagmann & Lutz，2019），并将资金更多地投向当地风险投资行业不发达且有较大发展潜力的新兴国家市场（Chemmanur et al.，2016；Wang，2017；Khavul & Deeds，2016）。以阿里巴巴、腾讯、百度等为代表的国内企业受益于国际风险投资机构的支持，国际化进程加快，纷纷在海外上市，目前已成为行业独角兽（彭涛等，2020）。然而也有文献研究指出，国际风险投资机构在企业绩效下降时会更快退出（Devigne et al.，2016），且由于外来者劣势不能很好地发挥增值效应，更可能出于私有收益动机而非战略动机促进企业尽快上市，并不能对企业起到很好的培育作用（彭涛等，2020；Makela et al.，2006）。因此，深入探究更有效的风险投资机制建设，以更好地调动国际风险投资机构培育企业的积极性，并使其为企业提供更多的增值服务，进而提高企业创新水平，具有重要的现实意义。

此外，党的二十大报告明确指出，要“坚持创新在我国现代化建设全局中的核心地位”“加快实施创新驱动发展战略”“强化企业创新主体地位”“坚持高水平对外开放，加快构建以国内大循环为主体、国内国际双循环相互促进的新发展格局”。同时，2023年《政府工作报告》明确指出，要“支持和突出企业科技创新主体地位”“强化科技创新对产业发展的支撑”“更大力度吸引和利用外资”。另外，当今世界正经历百年未有之大变局，面对全球政治经济环境出现的重大变化，适应我国发展阶段性新特征，党中央准确研判大势，立足当前，着眼长远，提出了要加快构建以国内大循环为主体、国内国际双循环相互促进的新发展格局。具体地，不仅要推动科技创新在畅通循环中发挥关键作用，强化企业创新主体地位，集中力量打好关键核心技术攻坚战，锻造产业链供应链长板，补齐产业链供应链短板；还要推动金融更好服务实体经济，健全现代流通体系；完善金融支持创新的政策，发挥资本市场对于推动科技、资本和实体经济高水平循环的枢纽作用，提升金融科技水平；并推动更高水平的对外开放，更深度融入全球经济；要进一步扩大市场准入，创造更加公平的市场环境，在更高水平上引进外资。因此，在目前乃至未来很长一段时间内，如何完善金融支持创新的政策，更高水平地引进和利用国际风险资本，进而促进企业创新和推动国家高质量发展，将是学术界和实务界的一项具有重要意义的研究课题。

综上，基于企业创新对国家发展的重大意义和风险投资对企业创新的重要影响，在国内不断大力度支持创新、持续推动更高水平对外开放和不断完善金融服务实体经济的制度背景下，研究国际风险投资和本土风险投资对企业创新的影响差异及其潜在作用机制，有助于揭示国际风险投资机构在新兴国家投资的行为动机、作用效果及影响机制，从而对我国在实施更高水平的对外开放政策下，更好地利用国际风险资本，促进国际风险投资与本土风险投资间以及二者与创业企业间的良性互动，进而促进风险投资更好地服务于实体企业创新水平的提高，具有重要的理论和现实意义。

二、研究意义

基于上述背景，本书研究了新兴国家普遍存在的国际风险投资对企业创新的影响结果，以及不同风险投资特征的调节作用。并进一步从国家距离视角和海外上市视角对国际风险投资影响企业创新的潜在作用机制及其影响因素进行了深入研究。本书具有重要的理论意义和现实意义。

本书的理论意义主要体现在以下三个方面：

（1）丰富了国际风险投资与企业创新的相关文献。目前国内外关于国际风险投资对企业创新直接影响关系的研究相对较少（Que & Zhang，2020），多为国际风险投资对企业 IPO 绩效（张学勇和廖理，2011）、海外上市（彭涛等，

2020；Zhang & Yu，2017）、国际化战略（Chahine et al.，2019）等的影响研究，且上述影响结果也并不完全一致。但大都基于“价值增值效应”“监督治理效应”和“认证效应”，认为国际风险投资在促进企业发展上优于本土风险投资；或基于“外来者劣势”、较低的本地网络嵌入和较强的“逐名”能力，认为国际风险投资较本土风险投资不利于企业的长期发展。因此，本书基于企业创新视角，对国际风险投资影响企业发展的方向、潜在机制及风险投资特征的异质性进行了研究，不仅极大地丰富了国际风险投资对企业创新影响的相关文献，还对风险投资特征的异质性影响在不同背景风险投资研究领域进行了重要拓展，是对风险投资特征研究文献的极大丰富。

（2）丰富了国际风险投资面临的国家距离与企业创新的相关文献。已有研究表明，目前对国际风险投资与创业企业间国家距离的相关研究，主要集中在国家距离对国际风险投资机构的风险资本跨国流动（Moore et al.，2015）和跨国投资 IPO 绩效（Li et al.，2014）的影响研究上，只有少数文献从国家距离的地理距离维度研究了国际风险投资对企业创新的影响（Que & Zhang，2020）。因此，本书基于地理距离、文化距离、法律距离和制度距离的多重维度，从国家距离的视角出发，将国际风险投资、国家距离与企业创新三者放在同一研究框架下，对国际风险投资影响企业创新的国家距离因素进行了深入探究，并进一步从风险投资特征和创业企业国家禀赋两个层面，对国家距离影响企业创新的异质性因素进行了分析，并得出相关结论。这是风险投资机构进行跨国投资时面临的国家距离劣势在企业创新领域研究的重要拓展，是对现有国际风险投资、国家距离与企业创新相关文献的有益补充。

（3）丰富了国际风险投资、海外上市与企业创新的相关文献。国内外研究表明，一方面，国际风险投资对企业海外上市的促进作用得到了文献的广泛证实（彭涛等，2020；Humphery-Jenner & Suchard，2013；Zhang & Yu，2017）。学者们普遍认为，与本土风险投资机构相比，国际风险投资机构拥有丰富的国际市场知识和广泛的国际社会网络资源（MaKela & Maula，2006），有能力促进企业的海外上市；同时，基于逐名动机，为了获取高额回报率、提高行业声望以及维持后续融资通畅（Gompers，1996；Nahata，2008；胡志颖等，2015），国际风险投资机构也有更大的动机督促创业企业的海外上市。另一方面，在逆全球化思潮不断蔓延和新兴国家跨国企业在国际市场普遍面临“新兴者劣势”的背景下，海外上市作为企业进入国际市场的重要途径，其能否通过海外上市获取创新相关的知识、技术、人才和网络等资源，以促进创新水平的提高还有待验证。因此，本书基于海外上市视角，对国际风险投资影响企业创新的作用机制进行了研究，并从上市时机、财务困境风险和企业国际化程度等方面剖析了海外上市中介效应发挥的潜在机制，极大地丰富了现有文献研究。

本书的现实意义主要体现在以下四个方面：

（1）20 世纪 90 年代以来，随着发达国家国内风险投资行业的竞争加剧或者为了满足其投资组合企业国际化的需求，风险投资机构打破了以往的地域限制，将目光转向国外市场，试图寻找新的投资机会，进行国际化投资（Alperovych et al.，2020；Wang et al.，2017；Moore et al.，2015）。在中国的风险投资市场刚起步时，国际风险投资就已经进入中国市场，并在很长一段时间是我国风险投资行业的主导力量，为一大批中国创业企业的成功提供了帮助（谈毅等，2016）。在此背景下，本书利用新兴国家近 30 年来的微观企业层面数据，研究了国际风险投资对企业创新的影响，为政府和各级部门采取相应政策，建立更加有效的风险投资机制，引导和吸引成熟的国际风险投资机构到中国希望发展的领域中去，调动国际风险投资机构培育企业的积极性，促进国际风险投资机构与创业企业之间的良性互动，进而有效发挥国际风险投资资本对创新创业的促进作用（陈苏，2017），提供了更加直接的微观证据。

（2）创新作为引领发展的第一动力，是建设现代化经济体系的战略支撑。企业作为国家创新的主体，已成为中国创新型国家建设的核心力量。国家政策明确指出“增强企业创新能力，加快科技成果转化和产业化，为实施创新驱动发展战略、建设创新型国家提供有力支撑”。基于此，本书以企业创新为切入点，聚焦风险投资的国家背景，深入剖析了国际风险投资对企业创新的影响方向及可能的潜在影响机制。这不仅有助于创业企业科学地认识国际风险投资与本土风险投资对企业创新的差异化影响，为其合理引入国际风险投资或本土风险投资提供了实证依据；还揭示了国际风险投资在促进企业创新绩效中面临的问题、机遇和挑战，为国际风险投资更好地进入我国市场，通过促进企业创新，更好地实现企业价值增值，进而实现后期退出的高收益获取提供了经验参考。

（3）已有文献研究表明，风险投资的背景、声誉、行业经验、投资期限、进入时机等特征差异（陈思等，2017；张学勇等，2011；成力为等，2020；Que & Zhang，2020），风险投资机构所在国家与创业企业所在国家间的制度距离、地理距离、文化距离、法律距离（Bellavitis et al.，2019；Wang，2017；Dai et al.，2016）等国家差异，以及创业企业所在国家的自由访问度、综合治理水平和创新水平等禀赋差异，均会对被投企业绩效产生差异化影响。因此，本书进一步从风险投资特征、外部环境因素等多角度分析了国际风险投资对企业创新的影响，为以创新为导向的企业，有针对性地提升自身对风险投资机构，特别是国际风险投资机构的吸引力，更加合理地引入国际风险投资、把握更加准确的风险投资引入时机及制定更加科学的战略决策，进而提高企业创新能力，提供了经验参考和实证依据。

（4）在我国不断扩大对外开放的背景下，随着中国风险投资行业的逐步发展成熟，中国风险投资机构也在加快其国际化的步伐，开始向美国、英国等发达国家（Zhang et al.，2017），亚洲、非洲、拉丁美洲等发展中国家进行投资。因此，研究已有的风险投资国际化模式，分析风险投资机构在国际化投资过程中面临的困难及其解决途径，可以帮助中国风险投资机构在不同的国家选择不同的投资模式，或者通过建立更高的声誉等途径，以减少较远国家距离导致的“外来者劣势”对投资绩效的负面影响。另外，分析国际风险投资在不同制度环境和文化环境下的运营模式，以及对企业海外上市、企业国际化战略和企业创新的影响，有助于中国风险投资机构模仿成熟的风险投资国际化模式，并为其顺利走出国门，更好更快地实现国际化进程提供了经验参考。

第二节　相关文献综述

鉴于国际风险投资是基于国家背景界定的风险投资类别，兼具风险投资的普遍性和国际化的特殊性，为了深入研究国际风险投资对企业创新的影响，本书采用4W的逻辑分析框架①，对国内外文献进行了如下梳理。首先，对风险投资国际化的相关研究文献进行梳理，以期了解国际风险投资机构进行跨国投资的动因、面临的困难及其影响绩效；其次，考虑到国际风险投资具有风险投资影响企业创新的普遍性特征，进一步将文献聚焦到风险投资对企业创新的影响研究上，以期了解风险投资对企业创新的影响结果、作用机制及

① Whether（是否有影响）→What（产生了什么影响）→How/Why（如何产生影响）→Where（结果受何因素影响）。

其影响因素；最后，基于国际风险投资特有的国际化属性，分别从国家距离和海外上市的视角，对国际风险投资影响企业创新的相关文献进行了梳理，以期了解与本土风险投资相比，国际风险投资对企业创新的差异化影响结果、作用机制及其影响因素。

一、风险投资国际化的文献综述

近年来，随着越来越多的风险投资机构走出国门，开启国际化投资进程，学者们对国际风险投资机构进行国际化的动因、国际化过程中面临的困难及其影响绩效进行了广泛研究。

（1）基于对风险投资国际化动因研究的相关文献梳理发现，国际风险投资机构进行跨国投资的动机和影响因素主要体现在以下三个方面：

首先，风险投资国际化并不是一种偶然现象，而是供需双方共同作用下的必然过程（陈苏和刘曼红，2017）。一方面，对于发达国家风险投资机构而言，其进行跨国投资的原因有三：一是基于本国风险投资行业竞争的加剧和项目回报率的降低，出于逐利性的目的进行国际化投资（王疆，2013）；二是为了适应本国投资组合企业的国际化诉求而进入新兴经济体（Dixit & Jayaraman，2001；Chahine et al.，2019；Da Gbadji et al.，2015）；三是向新兴经济体输出风险资本的同时也输出商业文化、投资理念、市场原则等，如通过风险投资的输出促进东道国（如印度）金融自由化（Dossani & Kenney，2002）。另一方面，从被投资国家来看，国际风险投资的进入可以促进新兴经济体创业氛围和创业精神的形成（Gu et al.，2019）；同时，新兴经济体为了吸引国际风险投资，会制定新的政策和法律，间接影响新兴经济体的制度（Cornelius，2007）；此外，国际风险投资通过参与公司治理，提高企业发展水平，有助于缩小新兴经济体与发达经济体之间的差距（Milanov，2005）。

其次，从国家层面看，一个国家的创业环境、预期 GDP 增长率、股票市场规模、制度环境和网络联系等特征也会影响风险资本的国际流动。具体来看，国家的高科技创业环境和体制发展越完善，则国际风险投资机构投资该国的可能性就越大（Aizenman & Kendall，2012）；国家的预期 GDP 增长与国际风险投资机构的交易数量呈正相关，而风险投资机构母国的预期 GDP 增长阻碍了风险投资的国际化（Schertler & Tykvova，2012）；股票市场活跃的国家为国际风险投资支持企业提供了成功的退出机制，不仅会带来更多的国内交易，还会吸引更多的国外投资者（Groh et al.，2010）；国际风险投资机构所在国家与创业企业所在国家间较小的地理距离（Colombo et al.，2019）、共同语言和殖民关系（Aizenman & Kendall，2012）会增加国家间的风险资本流动；一国较好的法律环境和创新环境（Schertler & Tykvova，2011），以及国家间广泛的经济一体化（Alhorr et al.，2008），均能够有效促进国际风险资本的进入；活跃于母国和东道国技术网络的移民群体（Madhavan & Iriyama，2009），母国与其目标国家间强大的行业网络（Sorenson et al.，2001），以及国家间较高的信任关系（Bottazzi et al.，2016；Hain et al.，2016），均能促进风险资本的国际流动。

最后，从风险投资机构自身特征看，风险投资机构的国际化决策主要受其结构和战略特征、人力资本和社会资本等因素的影响。具体来看，一方面，风险投资机构的投资重点、声誉和类型会影响其跨国投资的可能性（Cumming & Dai，2010；Joshi，2018）。比如，处于早期阶段的企业信息透明度较低（Fleming，2015），专注于早期投资的风险投资机构会倾向于留在本土市场，专注于中后期投资的风险投资机构会有更高的意愿进行国际化投资（Cumming et al.，2012）；更有信誉的风险投资机构，即成立时间更长、投资经验更丰富和具有更多成功 IPO 退出经验的风险投资机构，通常具有更广泛的投资范围（Cumming & Dai，2010）；而政府相关的风险投资较少进行远距离的投资活动（Bertoni et al.，2015）。另一方面，风险投资机构的人力资本（管理层经验）对其国际化战略有重要的决定性作用。例如，风险投资机构投资经理的国际投资经验影响其投资范围（Madhavan & Iriyama，2009），具有更多有外国投资经验经理的风险投资机构，会更密集地在国外投资（Schertler & Tykvova，2012）；具有创业经验的投资经理比例越高的风险投资机构，越愿意进行远距离投资，其国际化投资的地理范围也越广泛（Patzelt et al.，2009）；投资经理在风险投资机构之外的国外工作经验和知识继承，对风险投资机构国际化也有积极的影响（De Prijcker et al.，2012）；若风险投资机构中的投资经理可以将更多时间用于其投资组合企业，则该风险投资机构也更倾向于实施国际化战略（Fritsch & Schilder，2008）。此外，风险投资机构的社会资本（联合合作伙伴网络）也对其国际化战略有决定性作用。比如，联合开发的风险投资行业社交网络可以传播关于潜在投资机会的信息，从而扩大风险投资者的空间投资半径（Lee，2019）；Vedula 和 Matusik（2017）的研究表明，具有国际经验的联合合作伙伴对美国风险投资机构的国际化投资决策产生了积极的影响，且地理距离越近的同行影响越大。

（2）国内外学者研究指出，风险投资在国际化过程中面临明显的外来者劣势（Wang，2017；Devigne et al.，2016；王玉荣等，2015）。所谓外来者劣势，是指国外风险投资机构进入东道国进行跨国投资时，由于不熟悉当地的制度、文化、法律等环境（Moore et al.，2015；Dai et al.，2016；Tykvova，2018），缺乏声誉、合法性、信任和当地嵌入等社会认可（Guler & Guillen，2010），缺乏在东道国市场的成功业绩记录以积累声誉（Gu & Lu，2014）和获取本地网络嵌入地位（Ahlstrom et al.，2006；Lu & Hwang，2010）等原因所形成的劣势。这将限制他们作为投资者的吸引力，不利于其国际化进程。同时，国际研究表明，为克服外来者劣势的不利影响，国际风险投资机构会在国际化过程中的不同阶段采取不同的应对措施，具体如下：

首先，在投资目标的来源上，相关研究文献指出，风险投资获取投资标的的途径主要包括主动寻找交易，或者被动地等待企业家、风险投资公司或中介机构的投资邀约（Lu & Hwang，2010）。鉴于进行国际化投资时，风险投资机构获取的投资邀约较本土风险投资机构少，因此，国际风险投资机构通常会利用母国优势，从网络上征求更多的交易（Lu & Hwang，2010）；且一些风险投资机构的国内网络优势，如其社会地位优势，可以从母国转移到目标公司的国家（Guler & Guillen，2010）。

其次，在投资目标和进入时机的选择上，相关研究表明，风险投资国际化过程中，面临较远的地理距离和文化距离，且在投资组合公司环境中的嵌入性较低，这会阻碍国际风险投资与创业企业间软信息的转移（Devigne et al.，2016）。因此，为了克服这一信息问题，国际风险投资机构采用的一种策略是选择信息不对称程度较低的投资组合公司，即更倾向于在稍后阶段、以后一轮或更大的交易轮次进入该公司（Schertler & Tykvova，2011；Dai et al.，2012）。

再次，在进行跨国投资时，交易特征和法律合同也可用作缓解信息不对称问题的工具。Balcarel 等（2010）研究发现，跨国风险投资机构在法律保护较差的国家向投资组合公司投资更多。这一发现表明，跨国风险投资机构通过持有更大的股权（以决定投资某一特定公司为条件）来减轻法律环境薄弱国家的合同问题。另外，当风险投资机构与其投资组合公司之间的地理距离增加时，可以通过相关法律合同的制定为企业家提供更有力的激励，如现金流意外情况（Bengtsson & Ravid，2009），从而更好地协调风险投资者和企业家的利益。

此外，解决信息不对称、监督和资源转移问题的另一种方法是与当地风险投资机构联合，因为这一战略允许将监督和增值职能外包给不受地理、文化或制度距离阻碍的当地风险投资机构（Makela & Maula，2008；Nahata et al.，2014；Huang et al.，2015；Chemmanur et al.，2016）。同时，由当地风险投资机构和国际风险投资机构组成的“辛迪加”还可以提供更广泛的技能、经验和网络，进而为公司带来额外价值（Devigne et al.，2013）。然而，并非所有国际风险投资机构都需要当地风险投资机构来缓解信息和资源转移问题。例如，随着时间的推移，国际风险投资机构可以通过组织学习、母国投资经验和整体跨国投资经验的积累，减少对当地合作伙伴的依赖（Liu & Maula，2016）；另外，拥有更多投资高管的风险投资机构的学习速度更快，进行跨境联合的可能性也更低（Meuleman & Wright，2011）。

最后，风险投资国际化研究文献提出的缓解外来者劣势的策略之一是设立当地分公司。这一战略直接缩短了国际风险投资机构与创业企业间的地理距离，从而缓解了信息不对称问题（Pruthi et al.，2009）。当分支机构雇用当地投资专业人员时，文化和制度差异减小，有利于进一步促进国际风险投资机构对创业企业知识和咨询意见的转移（De Prijcker et al.，2012；Devigne et al.，2016）。此外，Chen 等（2010）研究发现，风险投资机构在外国地区开设分支机构的决定受该地区风险投资退出成功率的影响。

（3）基于对国内外风险投资国际化影响绩效研究的文献梳理发现，虽然有学者基于风险投资机构视角的研究指出，国际风险投资机构较本土风险投资机构的退出成功率可能更高（Bertoni & Groh，2014）、更低（Li et al.，2014）或没有显著差异（Humphery-Jenner & Suchard，2013），但是大部分学者主要从创业企业视角研究了国际风险投资对其投资组合公司发展的影响结果，并得出了不一致甚至完全相反的结论，具体如下：

一方面，部分学者认为，与本土风险投资相比，国际风险投资更有利于企业发展。首先，国际风险投资有利于提高企业海外上市的可能性（彭涛等，2020）。这是因为，与本土风险投资机构相比，国际风险投资机构来自国外资本市场，受到母国和东道国的文化、法律和制度等因素的影响（Moore & Bell，2012；Cumming et al.，2006），为了获得可自由兑换的货币和可自由交易的股票（Fuldner，2011），更喜欢以海外 IPO 上市的形式退出；同时，若一家公司使用 VIE 股权结构，则在国外上市往往是其唯一的选择（Pearson，2012）。其次，国际风险投资能够提高企业的 IPO 绩效。这是因为，与非外资背景风险投资相比，外资背景风险投资倾向于更加谨慎的投资策略，且能为企业提供更丰富的国际知识和更广泛的国际社会网络资源（Devigne et al.，2013；Que & Zhang，2020），发挥更大的增加值效应，进而提高企业的 IPO 绩效。再次，国际风险投资能够提高企业的国际化水平。这是因为，与本土风险投资机构相比，国际风险投资机构往往来自发达国家，具有更丰富的国际投资经验、更高的声誉和行业地位，不仅能够向市场传递创业企业更优的质量信号，发挥更大的认证效应（Zhang & Yu，2017），还能为企业的国际化扩张战略实施提供相应的咨询和服务（Park & Lipuma，2020），且更熟悉国外市场（Chahine et al.，2019），能够为企业招聘国际管理人才（Hursti & Maula，2007），进而提高企业的国际化水平（董静等，2017；Fernhaber & Mcdougall-covin，2009）。最后，国际风险投资有利于优化公司治理水平。这是因为，与本土风险投资相比，国际风险投资行业起步较早，一般积累了丰富的行业经验，专业化程度更高（陈思等，2017；王玉荣等，2015），拥有先进的企业管理经验，能够协助企业建立更加科学合理的董事会结构（张学勇和廖理，2011）和管理层激励机制（Tan et al.，2008），具体表现为较大的董事会规模、较低的大股东持股比例和更加专业化的董事，以及更高的管理层薪酬业绩敏感性（王会娟和张然，2012），进而对企业实施更有效的监督治理。

另一方面，也有学者认为，与本土风险投资机构相比，国际风险投资机构可能会对企业发展产生消极影响。首先，基于外来者劣势，国际风险投资对企业的增值效应并不能得到有效发挥。这是因为，较远的地理距离增加了国际风险投资机构与创业企业间的通信和交通成本（Huang & Kang，2017）；较远的文化距离导致了国际风险投资机构的“外部人劣势”（liability of outsidership）（Johanson & Vahlne，2009；Vaara et al.，2012），增加了社会歧视，降低了国际风险投资机构与创业企业间的信任水平；较远的法律距离增加了国际风险投资机构与创业企业间的合同签订和执行成本（Lerner & Schoar，2005）；较远的制度距离则增加了国际风险投资机构的投资行为与相关制度化做法不一致的合法性损失、制裁和额外交易成本的风险（Bruton & Ahlstrom，2003），这均提高了国际风险投资增值过程中的交易和监督成本，进而降低了其增值动机和增值行为效力。其次，基于社会网络理论，与本土风险投资机构相比，国际风险投资机构具有相对较少的本地网络资源和较低的社会嵌入程度，可能不利于企业发展。这是因为，与本土风险投资机构相比，国际风险投资机构对创业企业所在国家的制度环境、政府干预和公司治理结构没有很深入的理解（Barkema & Vermeulen，1997），可能为创业企业的发展提供不太有价值的建议；同时，国际风险投资机构较本土风险投资机构对创业企业的情感依恋程度低（Devigne et al.，2016），当面对投资组合公司的前景下降时，更容易做出放弃决定（Makela & Maula，2006）。最后，基于道德风险和逐名动机，国际风险投资机构存在投机主义的短视行为，可能对企业发展产生攫取效应。如彭涛等（2020）以2000—2015年全球上市的中国企业为样本，研究发现，国际风险投资对企业国际化的积极影响不具有可持续性，且在企业邻近上市时正向影响达到最大，企业上市后产生负向影响。这说明国际风险投资在推动企业国际化和海外上市的过程中存在实现私有收益的动机（成力为和邹双，2020），从而使企业的国际化绩效在海外上市后下降明显，进而对企业长期发展产生不利影响（Zhang & Yu，2017；Hursti & Maula，2007）。

二、风险投资影响企业创新的文献综述

进一步地，考虑到国际风险投资具有风险投资的普遍性特征，基于企业创新视角，将文献聚焦到风险投资对创业企业的影响研究上，以期了解风险投资对企业创新的影响结果、作用机制及其影响因素。

（1）针对风险投资影响企业创新的相关文献梳理发现，虽然国内外学者基于不同的研究视角和理论依据对风险投资与企业创新的关系进行了广泛分析，却得到了不尽相同甚至完全相反的结论。

一方面，部分学者认为风险投资能够促进企业创新。如王兰芳和胡悦（2017）基于2004—2011年首次获得风险投资支持的中国企业面板数据，并以专利申请数量和专利质量（发明专利申请、有效专利数、国际专利分类号IPC数和专利权利要求数）来衡量企业创新绩效，得出了风险投资对企业创新绩效有积极作用的结论。陈思等（2017）以2006—2011年深沪两市首次公开上市的A股公司为样本，运用双重差分模型研究发现，风险投资的介入促进了被投资企业的创新。另外，国内其他学者基于不同样本，采用差异化研究方法，也得到了相似结论（齐绍洲等，2017；张学勇和张叶青，2016）。此外，Popov和Roosenboom（2012）基于1991—2005年覆盖21个欧洲国家和10个制造行业的面板数据，研究发现，在高风险投资国家子样本中，风险投资对行业创新具有显著的促进作用。同时，Corsi和Prencipe（2019）基于2009—2013年来自12个欧洲国家的高技术企业样本，也验证了风险投资对企业

创新的积极影响。另外，Guo 和 Jiang（2013）、Hua 等（2016）、Sun 等（2020）基于中国企业样本，也验证了风险投资对企业创新的显著促进作用。

另一方面，部分学者认为风险投资不利于企业创新。如温军和冯根福（2018）基于 2004—2013 年深圳中小板和创业板公司 IPO 前数据，运用"匹配法和倍差估计法"研究发现，样本期间内风险投资整体上降低了中小企业的创新水平。苟燕楠和董静（2013）研究发现，在企业扩张期进入的风险投资显著降低了我国中小板上市公司的研发投入和专利申请数量。而邹璇和张梦雨（2020）则以 2002—2017 年获得了风险投资支持的 56 家新能源上市企业为样本，运用异质性双边随机边界模型的研究发现，由于受到融资约束的负面影响，该行业风险投资对企业创新的激励效果并不理想，整体表现为创新产出不足。此外，Park 等（2016）基于美国 482 家生物技术公司的样本研究发现，虽然风险投资机构支持其投资的创业企业在早期阶段追求风险和新颖的创新，但是却不鼓励创业企业在后期发展阶段对创新的追求。Pahnke 等（2015）基于美国医疗设备行业 22 年间的微创手术设备企业数据，研究发现，当企业与其竞争者共有风险投资机构支持时，会与竞争者建立更多的间接关系，这会使创业企业面临更大的竞争泄露风险，进而不利于企业创新。

此外，还有学者研究发现，风险投资对企业创新的影响不显著或者呈非线性。如温军和冯根福（2018）基于中国深圳中小板和创业板企业样本，研究发现，风险投资对创新的影响在持股企业 IPO 当年或前一年之前呈递减趋势，而后递增，总体呈"U"形关系。而 Arque-Castells（2012）基于西班牙的 233 家风险投资支持企业和 91381 家控制组样本对风险投资与企业创新的关系进行了研究，结果发现，风险投资进入后，企业创新水平有所提高，然而随着时间的推移，呈"倒 U"形分布。另外，成力为和邹双（2020）基于 2009—2014 年中国创业板的上市企业样本，研究发现，后期进入的风险投资对研发投入和专利申请量的增值效应均不显著。同时，Caselli 等（2009）基于 1995—2004 年意大利企业样本、Engel 和 Keilbach（2007）基于德国企业样本，均研究发现，与没有获得风险投资支持的企业相比，风险投资进入后并没有对企业创新产生显著的促进作用。

（2）学者们关于风险投资影响企业创新的作用机制研究表明，基于增值视角，风险投资会对企业创新产生积极影响；基于攫取视角，风险投资会对企业创新产生消极影响。

一方面，风险投资对企业创新的积极影响主要基于以下原因：首先，基于“资金增加效应”，与银行等传统金融机构更注重规避风险和更多地进行短期投资不同（徐飞，2019），风险投资作为专业的机构投资者，更关注企业的长期收益和发展（Bottazzi et al.，2008），能够直接为企业提供长期的资金支持（齐绍洲等，2017；张凯歌和顾露露，2020），从而有效改善较高融资约束下企业研发投入不足的情况。其次，基于“价值增值效应”，风险投资机构通常具有先进的企业管理经验、丰富的行业经验和社会网络资源，能够利用自身资源和社会网络关系为企业提供增值服务（董静等，2017）。如风险投资机构可以通过参与被投企业的研发决策，为企业创新提供所需的知识（Corsi et al.，2019）、技术和人力（陈思等，2017）等资源，进而提高企业创新效率。再次，基于“监督治理效应”，风险投资以股权投资形式进入公司，是公司的股东，具有内部人职能（陈工孟等，2011；陈思等，2017）。不仅能够通过参与目标公司的董事会（钟昀珈和何小锋，2018），提高董事会独立性，降低董事长和总经理的两职兼任概率（Hochberg，2003）和监督大股东的私利性行为；还有充分的激励介入公司的管理层薪酬计划（蔡宁等，2017），利用其专业的财务知识和管理经验，通过实施合理有效的高管激励契约来缓解股东与高管之间的代理问题，提高公司治理水平（陈孝勇和惠晓峰，2015）。这有助于降低企业的委托代理成本、规范企业的会计信息披露（Davila & Forster，2007）、提高企业的风险承担水平（王姝勋和董艳，2020）、抑制企业的过度投资行为（吴超鹏和张媛，2017），从而实现对创新投资项目的有效监督，进而促进企业创新。最后，鉴于创新活动的高投入、高收益和高风险特征（Duran et al.，2016），基于“认证效应”，风险投资可以利用自己在行业中的声誉与地位来影响创业企业的信号质量（陆瑶等，2017；胡志颖等，2015；陈思等，2017），缓解创业企业与外部融资供给者之间的信息不对称，扩大外部融资渠道，进而降低企业的融资成本（胡刘芬和周泽将，2018），增加企业的短期有息债务融资和外部权益融资（吴超鹏等，2012），从而缓解企业较高融资约束下的研发投入不足（张嘉望等，2019），进而促进企业创新（张璇等，2017）。

另一方面，风险投资对企业创新的消极影响主要基于以下原因：首先，基于“道德风险”（Masulis & Nahata，2011），风险投资机构由于与创业企业间存在较大的信息不对称，有动机和能力实施机会主义的短期行为，如增值行为的偷懒、搭便车（董静等，2017），参与企业管理时牟取私利（贾宁和李丹，2011），或为了实现在锁定期结束当年的盈余反转和获得更高的股份减持收益，降低IPO前的盈余管理（胡志颖等，2012）。同时，已有研究表明，在新兴市场国家，风险投资在对创业企业的投资过程中，往往具有更大的谈判权（王茵田等，2017），更有能力依据其优势地位，与创业企业签订不公平的契约，索取更高的风险溢价（王茵田等，2017），甚至以停止投资的威胁来要求更高的利润分成比例等（殷林森等，2008）。其次，基于逐名动机（Gompers，1996），风险投资机构兼具实现快速退出和获取高额回报的双重任务，其行为受制于有限的投资周期和特殊的组织结构（胡志颖，2015），要求在退出时就实现自身利益最大化。同时，创新活动具有失败风险较大和回报周期较长的特点，这可能导致风险投资机构的短期目标与创新活动的长期性产生冲突（陈思等，2017；成力为和邹双，2020；Masulis & Nahata，2011）。因此，在资源有限的条件下，风险投资机构会更加短视，不愿意承担长期投资风险（成力为和邹双，2020），更倾向于集中努力来改善企业业绩和管理（Caselli et al.，2009），或将有限的资源用于企业的短期利益，如利用其关系网络去建立政治关联来获得有利于上市的信息和帮助（Gompers et al.，2009；Lindsey，2008），忽视甚至减少有利于企业长期利益的创新培育（成力为和邹双，2020），且可能通过干扰管理层决策，引发代理成本和协调成本增加等问题，降低投资效率（刘冰等，2016），进而不会促进企业持续创新（Caselli et al.，2009）或表现出对创新的攫取效应（温军和冯根福，2018）。

（3）学者们研究发现，风险投资背景、联合投资方式、风险投资声誉、投资期限和进入时机等不同特征的异质性，也会对风险投资与企业创新的关系产生影响。

首先，学者们基于不同风险投资背景的研究得出了不一致的结论。一方面，有学者认为，与非外资背景风险投资相比，外资背景的风险投资具有更丰富的国际资源、更先进的公司治理经验和更高的行业地位，能够为企业提供更好的增值服务，如通过较大的董事会规模、较低的大股东持股比例和更多专业化的董事，更加合理地安排公司治理结构，进而对企业创新产生积极影响（陈思等，2017；张凯歌和顾露露，2020；Chahine et al.，2019）。另一方面，也有学者认为，与非外资背景风险投资相比，外资背景的风险投资可能更不利于企业创新（Que & Zhang，2020）。这是因为，外资背景的风险投资在进行跨国投资时面临明显的外来者劣势（Huang et al.，2015；谈毅和唐霖露，2016），其增值效应和监督效应并不能得到有效发挥；同时，基于道德风险和逐名动机，国际风险投资机构凭借其更加强势的地位，具有更高的话语权和对企业更强的攫取能力；此外，与本土风险投资机构相比，国际风险投资机构具有相对较少的本地社会网络（Devigne et al.，2013）和较低的社会嵌入程度（Devigne et al.，2018），当企业创新相关项目未达到预期目标时，更容易做出放弃决定（Que & Zhang，2020）。

其次，陆瑶等（2017）、Chemmanur 等（2016）、陈思等（2017）均基于风险投资联合方式视角，证实了“辛迪加”联合投资对被投资企业创新活动有更大的促进作用。这是因为，一方面，联合投资有利于不同风险投资机构间形成协同效应（王玉荣等，2015），并为被投资企业提供更多互补性的战略和资源（Tykvova & Schertler，2014），如人力、资本和技术等（陈思等，2017；Brander et al.，2002），进而对企业创新发挥更好的增值效应。另一方面，联合投资有利于在风险投资机构间形成相互制衡的关系。这使得单一风险投资机构对企业创新的攫取都会因损害其他参与者的利益而被抵制（温军和冯根福，2018），从而增加风险投资机构道德风险的实现难度，进而降低其机会主义行为动机（胡志颖等，2012）。

再次，还有学者研究指出，与低声誉风险投资机构相比，高声誉风险投资机构对企业创新的提升作用更大（温军和冯根福，2018；王兰芳和胡悦，2017；Pahnke et al.，2015）。这是因为，一方面，风险投资的声誉越高，越能为企业质量提供更好的“认证效应”（叶小杰和王怀芳，2016），有利于企业创新活动的后续融资（王兰芳和胡悦，2017）；且高声誉的风险投资机构往往具有更丰富的资源和更广泛的社会网络（蔡宁，2015），并愿意花费更多的时间去监督和治理创业企业（Gompers et al.，2009），进而促进企业创新水平的提高。另一方面，声誉是风险投资机构的一项宝贵资产（钟昀珈和何小锋，2018；李曜和宋贺，2017）。较高声誉的风险投资机构为了避免声誉损失带来的不利影响（Nahata，2008），会降低其对企业创新的攫取动机。

最后，学者们的研究普遍认为，较长的风险投资期限和风险投资的早期进入更有利于企业创新。具体地，一方面，苟燕楠和董静（2013）、成力为和邹双（2020）、Park 等（2016）从风险投资进入时机角度的研究指出，风险投资的早期进入较后期进入对创新失败的容忍度更高，更可能为企业提供创新所需的资金、知识和技术等资源。另一方面，从风险投资的持股期限看，陈思等（2017）、张凯歌和顾露露（2020）、陆瑶等（2017）研究指出，风险投资机构的持股期限越长，表示对企业未来发展前景的认可度越高，会更加关注企业研发等长期投资决策，并具有更大的动机和能力为企业提供增值服务，进而促进企业创新。

三、国际风险投资影响企业创新的文献综述

在上述文献梳理的基础上，进一步将研究聚焦到国家距离视角和海外上市视角，并对国际风险投资影响企业创新的相关文献进行综述，以期了解国际风险投资与本土风险投资对企业创新的差异化影响结果、作用机制及其影响因素。其中，本书的国家距离是指国际风险投资机构所在国家与创业企业所在国家间的地理、法律、文化和制度差异，涵盖了地理距离、法律距离、文化距离和制度距离四个维度；本书的海外上市是指创业企业选择在国外证券交易所上市，特别地，鉴于中国香港和台湾地区资本市场的特殊性，将中国企业在香港和台湾的上市也界定为海外上市。

（1）基于国家距离视角，对国际风险投资与企业创新关系研究的现有国内外文献进行梳理，主要得出了以下结论：

一方面，国内外学者普遍认为，由于国际风险投资机构的总部位于国外，与创业企业所在国家间天然存在较远的国家距离，因此，与本土风险投资机构相比，国际风险投资机构与创业企业间具有较大的信息不对称，面临明显的外来者劣势。首先，从单一维度看，Dai 等（2012）基于亚洲风险投资市场的研究发现，亚洲市场中的国际风险投资机构与创业企业间较远的地理距离会增加其在信息收集和监督方面的成本和难度，进而影响其投资绩效。Moore 等（2015）基于文化距离维度，以欧洲国家间的风险资本流动为研究对象，发现文化距离会影响国际风险投资的投资决策和投资绩效。例如，国际风险投资机构在较远文化距离的国家投资的可能性较低，且较远的文化距离与公司绩效显著呈负相关。Cumming 等（2010）基于法律距离维度，利用风险资本在北美、南美、欧洲和亚洲 39 个国家的投资数据，研究发现，国家间的法律体系或法律来源差异对国际风险投资的绩效有显著影响。Liu 等（2019）基于制度距离维度，以在美国上市的外国公司为样本研究发现，较远的制度距离对 IPO 绩效具有显著的负面影响。其次，从综合维度看，Li 等（2014）从地理、文化和制度维度对国家距离进行衡量，研究发现在控制地理距离的基础上，较远的文化距离和制度距离降低了风险投资机构开展国际投资活动的有效性，并在退出成功方面对投资业绩产生负面影响。Tykvova 等（2014）基于地理距离和制度距离维度的研究发现，风险资本家在投资于地理位置偏远的国家公司或投资于制度与母国有很大差别的国家时，会面临额外的风险和成本。

另一方面，学者们还从国家距离的地理距离维度，探究了国际风险投资对企业创新的影响。如 Que 和 Zhang（2020）基于地理距离维度，以中国1992—2015年有风险投资支持的上市企业为样本，运用 PSM 研究方法控制样本选择偏差的研究发现，与本土风险投资支持的企业相比，国际风险投资支持的企业具有较少的专利产出，并指出较远的地理距离是影响国际风险投资对创新培育能力较本土风险投资低的可能原因之一。基于“临近”假说，地理距离对创新的不利影响可能是因为，较远的地理距离增加了国际风险投资机构实地调研及其与创业企业面对面交流等活动的成本（龙玉等，2017），从而使国际风险投资机构的交易筛选、尽职调查、交易谈判和契约谈判等变得更难和更昂贵（Lutz et al.，2013）；同时，较远的地理距离增加了国际风险投资机构与企业间的通信和交通成本，增加了国际风险投资机构的投后监督成本（Makela & Maula，2006；Sorenson & Stuart，2008），抑制了其进行积极企业监督的动机（Huang & Kang，2017），并降低了其对企业提供监督和增值服务的能力和效果（Tian，2012；Dai et al.，2012）。此外，Bernstein 等（2016）基于国际航线开通的准自然实验研究发现，航线的开通减少了旅行时间，降低了国际风险投资与创业企业间由于较远的地理距离引起的监督成本，提高了风险投资机构增值活动的能力，进而显著提高了企业的创新水平，这也在一定程度上说明了地理临近对国际风险投资机构增值效应发挥的重要性。

此外，学者们还发现，与本土风险投资机构的联合投资、较高的风险投资声誉和风险投资经验是缓解国家距离不利影响的重要途径。首先，Chemmanur 等（2016）基于1989—2008年全球风险投资交易数据的研究发现，与国际风险投资间的联合投资或与本土风险投资间的联合投资相比，国际风险投资与本土风险投资的联合投资模式表现出更高的退出成功率和较高的 IPO 后经营绩效。Dai 等（2012）基于亚洲风险投资市场上的交易数据，对国际风险投资的退出绩效进行了研究，结果发现国际风险投资机构和本土风险投资机构联合投资支持的企业成功退出的可能性高约5%。其次，Plagmann 和 Lutz（2019）采用2005—2014年的全球风险投资交易数据，基于本土风险投资视角，研究了领投风险投资声誉对其辛迪加联合投资伙伴选择的影响。结果发现，与选择本土风险投资机构进行联合投资相比，声誉与选择国际风险投资机构进行联合投资的关系更大。最后，Li 等（2014）基于1996—2008年全球风险投资交易数据的研究发现，风险投资机构可以利用它们的国际经验来减轻国家距离的负面后果，表现为广泛的国际经验在很大程度上减轻了制度距离的不利影响，但作者并没有发现广泛的国际经验对减轻文化距离负面影响的显著作用。

（2）基于海外上市视角，对国际风险投资与企业创新关系研究的现有国内外文献进行梳理，主要得出了以下结论：

一方面，学者们普遍认为，与本土风险投资机构相比，国际风险投资机构显著提高了创业企业的海外上市概率。如彭涛等（2020）以2000—2015年全球上市的中国企业为样本，研究发现，相对于内资风险投资，外资风险投资显著提升了企业海外上市的可能性，且该现象在国内创业板开通前更加明显。Zhang和Yu（2017）基于Thomson one banker数据库的风险投资数据，以2002—2012年在美国和中国股票市场上市的有风险资本支持的中国企业为样本，研究发现，美国风险投资机构在美国的投资经验和在中国的投资经验均能够提高企业海外上市的可能性。这说明，与本土风险投资机构相比，国际风险投资机构具有更大的动机和能力促进企业海外上市（彭涛等，2020；Humphery-Jenner & Suchard，2013；Zhang & Yu，2017），且这一现象在新兴国家更加显著。这是因为，首先，新兴国家股票市场往往不够成熟，法律和金融体系不完善，具有较高的发行风险（Allen et al.，2005；Cumming et al.，2006；La Porta et al.，1998），且部分新兴国家对股票上市实行严格管制，存在审核周期长、程序烦琐等问题（Ding et al.，2010）；同时，新兴国家还存在对外国投资者参与国内股票市场的较多限制（Humphery-Jenner & Suchard，2013），这大大增加了国际风险投资支持企业的国内IPO退出成本和难度。其次，基于逐名动机，为了获取高额回报率、提高行业声望以及维持后续融资通畅（Gompers，1996；Nahata，2008；胡志颖等，2015），国际风险投资机构有更大的激励和能力督促创业企业海外上市。最后，基于资源基础观，国际风险投资机构拥有丰富的国际市场知识和广泛的国际社会网络资源（Pollock et al.，2004；Cumming et al.，2016），有能力帮助创业企业建立优秀的国际IPO团队（Zhang & Yu，2017），并利用其在行业中的声誉和地位为企业质量提供信用背书，降低创业企业与海外资本市场投资者之间的信息不对称，提高企业在海外市场的合法性（Makela & Maula，2005），进而提高海外上市成功率。

另一方面，近年来，有学者指出新兴国家的海外上市企业普遍面临“新兴者劣势”（Liability of Emergingness，LOE）（Madhok & Keyhani，2012；潘镇等，2020），不能有效地通过国际市场获得诸如国际资本、知识、技术、人员等资源，而且还要面临国际资本市场的波动风险，进而不利于企业创新。首先，新兴者劣势与适用于所有外国公司一般情况的外来者劣势（Liability of Foreignness，LOF）不同，特别指作为新兴经济体企业所产生的额外负担。这是因为在东道国利益攸关方眼中，新兴国家存在市场不发达，金融体系、法律制度不完善（Allen et al.，2005；Cumming et al.，2009），在全球价值链中地位不高等问题，此环境下成长起来的跨国企业经常被认为产品低端、管理和竞争能力不足（Madhok & Keyhani，2012）。其次，"新兴者劣势"会造成新兴国家海外上市企业的身份认同不足问题，并导致国际市场投资者的"家乡偏误"（home bias）。如 Zhang 和 Yu（2017）研究指出，当新兴国家创业企业通过海外上市进入国际资本市场时，"新兴者劣势"使其不可避免地面临身份认同不足的问题，并难以赢得东道国利益相关者的认同（汪涛等，2018；刘建丽和刘瑞明，2020）。再次，基于合法性身份认同不足，国际市场投资者会减少或不会对该公司进行投资（Grinblatt & Keloharju，2000），而是将财富的相当大一部分分配给国内股票（Stulz，1981），从而在国际金融市场上表现出明显的"家乡偏误"（Cumming & Dai，2010；Chan et al.，2005；董大勇和肖作平，2011）。最后，与国内上市相比，海外上市企业面临的身份认同不足和投资者家乡偏误，可能会导致其估值偏低、成本高昂、交投清淡，甚至会遭遇做空而面临较大的财务困境风险（张立洲和乔加伟，2017），进而不利于企业创新。

此外，学者们还发现，与本土风险投资机构的联合投资、风险投资经验、风险投资声誉和风险投资进入时机是影响国际风险投资攫取行为动机的重要因素。首先，基于联合投资形式的研究发现，国际风险投资机构和本土风险投资机构联合投资支持的企业成功退出的可能性高约 5%（Dai et al.，2012）。这是因为，与本土风险投资机构的联合投资，不仅可以减少国际风险投资机构由于较高的信息不对称和特有的外来者劣势所导致的不利影响（Dimov & Milanov，2010；Chemmanur et al.，2016），还能够为投资组合公司提供更广泛和互补的知识和资源基础（Brander et al.，2002；Fritsch & Schilder，2008），从而提高其成功退出的可能性（谈毅和唐霖露，2016；Dai et al.，2012）。其次，基于风险投资经验视角的研究发现，国际风险投资机构在美国股市的上市经验、国际风险投资机构在中国股市的上市经验和本土风险投资机构在美国股市的上市经验，均有利于提高中国企业海外上市的机会

(Zhang & Yu, 2017)。这是因为，广泛的国际投资经验不仅能够帮助创业企业改进公司会计制度和治理结构以满足海外上市需求（Schertler & Tykvova, 2011；Chahine et al., 2019），还能帮助创业企业建立优秀的国际 IPO 团队(Zhang & Yu, 2017)，以提高海外上市的声誉和合法性（Makela & Maula, 2005)，进而保障其海外上市的顺利进行（Bell et al., 2012)。再次，声誉作为国际风险投资机构与有限合伙人、其他风险投资和 IPO 承销商等增加互动的关键资本（Tian, 2016)，也是学者们的研究重点之一。如 Park 和 Lipuma (2020) 研究发现，声誉作为风险投资机构提供的一种无形资源，可以取代国际风险投资为创业企业国际化提供的知识，从而在国际风险投资对创业企业国际化的影响关系中发挥一定程度上的替代作用；同时，高声誉的风险投资机构往往具有更丰富的资源和更广泛的社会网络（蔡宁，2015)，能为创业企业提供更好的增值服务（李曜和宋贺，2017；Nahata, 2008)，进而促进企业创新（Sun et al., 2020)。最后，基于风险投资进入时机和投资期限的研究发现，早期进入的国际风险投资支持企业在中期内表现出更高的增长（Devigne et al., 2013)；同时，Bernstein 等（2016）将样本限制在风险投资的种子期、早期、扩张期或后期，也得出了相似的结论。这说明，风险投资的持股期限越长，对企业未来发展前景的认可度越高，会更加关注企业研发等长期投资决策，而非通过短期的进入和退出投机获利（陈思等，2017)；且风险投资的持股期限越长，越能更多地参与被投企业的经营和管理活动（Bottazzi et al., 2008)，进而对企业创新产生积极影响（张凯歌和顾露露，2020)。

四、文献述评

综上，基于前述文献梳理发现，目前国内外关于国际风险投资对企业创新直接影响关系的研究相对较少（Que & Zhang, 2020)，多为国际风险投资对企业 IPO 绩效（张学勇和廖理，2011)、海外上市（彭涛等，2020；Zhang & Yu, 2017)、国际化战略（Chahine et al., 2019）等的影响研究，或者风险投资对企业创新的影响研究（Corsi & Prencipe, 2019；温军和冯根福，2018)。同时，国内外关于国际风险投资对创业企业的影响结果并不一致，但大都基于“价值增值效应”“监督治理效应”“认证效应”，认为国际风险投资机构在创业企业培育上优于本土风险投资机构；或基于“外来者劣势”、较低的本地网络嵌入和较强的“逐名”能力，认为国际风险投资机构较本土风险投资机构不利于企业的长期发展。此外，上述不同学者研究得出不完全一致结论的现象可能是因为以下三点原因：

（1）不同学者的研究样本选择存在差异。一方面，国际研究通常以欧美等发达国家企业为样本，较少关注新兴国家国际风险投资与企业创新的关系。如Devigne等（2013）基于761家欧洲技术企业样本的研究发现，国际风险投资能够提高创业企业的IPO绩效；Chahine等（2019）以美国上市企业为样本，发现了国际风险投资对企业国际化的促进作用；而Cumming等（2010）基于涵盖北美、南美、欧洲和亚洲39个国家的企业样本研究指出，国际风险投资具有明显的外来者劣势，其对创业企业的增值效应并不能有效发挥。另外，学者们还基于欧美等国家企业的样本研究发现，风险投资对企业创新的影响可能是积极的（Chemmanur et al.，2011；Popov & Roosenboom，2012）、消极的（Park et al.，2016；Pahnke et al.，2015）、不相关的（Engel & Keilbach，2007）或者是非线性“倒U”形的（Arque-Castells，2012）。另一方面，目前国内学术界关于国际风险投资对创业企业的影响研究，主要以在创业板、中小板和新三板等上市的企业为样本，且主要研究风险投资的国际背景对企业IPO绩效（张学勇和廖理，2011）、海外上市（彭涛等，2020）和国际化活动（董静等，2017）等方面的影响，而对国际风险投资影响企业创新的潜在机制研究较少（Que & Zhang，2020）。

（2）研究方法存在差异。在国际风险投资影响企业创新的实证研究中，一个必须考虑的问题是国际风险投资的内生性问题。一方面，对于创业企业来说，它们不是随机接受国际风险投资机构的投资，而是会根据自身的公司特征和行业特点选择最优的投资者；另一方面，国际风险投资机构对创业企业的投资也不是随机的，而是会选择具有某种特质的投资组合公司，比如质量更高、绩效更好和创新水平更高的企业更容易吸引国际风险投资机构的参与。因此，在实证分析过程中需要采用合适的方法将“筛选效应”与“处理效应”分离开来，进而对国际风险投资影响企业创新的结果进行验证。目前，国内外学者多采用倾向得分匹配法（陈思等，2017）、Heckman两阶段法（Croce et al.，2013；张凯歌和顾露露，2020）和工具变量法（Chemmanur et al.，2016；Chahine et al.，2019）等研究方法，对国际风险投资的影响进行内生性分析，但存在由于研究方法和工具变量选择多样化等原因造成的结果差异。

（3）国际风险投资研究文献多使用二手数据源。国内研究数据多来自私募通或者投中数据库（彭涛等，2020；张学勇和廖理，2011；成力为和邹双，

2020；陈思等，2017），国际研究数据多来自路孚特（前汤森路透 Thomson Reuters）的 VentureXpert 数据库（Plagmann et al.，2019；Pezeshkan et al.，2019；Park et al.，2019；Chahine et al.，2019；Alvarez-Garrido，2018）和 BVD 的 Zephyr 数据库（Tykvova，2018；Schertler & Tykvova，2012；Devigne et al.，2013；Cumming，2016）。尽管这些数据库得到了广泛应用，但它们也存在以下不容忽视的问题：未披露投资者的大量存在（Huang et al.，2015）；存在统计偏误（国家间相关变量的定义不同或数据的搜集方法存在差异）而有时不能充分代表特定类型的投资；缺乏相应的控制组公司，这些公司要么没有国际风险投资支持，但具有与处理组公司相似的特性，要么试图获得这种融资，但没有成功（Cumming & Johan，2017）。此外，已有研究表明，使用不同的国际数据集可以为研究问题提供不同的答案（Cumming et al.，2014），这可能解释了一些研究结论出现的矛盾现象。

基于此，本书认为目前关于国际风险投资与企业创新的相关研究存在研究样本、研究方法选择的多样化及相关研究数据的缺失问题，且以新兴国家企业为样本，对国际风险投资影响企业创新的深入研究仍相对较少。因此，本书选择以国际风险投资对新兴国家企业创新的影响作为研究主题，并试图从国家距离和海外上市视角探讨其可能的潜在影响机制。这不仅是对国内外关于国际风险投资与企业创新关系研究文献的有益补充，还为我国企业更好地利用国际风险资本，促进风险投资行业和创业企业间的良性互动提供了经验参考，具有重要的理论和现实意义。

第三节　研究思路与技术路线

一、研究思路

基于上述分析，为了深入地探究国际风险投资对新兴国家企业创新的影响及其作用机制，本书构建了如图 1-1 所示的研究思路。

具体地，首先，本书在绪论部分对研究背景与意义、相关文献综述、研究思路与技术路线、研究方法与章节结构、创新点与不足之处进行了阐述，并在第二章从国际风险投资影响企业创新的普遍理论和特有理论两个方面进行理论基础的梳理，构建了国际风险投资影响企业创新的理论框架。其次，

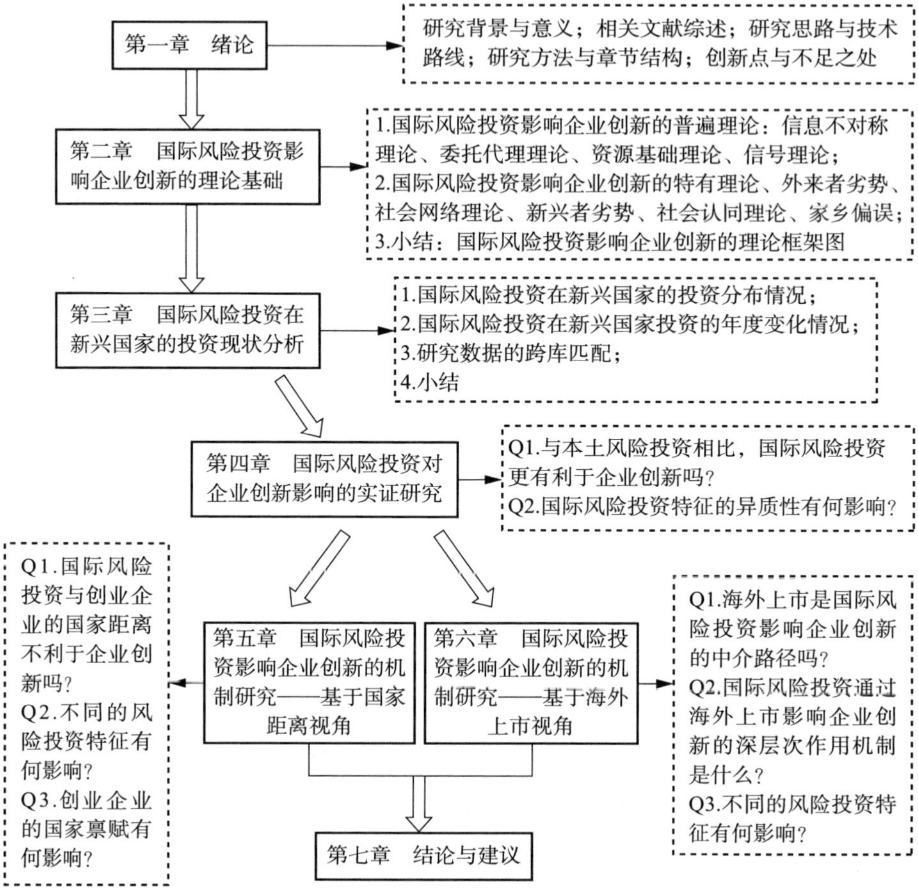

图 1-1　本书的研究思路

本书在第三章分别从国际风险投资在新兴国家的投资分布情况和投资的年度变化情况两个方面，直观地展示了国际风险投资在新兴国家的投资状况。并进一步介绍了本书实证研究所用风险投资交易数据、企业微观层面数据和国家宏观层面数据的收集和跨库匹配处理情况。再次，第四章、第五章和第六章是论文的实证主体部分。其中，第四章研究了国际风险投资对企业创新的影响结果，并进一步分析了不同风险投资特征的调节作用；第五章和第六章则分别从国家距离视角和海外上市视角，对第四章国际风险投资影响企业创新的实证结果进行了深层次的机制研究。最后，第七章归纳总结了本书的研究结论，并提出了有针对性的建议。

二、技术路线

基于上述研究思路，本书主要采用了文献研究与实证研究相结合的方法，并构建了如图 1-2 所示的技术路线。

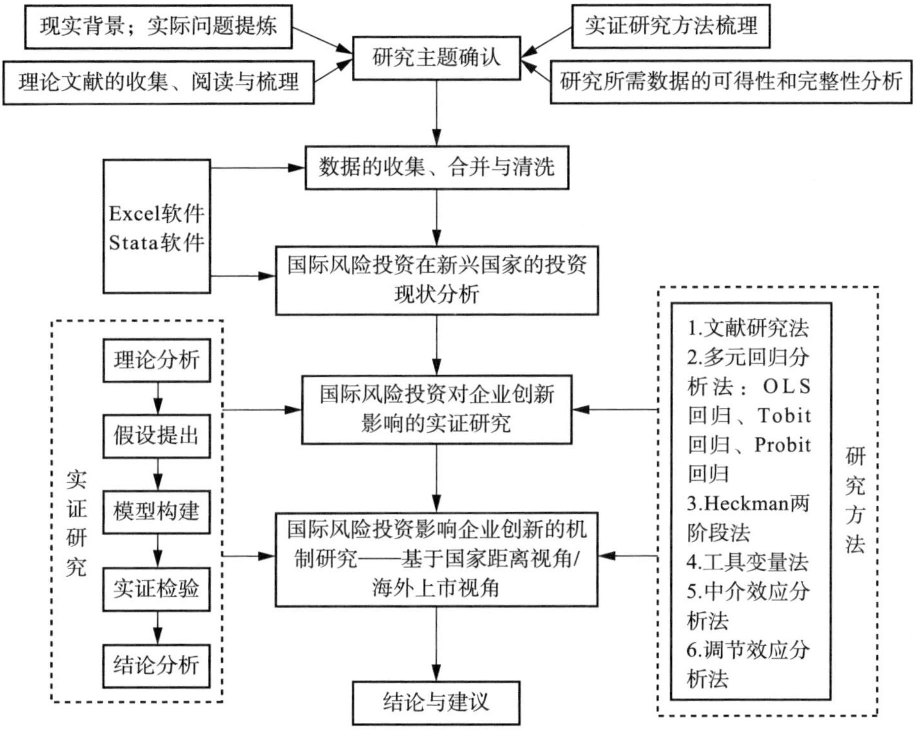

图 1-2　本书的技术路线

具体地，首先，基于现实背景和国内外理论文献的收集、阅读和梳理，确定本书国际风险投资对新兴国家企业创新影响研究的主题，并对现有文献常用的实证研究方法进行梳理，分析研究所需数据的可得性和完整性。其次，收集了来自 EIKON 数据库、Datastream 数据库、BVD 全球企业数据库、BVD 知识产权数据库、世界银行、CEPII 官网、美国中央情报局（CIA）、Hofstede 官网、世界经济自由度报告和世界知识产权组织等多维度数据，并在对数据进行跨库合并和清洗处理后，对国际风险投资在新兴国家的投资现状进行了分析。再次，基于实证研究的基本流程，遵循理论分析、假设提出、模型构建、实证检验和结论分析的逻辑框架，运用多元回归分析法、Heckman 两阶段法、工具变量法和中介效应分析法等研究方法，实证检验了国际风险投资对企业创新的影响，并从国家距离和海外上市的视角进行了潜在的机制研究。最后，基于本书的研究结论，提出相应的建议。

第四节　研究方法与章节结构

一、研究方法

本书采用的研究方法主要有以下六种：

（1）文献研究法。通过对国内外相关文献的阅读和梳理，发现全球化背景下的风险投资国际化现象普遍存在。同时，目前国内外的相关研究主要集中在风险投资对企业创新的影响，或者国际风险投资对企业 IPO 绩效、海外上市、国际化战略等的影响方面。而基于微观视角，针对国际风险投资对企业创新的影响研究较少（Que & Zhang，2020），且结论不一，尚未形成统一完整的理论体系。此外，目前国内关于国际风险投资对创业企业的投资绩效研究也尚不深入。基于此，运用文献研究法，对国际风险投资影响企业创新的相关理论基础进行了归纳和总结，并基于国家距离视角和海外上市视角，构建了国际风险投资影响企业创新的内在作用机制发挥的详细的理论研究框架。

（2）多元回归分析法。基于影响因变量的因素通常有多个，为了更好地对本书实证研究中涉及的自变量与因变量之间的因果关系进行分析，本书主要采用多元回归分析法，通过构建加入了相关控制变量后的实证模型进行检验。此外，基于因变量的不同特征，分别采用不同的研究方法进行回归，如对于连续型因变量采用 OLS 方法进行回归，对于 0-1 离散型因变量采用 Probit 方法进行回归，对于受限的截断型因变量则采用 Tobit 方法进行回归。

（3）Heckman 两阶段法。基于企业创新数据的特殊性，并非所有企业均会对研发信息数据进行披露，考虑到选择披露研发信息的企业本身就与不披露研发信息的企业可能存在禀赋上的差异，如果仅仅对披露研发信息的企业开展国际风险投资对企业创新的影响研究，而决定是否披露研发数据信息的相关因素与本书的主要解释变量之间存在着彼此不独立的内生性问题，就可能产生有偏估计，影响回归结果。因此，本书运用 Heckman 两阶段回归方法解决这一可能由于样本自选择的存在而导致的内生性问题。

（4）工具变量法。在国际风险投资对企业创新的影响研究中，还存在以下常见的内生性问题：一是反向因果关系导致的内生性问题，即国际风险投资对企业创新的影响结果，是否还可以解释为不同创新水平的企业对国际风险投资的吸引力不同？二是可能存在的遗漏变量导致的内生性问题，即是否存在一些无法观察到的因素（遗漏变量）会对国际风险投资与企业创新的关系造成影响？基于此，本书运用工具变量法，通过选择与国际风险投资参与相关但与企业创新不相关的两个变量作为国际风险投资参与的工具变量进行回归检验，以解决可能由于反向因果或遗漏变量的存在而导致的内生性问题。

（5）中介效应分析法。中介效应分析法是目前学术界在影响机制实证研究中的常用方法，主要通过构建中介效应模型，对中介变量（M）在自变量（X）影响因变量（Y）过程中的作用机制进行检验。具体地，本书运用中介效应分析法，对国际风险投资通过促进企业海外上市进而影响企业创新水平的中介作用机制进行了研究，以期验证海外上市是不是国际风险投资对企业创新影响作用发挥的重要路径。此外，本书还运用中介效应方法，研究了企业的国际化程度在国际风险投资对企业创新影响关系中的中介作用。

（6）调节效应分析法。调节效应分析法是目前学术界研究异质性因素差异化影响的常用方法，主要通过构造异质性因素与相关变量的交互项形式来构建调节效应模型，对调节变量在自变量影响因变量过程中的作用机制进行检验。具体地，本书运用调节效应分析法，分别检验了不同的风险投资特征在国际风险投资对企业创新的影响关系中的调节作用，不同风险投资特征和创业企业国家禀赋在国家距离与企业创新关系中的调节作用，以及风险投资特征在国际风险投资、海外上市与企业创新关系中的调节作用。

二、章节结构

本书的章节结构安排如下：

第一章：绪论。本书在绪论部分主要阐述了研究背景与意义、相关文献综述、研究思路、技术路线、研究方法、章节结构以及创新点与不足之处。首先，基于研究背景，提出本书的研究问题，并阐述该研究的理论和现实意义。其次，基于相关研究文献的梳理，对国际风险投资与企业创新关系研究的不足之处及其产生的原因进行评述。再次，基于上述分析，构建本书的研究框架，提出基本的研究思路和技术路线，阐明本书使用的主要研究方法，并对论文整体章节结构做出合理安排。最后，提出本书研究的创新点与不足之处。

第二章：国际风险投资影响企业创新的理论基础。本章在对国际风险投资和企业创新两个核心概念进行界定的基础上，主要对国际风险投资影响企业创新的相关理论进行归纳总结，并构建了研究的理论框架。首先，国际风险投资作为基于国家背景界定的风险投资类别之一，具有风险投资的普遍性特征。因此，本章第一节主要从风险投资对企业创新的影响角度，阐述了国际风险投资影响企业创新的普遍理论，如信息不对称理论、委托代理理论、资源基础理论和信号理论。其次，国际风险投资作为跨国投资机构，具有国际投资的特殊性，且寻求国际风险投资支持的新兴国家企业往往追求国际化发展战略，如追求海外上市等。因此，本章第二节主要基于国际投融资理论，阐述了国际风险投资影响企业创新的特有理论基础，如外来者劣势、社会网络理论、新兴者劣势、社会认同理论和家乡偏误。最后，在上述理论基础上，从国家距离和海外上市视角构建了国际风险投资影响企业创新的整体理论框架。

第三章：国际风险投资在新兴国家的投资现状分析。本章主要基于39个新兴国家的1642家上市企业的5405条风险投资交易数据，对国际风险投资机构在新兴国家的投资现状进行分析，并简单介绍了本书实证研究数据的跨库匹配过程。首先，对国际风险投资在新兴国家的整体投资分布情况进行了分析，如投资于新兴国家企业的国际风险投资的主要来源国家、主要机构类型、主要投资目标国和主要投资行业的分布情况。其次，基于样本期间风险投资交易的时间趋势，分析了国际风险投资在新兴国家投资的年度变化情况，如国际风险投资在新兴国家的投资金额、投资数量、投资轮次及联合投资模式的年度变化情况。最后，介绍了风险投资交易数据、企业微观层面数据和国家宏观层面数据的收集和跨库匹配过程，以及匹配后的数据处理情况。

第四章：国际风险投资对企业创新影响的实证研究。本章基于理论分析，运用实证研究方法，主要解决以下两个问题：①与本土风险投资相比，国际风险投资能否更有效地促进企业创新？②不同风险投资特征会对国际风险投资与企业创新之间的关系产生什么样的影响？首先，基于理论分析，提出相关研究假设。其次，从是否参与、参与程度及投资强度三个方面构造了五个国际风险投资的度量指标，并基于企业的研发投入、专利申请数量、专利授权数量和专利被引用数量数据，从创新产出和创新效率两个维度构造了六个创新指标来衡量企业创新水平，在此基础上，构造了国际风险投资影响企业创新的多元回归模型进行了实证检验，并运用 Heckman 两阶段法和工具变量法进行了内生性分析，以及一系列的稳定性检验。最后，从风险投资的联合投资模式、经验、声誉、投资期限和进入时机五个方面分析了国际风险投资影响的异质性，并得出相关结论。

第五章：国际风险投资影响企业创新的机制研究——基于国家距离视角。在第四章得出结论的基础上，本章主要基于国家距离视角，对国际风险投资培育较少企业创新的内在作用机制及其影响因素进行研究，主要回答以下三个问题：①国际风险投资与创业企业间较远的国家距离不利于企业创新吗？②基于风险投资的微观层面特征，风险投资特征的异质性会影响国家距离与企业创新的关系吗？③基于创业企业的宏观国家禀赋特征，新兴国家可以采取哪些政策缓解国家距离对企业创新的不利影响？首先，从地理距离、文化距离、法律距离和制度距离四个维度对国家距离对企业创新的影响进行了理论分析，并提出研究假设。其次，构造实证模型，分别从国家距离的四个维度对企业创新产出和创新效率的影响进行实证检验，并对实证结果进行内生性检验和稳定性分析。再次，从风险投资的联合投资模式、经验、声誉、投资期限和进入时机五个方面分析了国家距离影响的异质性。最后，从宏观国家层面，基于创业企业国家禀赋，研究了国家自由访问度、国家综合治理水平和国家创新水平对国家距离与企业创新关系的治理作用。

第六章：国际风险投资影响企业创新的机制研究——基于海外上市视角。在上述研究的基础上，本章主要基于海外上市视角，对国际风险投资培育较少企业创新的影响机制进行了研究，并主要回答以下三个问题：①海外上市是国际风险投资影响企业创新的中介路径吗？②国际风险投资通过海外上市影响企业创新路径的深层次作用机制是什么？③不同的风险投资特征对海外上市的中介路径有何调节作用？首先，对国际风险投资、海外上市与企业创新间的关系进行了理论分析，并提出研究假设。其次，构造中介效应模型，运用中介效应检验流程对海外上市在国际风险投资对企业创新的影响关系中的中介作用进行研究，并对实证结果进行了一系列稳定性检验。再次，分别从企业上市时机、财务困境风险和国际化程度三个方面，对海外上市中介效应得以发挥的深层次潜在机制进行了研究。最后，从联合投资模式、经验、声誉、投资期限和进入时机五个方面分析了风险投资特征在上述中介效应中的调节作用，并得出相关结论。

第七章：结论与建议。本章主要对本书的研究结论进行归纳总结，并基于研究结论，分别从风险投资机构、创业企业和政府三个层面提出相关建议，以期使本书的研究成果更具有实践价值，从而为金融更好地服务实体经济发展提供更有价值的理论依据和经验参考。

第五节　创新点与不足之处

一、创新点

本书的创新点体现在以下方面：

（1）选题及研究视角的创新。目前国内外关于国际风险投资对企业创新直接影响关系的研究相对较少，多为风险投资对企业创新的影响（Corsi & Prencipe，2019；温军和冯根福，2018），或者国际风险投资对企业 IPO 绩效（张学勇和廖理，2011）、海外上市（彭涛等，2020；Zhang & Yu，2017）、国际化战略（Chahine et al.，2019）等的影响研究，且上述影响结果也并不完全一致。本书基于国家距离视角和海外上市视角，系统深入地研究了国际风险投资对企业创新的影响及其潜在机制，并将相关研究扩展到了新兴国家一级。这一扩展是必要的，因为国际风险投资机构在新兴国家不同地区依次投资，有时同时投资，在这种情况下，基于区域数据的分析将不足以说明国际风险投资对企业创新的普遍影响。因此，在内容上，本书是对前人研究的深化和完善，是对国际风险投资与企业创新领域研究的重要补充。

（2）研究方法的创新。在实证研究过程中，常见的内生性问题是由反向因果、样本自选择和遗漏变量等引起的有偏估计。具体到本书研究中，针对可能存在的反向因果或遗漏变量问题，本书运用工具变量法，通过选择与国际风险投资参与相关但与企业创新不相关的两个变量作为国际风险投资的工具变量进行回归检验。同时，基于企业创新数据的特殊性，针对仅对披露研发信息的企业开展国际风险投资影响企业创新的研究可能导致的样本自选择问题，本书运用 Heckman 两阶段回归方法进行解决。此外，本书还运用中介效应、Probit 回归、Tobit 回归、OLS 回归、Bootstrap 检验等实证方法进行相关研究。因此，在研究方法上，本书是对前人研究的极大丰富，并使本书的研究结论更加具有说服力。

（3）对现有理论体系的补充。关于国际风险投资对企业创新的影响，目前国内外学术界的相关研究还相对较少，且较少涉及相关影响机制的研究（张学勇和廖理，2011；陈思等，2017），或其研究的视角只关注于某一方面，如地理距离（Que & Zhang，2020）。基于此，在前人研究的基础上，本书将风险投资领域的信息不对称理论、委托代理理论、资源基础理论和信号理论，以及国际投融资领域的外来者劣势、社会网络理论、新兴者劣势、社会认同理论和家乡偏误，统一纳入本书的理论分析框架，以企业创新为导向，对国际风险投资在企业创新过程中的可能影响机制进行了深入研究。因此，从理论基础看，本书研究涉及的理论体系更全面，也更广泛，是对前人相关研究理论适用范围的有益扩展，也是对国际风险投资与企业创新关系研究领域理论框架的有益补充和完善。

二、不足之处

本书主要研究国际风险投资对企业创新的影响，并从国家距离和海外上市视角，对其内在影响机制进行探究。然而限于相关样本数据的可得性以及本人的研究水平，主要还存在以下三个方面的不足之处：

（1）样本覆盖面不全。本书以新兴国家有风险投资支持的上市企业为样本，研究了国际风险投资对企业创新的影响。然而在现实中，存在大量有风险投资支持但最终并没有上市的企业样本，这些企业的风险投资机构可能通过并购、清算或破产实现退出。对于这类非上市企业，国际风险投资是否介入、其介入如何影响企业创新以及相应的作用机制是否相同，本书并没有进行相关研究。其原因在于，一是虽然相关风险投资交易数据库对非上市企业的风险投资数据进行了相关披露，但基于风险投资活动的隐蔽性，相关数据的质量并不理想；二是目前国内外数据库对非上市公司财务数据的覆盖程度也相当有限，且存在大量数据缺失，不足以对本书的研究形成较好支撑。因此，本书研究结论的适用广泛性受限。

（2）研究深入程度不够。本书虽然基于国家距离和海外上市的视角，对国际风险投资影响企业创新的作用机制进行了探讨，但对该视角下作用机制的形成原因及其他可能存在的影响机制并没有进行深入研究。例如，本书虽然研究得出国际风险投资面临的较远国家距离不利于企业创新的结论，并理论解释为国家距离抑制了国际风险投资对企业创新增值效应的发挥，但并未对国家距离如何抑制国际风险投资增值效应的发挥，进而负向影响企业创新的机制进行深入探讨。此外，基于海外上市视角，本书虽然从企业上市时机、财务困境风险和国际化程度三个方面，对国际风险投资通过海外上市影响企业创新的深层次原因进行了研究，但是对国际风险投资通过何种途径促进企业海外上市，以及其他潜在的深层次作用机制并没有进行更深入的探讨。

（3）国际风险投资研究理论体系有待完善。风险投资起源于19世纪末的美国，并随着1998年我国政协第一号提案的推出，开始受到国内学术界和实务界的广泛关注，然而国际风险投资对新兴国家的投资则可追溯到20世纪80年代。到目前为止，虽然国内外学者对国际风险投资与企业绩效的关系进行了广泛的分析，但是针对国际风险投资对企业创新的影响研究却较少，也尚未形成一套完整的理论体系。本人虽然在前人研究成果的基础上，运用新兴国家上市企业数据，对国际风险投资影响企业创新的结果及其潜在机制进行了实证研究，并基于风险投资领域的信息不对称理论、委托代理理论、资源基础理论和信号理论，以及国际投融资领域的外来者劣势、社会网络理论、新兴者劣势、社会认同理论和家乡偏误，从国家距离和海外上市视角构建了国际风险投资影响企业创新的理论体系，但是，鉴于本人水平有限，尚不能窥一斑而知全豹，并未形成完整的理论体系。

第二章

国际风险投资影响企业创新的理论基础

为了构建国际风险投资影响企业创新的理论框架，本章基于国际风险投资和企业创新的概念界定，主要对国际风险投资影响企业创新的相关理论进行梳理。首先，国际风险投资的概念是随着发达国家国内风险投资行业的竞争加剧和收益降低，出于开拓市场、增加收益或者传播价值观等目的，风险投资纷纷走出国门，开启国际化投资进程（孙健，1987；王疆，2013；Schertler & Tykvova，2011；Hain et al.，2016；Plagmann & Lutz，2019），后逐渐被学术界广泛关注，是与本土风险投资相对应的概念。因此，本书所述国际风险投资是基于风险投资机构总部所在地是否与其所投创业企业总部所在地属于同一国家进行界定，该方法在国际学术界已被广泛应用（Devigne et al.，2013；Chemmanur et al.，2016；Wang，2017；Plagmann & Lutz，2019；Chahine et al.，2019）。具体地，若风险投资机构所在国家与创业企业总部所在国家不同，则界定该风险投资机构为国际风险投资；反之，若风险投资机构所在国家与创业企业所在国家一致，则界定该风险投资机构为本土风险投资。

其次，关于企业创新的概念，最早可追溯到美籍奥地利经济学家熊彼特1912年出版的德文版本《经济发展理论》一书，该书将创新与企业的生产结合起来，认为创新从本质上来讲就是一种创造性地引入新产品或使用原创性技术为企业生产体系创建一种有利于企业发展的多元素、多条件的新组合。在此之后，学者们对企业创新进行了深入的研究，但大都认为创新是产品和工艺的更新，是企业将创新成果转化为商品或知识产品，并通过市场获取收益的内在需求（Calantone et al.，2002；郭玥，2018）。因此，创新是企业保持利润增长和长期生存的重要推动力，是保持长期竞争力（鲁桐和党印，2014）和获取更高估值的重要手段（徐欣等，2016）；且企业创新活动的成果不仅具有商品形态，还会以专利等知识形态表现出来（Schmiedeberg，2008；郭玥，2018）。同时，随着全球知识产权保护水平的提高，专利作为企业创新活动的实际成果，已成为实务界和国内外学术界衡量企业创新水平的重要参考（李梅和余天骄，2016；张凯歌和顾露露，2020；Howell，2017）。此外，研发投入作为企业开展创新活动的关键要素，不仅是创新活动保持稳定性和持续性的重要保证（Garud et al.，2013；Duran et al.，2016），还是衡量企业创新产出效率的重要指标（姚立杰和周颖，2018；Hirshleifer et al.，2013）。因此，本书基于企业研发投入和专利产出数据，从创新产出和创新效率两个层面来界定企业的创新水平。具体地，企业创新产出分别用专利申请数量、授权数量和被引用数量来衡量；创新效率则分别用每单位加权研发投入的专利申请数量、授权数量和被引用数量来衡量。

最后，基于上述概念，国际风险投资作为基于国家背景界定的风险投资类别之一，因其国际化属性，既具有风险投资的普遍性特征，又具有国际投资的特殊性，这使得国际风险投资对企业创新的影响，既具有风险投资影响企业创新的普遍性，又具有国际投融资影响企业创新的特殊性。因此，本章主要从国际风险投资影响企业创新的普遍理论，以及国际风险投资影响企业创新的特有理论两个层面对本书研究的理论基础进行阐述。

第一节　国际风险投资影响企业创新的普遍理论

国际风险投资作为风险投资的一个类别，具有风险投资的普遍性特征，这说明风险投资影响企业创新的相关理论也适用于国际风险投资对企业创新的影响研究。因此，本节主要根据风险投资影响企业创新研究的相关理论，对国际风险投资影响企业创新的普遍理论进行梳理，主要包括信息不对称理论、委托代理理论、资源基础理论和信号理论。

一、信息不对称理论

信息不对称理论（Asymmetric Information Theory）是指在市场经济活动中，不同参与方对相关信息的了解程度存在差异，且掌握较多信息的一方往往处于比较有利的地位，而掌握信息较少的一方，则处于比较不利的地位。该理论最早可追溯到20世纪70年代，美国经济学家乔治·阿克尔洛夫、迈克尔·斯彭斯和约瑟夫·斯蒂格利茨分别从商品交易、劳动力市场和金融市场三个不同领域对信息不对称现象进行的研究。虽然不同经济学家研究的领域不同，但却得出了关于信息不对称理论的一致结论，即信息不对称现象在市场经济活动中普遍存在；市场中卖方较买方往往掌握更多关于商品的信息；

掌握更多信息的一方可以通过向信息贫乏的一方传递可靠信息而在市场中获益；买卖双方中拥有信息较少的一方会努力从另一方获取信息；市场信号显示在一定程度上可以弥补信息不对称的问题。该理论不仅强调了信息在市场经济活动中的重要性，还指出市场经济活动的参与者会因信息获取渠道的不同、拥有信息量的丰富程度以及获取成本的高低而面临不同的交易风险和收益。

另外，不对称信息包括签约之前的隐藏信息（hidden information），如企业创新能力，又称事前的不对称信息；也包括事后的不对称信息，又称隐藏行动（hidden action），如管理层不努力工作。由于不对称信息的普遍存在，市场经济活动中普遍存在事前的“逆向选择”和事后的“道德风险”（张维迎，2018）。首先，所谓“逆向选择”，是指交易双方在合同签订前，由于对产品质量信息的不对称，买方无法掌握产品质量的全部信息，而卖方可以隐瞒真相以次充好，这会引起交易价格的降低，进而导致劣质品驱逐优质品，市场产品质量整体下降。其次，所谓“道德风险”，是指交易双方在合同签订后，有信息优势的一方会通过隐藏行动，如劳动力市场的员工不努力工作、汽车保险市场的投保人开车不谨慎等，追求自身利益最大化，而非按照合同约定行动，从而使信息劣势方的利益受损。

具体地，在风险投资机构与创业企业交易的市场经济活动中，风险投资机构作为外部投资者，在与企业达成投资交易前和投资交易后的监督管理过程中，均存在较大的信息不对称。一方面，投资交易达成前，风险投资机构在项目资源获取、初步筛选、尽职调查、估值和交易条款制定过程中均面临信息不对称，存在逆向选择风险。首先，不同的风险投资机构获取信息的渠道存在差异。其通过优质项目信息以获取投资机会的渠道和策略主要包括，声誉吸引、第三方人脉或合作伙伴介绍、独有项目来源渠道或在网络融资平台、大学、政府机构等主动寻找投资机会（王斌，2019）。其次，在风险投资机构对企业项目按是否符合基金投资策略和标准进行初步筛选，并对符合要求项目企业进行实地尽职调查的过程中，企业对项目具体情况掌握更多信息，为了吸引风险投资资本的进入，有隐瞒信息、夸大投资项目未来发展潜力的动机和能力。最后，在项目估值和交易条款制定的过程中，随着风险投资机构与企业间关于企业投资项目的信息不对称程度的增大，出于对企业逆向选择行为的考虑，风险投资机构会要求更多的风险补偿，如较低的估值、更多更苛刻的交易条款等；同时，随着风险投资机构与企业间关于风险投资机构资金和增值能力等信息不对称程度的降低，创业企业会更愿意做出让步以达成投资交易。因此，在信息不对称情况下，基于“逆向选择”的可能存在，处于相对信息劣势的风险投资机构会向创业企业索取更多的风险补偿；同时，创业企业会对更有声望的风险投资机构做出更大让步以达成投资意向。

另一方面，投资交易达成后，风险投资机构与创业企业在监督治理方面存在较大的信息不对称，可能导致道德风险。首先，风险投资机构作为外部投资者，与企业家或者公司大股东之间存在信息不对称，这可能导致企业家或者大股东的机会主义行为，如为了自身利益最大化，利用对公司的绝对控制权实施“掏空行为”（Johnson et al.，2000），从而损害风险投资机构的利益。同时，风险投资机构也可能存在道德风险，如偷懒，不努力为企业提供增值服务；联合投资中的搭便车行为；同时投资于同行业的竞争性创业企业；窃取创意和技术（Pahnke et al.，2015）；过多干涉企业决策和过度监督影响企业家努力程度；以停止投资的威胁来要求更高利润分成比例（殷林森等，2008）；具有短视行为，为了实现尽快退出和获取收益，不愿意承担长期投资风险，而更愿意将有限的资源用于提高企业短期业绩的行为等（蔡宁，2015）。其次，风险投资机构通常以股权投资形式进入公司，具有内部人职能（陈工孟等，2011；陈思等，2017），是公司的股东，与企业高管之间也存在信息不对称，可能导致道德风险。如管理层保守主义，为了提高企业短期业绩，不愿意从事具有较高风险但对企业长期业绩有利的创新活动（成力为和邹双，2020）；同时，公司管理层也存在构建商业帝国、片面追求规模增长的激励，进而导致投资过度问题（蔡宁和何星，2015）；此外，风险投资机构也可能会对企业管理层进行过度监督，进而导致风险投资家和创业团队之间的信任缺失（张曦如等，2019）。

综上，基于信息不对称理论，鉴于创业企业与风险投资机构之间不对称信息的普遍存在，国际风险投资机构与创业企业间也不可避免地存在信息不对称。因此，在投资交易达成前，国际风险投资机构与创业企业间也存在“逆向选择”，可能导致处于相对信息劣势的国际风险投资机构会向创业企业索取更多的风险补偿，且市场知名度更高的国际风险投资机构往往具有更大的谈判权；在投资交易达成后，国际风险投资机构与创业企业均存在“道德风险”，表现为创业企业的企业家或管理层基于信息优势对国际风险投资机构利益的侵占行为，以及国际风险投资机构不努力为创业企业提供增值服务，或为了实现快速退出收益而损害企业的长期利益。

二、委托代理理论

委托代理理论（Principal-Agent Theory）是公司治理领域的主要理论之一，研究对象是委托代理关系，是指一个或多个行为主体根据一种明示或隐含的契约，指定、雇用另一些行为主体为其服务，同时授予后者一定的决策权力，并根据后者提供的服务数量和质量对其支付相应的报酬过程中所形成的关系。其中，授权者就是委托人，被授权者就是代理人。委托代理关系起源于生产力的发展和专业化分工的出现（李维安和郝臣，2015）。一方面，随着生产力的发展，企业规模不断扩大，这使得企业所有者由于知识、能力和精力的原因不能行使所有的权利；另一方面，专业化分工产生了一大批具有专业知识的代理人，他们有精力、有能力行使好被委托的权利。随着股份制公司的成立，公司的所有权和经营权会发生分离，公司的所有者通过与公司管理层签订一系列或明或暗的契约，授予高层管理者代表其从事经营活动的某些权利，由此，公司所有者与高层管理者之间便形成了一种委托代理关系。

委托代理理论要解决的核心问题是利益冲突和信息不对称情况下委托人对代理人的激励问题，即代理问题。委托代理问题产生的根源在于所有权和经营权的分离，具有“管家”职能的经理人取得了资本的管理权，并获得相应的报酬。基于人的自利性本质假设，经理人有动机和能力利用职务之便为自己牟取私利。另外，委托代理问题是20世纪60年代末70年代初，一些经济学家不满阿罗-德布鲁（Aroow-Debreu）体系中的企业“黑箱”理论，在深入研究企业内部信息不对称和激励问题后发展起来的，创始人包括威尔逊（Wilson）、阿克尔洛夫（Akerlof）、斯宾塞和泽克豪森（Spence，Zeckhauser）、斯蒂格利茨（Stiglitz）、罗斯（Ross）、莫里斯（Mirrless）等。此外，有学者基于新兴国家企业特质指出，在股权集中型公司中，存在与单一委托代理相对应的双重委托代理，即不仅存在全体股东与职业经理人之间的利益冲突，还存在大股东或控股股东与中小股东之间的利益冲突（冯根福，2004）。由此可知，双重委托代理问题不仅涵盖了全体股东与企业管理层之间的代理问题，也涵盖了大股东或控股股东与中小股东之间的代理问题。

具体地，在风险投资机构对企业进行投资的过程中，存在两层委托代理关系（刘曼红等，2018；成思危等，2002），如图2-1所示。第一层代理关系表现在风险投资机构的融资过程中，即当投资者［有限合伙制关系中的有限合伙人 LP（Limited Partner）］将资金交给风险投资家即资金管理者或 GP（General Partner）管理时，投资者与风险投资家就形成了委托代理关系。此时，投资者 LP 是委托人，风险投资家 GP 是代理人。第二层代理关系表现在风险投资家对创业企业进行投资的过程中，当风险投资家将筹集所得资金投入创业企业，委托企业家管理，以期为投资者获取高额投资收益时，风险投资家与创业企业间就形成了委托代理关系。此时，风险投资家为委托人，创业企业家或者企业管理者为代理人。这种双重代理关系使风险投资成了一种相对复杂的金融运作模式，同时在对创业企业的投资过程中形成了较为复杂的委托代理问题。

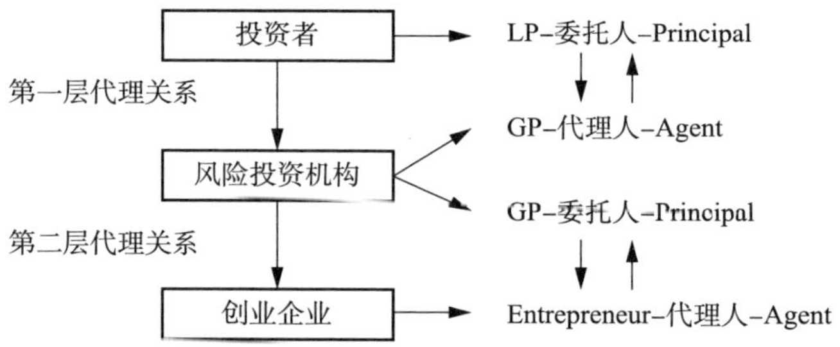

图 2–1　风险投资的双重代理特征

一方面，风险投资机构作为委托人，以股权投资形式进入创业企业，是公司的股东，面临股东—经理层之间的委托代理问题。即经理人存在管理能力不足，或具有自利性行为，有动机和能力利用职务之便为自己谋取福利，比如，为自己争取更高的工资、更好的福利待遇，或者花费更多的差旅费等来满足自己的奢靡生活，或者盲目地扩大生产经营，旨在建设更大的商业帝国来提高自己对公司的经营管理控制权等（Stein，2003），而不是基于股东收益最大化视角进行决策，从而损害风险投资机构的投资收益。针对该类代理问题，风险投资机构具有内部人职能，能够通过积极参与公司治理来实现对创新活动的有效监督，进而发挥对企业创新的“监督治理效应”（Guo & Jiang，2013）。首先，风险投资机构作为公司的股东，发挥内部人职能（陈工孟等，2011；陈思等，2017），具有更大的动机和能力通过向董事会委派代表自身权益的非执行董事①，参与目标公司的董事会（张凯歌和顾露露，

① 本文非执行董事是指董事会中除执行董事和独立董事之外的董事，他们一般由股东委派，代表所委派股东利益，参与公司的创新决策，并对创新管理过程实施监督。

2020）。这有利于扩大董事会中非执行董事规模，提高董事会独立性（Lu & Wang，2018），从而有效抑制管理者保守主义，监督公司的过度投资行为，进而促进企业的创新产出。其次，风险投资作为积极型投资者，有充分激励介入公司的薪酬计划（蔡宁等，2017），通过实施合理有效的高管激励契约来缓解股东与高管之间的代理问题，提高公司治理水平（陈孝勇和惠晓峰，2015），促进企业创新活动的转化效率。

另一方面，风险投资机构作为代理人，肩负着快速退出和获取高额回报的双重任务，同时作为创业企业股东，可能存在对其他中小股东的掠夺行为。该类代理问题导致了风险投资机构“道德风险”（Masulis & Nahata，2011）和逐名动机（Gompers，1996）的存在，即风险投资机构为了实现快速退出和获取高额回报的目标，具有机会主义 IPO 行为，会助长企业 IPO 前的财务包装动机，如通过降低企业的会计信息披露水平、增加企业的盈余管理水平（钟昀珈和何小锋，2018），提高企业短期业绩，以加快企业的上市进程；同时，在资源有限条件下，风险投资机构可能更加短视，会将有限的资源更多地用于加速企业上市，如更倾向于集中努力来改善企业业绩和管理（Caselli et al.，2009），或将有限的资源用于企业的短期利益，而不愿意承担有利于企业长期利益的创新活动的失败风险（成力为和邹双，2020），进而不会促进企业持续创新（Caselli et al.，2009），或表现出对创新的攫取效应（温军和冯根福，2018）。

综上，基于委托代理理论，风险投资机构具有普遍的双重代理特征，既是风险投资基金融资时的代理人，又是对创业企业进行投资时的委托人。因此，国际风险投资机构作为风险投资机构的类别之一，也具有双重代理特征，这使得国际风险投资机构既有充分的激励参与目标公司的董事会和介入公司的高管薪酬计划，发挥对企业创新活动的“监督治理效应”，也使得国际风险投资机构为了实现快速退出和获取高额回报的目标而实施更加短视的行为，如有更大的动机和能力进行机会主义 IPO 行为等，从而不利于企业创新。

三、资源基础理论

资源基础理论（Resource－Based View）起源于 1984 年沃纳菲尔特（Wernerfelt）“企业的资源基础论”的发表。该理论的基本思想是将企业看作各种资源的集合体，并将研究目标集中在资源的特性和战略要素市场上，以此来解释企业的可持续优势和相互间的差异。具体地，该理论认为：

（1）企业是各种资源的集合体，既包括不同的有形资源，也包括不同的无形资源，且各种资源的用途具有多样性。同时，企业的经营决策就是合理分配和利用这些资源，且资源配置决策一旦实施就不可还原。此外，在资源有限的前提下，基于先前的资源配置决策，企业在特定时点上都会拥有一定的资源储备，且这种资源储备将限制、影响企业下一步的决策。因此，企业在资源方面的差异是企业获利能力不同的重要原因，也是拥有优势资源的企业能够获取经济租金的原因。

（2）资源在企业间不可流动且难以复制，企业的竞争优势来自企业的特殊资源，这种特殊资源能够给企业带来经济租金。在经济利益的驱动下，没有获得经济租金的企业肯定会模仿优势企业，其结果则是企业趋同，租金消散。然而，因果关系含糊、路径依赖性和模仿成本等因素的存在，在一定程度上阻碍了企业间的相互模仿，从而使企业由特殊资源带来的竞争优势得以维持。

（3）培育、获取和拥有更有价值、稀缺和不可替代资源的企业将超越资源受限的同行，具有较高的竞争优势，并随着时间的推移表现出更高的增长（Barney，1991；董静和徐婉渔，2018）。

特别地，资源基础理论、资源依赖理论（Resource Dependence Theory）和知识基础理论（Knowledge-Based View）三者虽然有相似之处，但还是有所差别的。其中，资源依赖理论（Pfeffer & Salancik，2003）认为没有组织是完全自给的，企业的生存需要从外部环境中吸取资源，需要与周围环境相互依存、相互作用才能达到目的；对资源的需求构成了组织对外部的依赖，资源的稀缺性和重要性决定了组织对环境的依赖程度；面对资源获取的不确定性和组织的依赖程度，组织需要不断改变自身的结构和行为模式，以便获取和维持来自环境的资源，并使依赖最小化；组织可以采取许多措施来处理依赖问题，如连锁董事、联盟、合资企业、并购等（Drees & Heugens，2013）。此外，知识基础理论是在企业资源基础理论的基础上发展起来的，它着重强调从企业的“知识”这一特有资源角度出发对企业的竞争优势来源进行探讨。该理论认为企业是一个知识处理系统，企业核心能力的来源是企业内的隐性知识（Tacit Knowledge）；同时，企业内以个人为载体的隐性知识通过显性化、整合、内部化和社会化四个阶段，最终转变为企业的专门知识，成为企业保持持续竞争优势的重要来源；此外，外部网络是组织间基于行为的联系纽带，是企业知识的重要来源，通过构建关系网络、知识分享路径以及有效的关系治理机制，企业可以以关系资源为手段来进行知识吸收和开发。因此，资源基础观更有利于解释企业所拥有的独特资源对于创新和获取长期竞争优势的重要性。

具体地，在风险投资机构与创业企业的关系中，虽然创业企业往往具有一定的创新能力，但物质资本、人力资本、金融资本或组织资源等基本资源可能相对缺乏（Clarysse et al.，2007；Heirman & Clarysse，2005；Croce et al.，2013）。基于资源基础理论，企业的一个主要挑战是确定和获得相关的初始资源库（Penrose，1959）。虽然早期的学者认为在一个组织的边界内获取或开发必要的资源是很重要的，但后来的研究表明，企业可能会从伙伴组织的资源基础中得到很大的好处（De Clercq & Dimov，2008；Park & Lipuma，2020；董静等，2017）。此时，风险投资机构作为专业投资者，不仅具有丰富的金融资本资源，能直接为企业研发提供长期资金支持，而且还能提供诸如行业经验（董静等，2017）、知识、网络接入和合法性（Fernhaber & Mcdougall-Covin，2009；Sapienza et al.，1996）等无形资源，并通过监督（钟昀珈和何小锋，2018）和治理活动（蔡宁等，2017），为企业创新提供所需的知识和战略资源（Corsi et al.，2019），进而促进企业创新。因此，风险投资的介入可以通过为创业企业提供金融资本资源，以及知识、经验、网络等宝贵的无形资源，促进企业的发展。

此外，并非所有的风险投资机构都提供了可比资源。从风险投资机构的背景看，一方面，与本土风险投资机构相比，国际风险投资机构具有更丰富的国际性知识资源，更熟悉国外市场（Chahine et al.，2019），具有更多诸如法律法规、商务惯例、经营准则等外国市场和外国法律知识（MaKela & Maula，2006），当企业实施国际化战略时，能够为企业提供更多的相关知识和专业咨询建议，以提高企业成功的可能性（Zhang & Yu，2017；彭涛等，2020）。另外，国外风险投资行业起步较早，发展比较成熟，国际风险投资机构一般积累了丰富的行业资源，且专业化程度更高（陈思等，2017；王玉荣等，2015），能够为新兴国家企业提供更丰富的行业资源和更广阔的国际视野。此外，国际风险投资机构还具有广泛的国际社会网络资源（Devigne et al.，2013；Que & Zhang，2020）。这些国际社会网络资源，有利于国内公司与相关国际供应商、客户、金融家和其他潜在利益攸关方建立联系（MaKela & Maula，2005；Sapienza et al.，1996；Hochberg et al.，2007；Fernhaber &

Mcdougall-Covin，2009），进而提高创业企业在国际市场的合法性。

另一方面，与本土风险投资机构相比，国际风险投资机构不具有丰富的创业企业所在国家内的法律知识（Makela & Maula，2006）和社会网络资源（王玉荣等，2015），无法帮助企业获取更多有利于创新的当地资源（Devigne et al.，2013）。同时，国际风险投资机构对当地制度环境、政府干预和公司治理结构的理解不那么深入（Barkema & Vermeulen，1997；Pukthuanthong & Walker，2007）。因此，与本土风险投资机构相比，国际风险投资机构可能为其投资目标的创新活动提供不太有价值的建议（Que & Zhang，2020），如可能会推动公司向投资者本国市场的国际化努力，而后者并不总是公司的目标市场（MaKela & Maula，2005），这将限制企业的长期发展（Devigne et al.，2013）。

综上，基于资源基础观，本土风险投资机构与国际风险投资机构能够为企业提供异质性资源，而不同的资源对企业竞争优势的作用不同。因此，在对企业创新的影响方面，本土风险投资机构与国际风险投资机构可能存在异质性。

四、信号理论

信号理论（Signal Theory）是在信息不对称的前提下发展起来的，其核心原则是在信息不对称背景下，信息优势方通过释放可观察的、外部的、昂贵的或难以模仿的信号来展示不可观察的能力或价值（Bell et al.，2012；Spence，1973）。该理论最初是由2001年诺贝尔经济学奖获得者斯宾塞于1973年在其“*Job market signaling*”一文中提出。他认为，在信息不对称背景下，劳动力市场的招聘者并不清楚应聘者的实际能力，且在招聘后还需要付出一定的成本对应聘者进行培训。此时，应聘者的受教育程度可能成为一种高质量的能力信号，因为高能力的人获取文凭的成本要比低能力的人低。因此，高能力的应聘者以高学历作为自身高能力的信号，可能会获得普遍较高的工资待遇，作为接受教育活动所付出成本的补偿。另外，该理论最初也在旧车市场得到广泛引用，如保修承诺具有信号作用，因为好车的维修成本要比次车低，因此较长时间的保修承诺作为好车的信号，会获得普遍较高的交易价格。此外，信号理论在企业层面也得到了广泛应用，如企业可以通过披露治理结构、销售收入、净利润、研发投入、专利数量等经营治理情况数据，向市场展示不可观察的能力和未来的价值信号，以吸引外部利益相关者的关注。

具体地，在风险投资机构与创业企业的关系中，风险投资机构对创业企业做出投资决策的前后均存在信号机制。一方面，在风险投资机构对创业企业做出投资决策前，创业企业倾向于发出企业未来发展前景较好的信号，如广阔的市场前景、优秀的管理团队、较多的专利数量等，以吸引风险投资机构的进入。另外，创业企业与风险投资机构间签订的对赌协议从某种程度上看，也传递了企业未来会有更好发展前景的信号。所谓对赌协议（Valuation Adjustment Mechanism），又称估值调整协议，本质上是一种期权形式，是投资方与融资方对未来不确定情况的一种约定，常包含触发条件和约定的补偿方式，其中触发条件多以当年净利润、销售收入、股票发行上市等为对赌标的（王茵田等，2017）。因此，对赌协议的签订以及较高的对赌标的，在某种程度上向投资者传递了创业企业未来较好的盈利能力、较高的销售收入和更高的上市可能性的信号。然而，基于新兴国家风险投资行业中创业企业普遍的劣势地位，更知名、具有更大谈判权或主动权的风险投资机构可能会向企业索要更多的不确定性补偿。

另一方面，在风险投资机构从投资进入创业企业到退出的过程中，首先，风险投资机构作为专业投资机构，其对创业企业的投资向市场表达了对创业企业质量的认可信号；同时，风险投资机构还可以利用自己在行业中的声誉与地位来影响创业企业的信号质量（陆瑶等，2017；胡志颖等，2015；陈思等，2017）。这有利于降低企业和外部融资供给者间存在的信息不对称，扩大外部融资渠道，降低企业的融资成本（胡刘芬和周泽将，2018），进而缓解企业的融资约束。其次，在投后管理过程中，风险投资机构以股权投资形式进入企业，作为企业的股东，可以通过参与目标公司的董事会（钟昀珈和何小锋，2018），并积极介入公司的薪酬计划（蔡宁等，2017），通过提高董事会独立性和实施合理有效的高管激励契约来缓解股东与高管之间的代理问题，提高公司治理水平（陈孝勇和惠晓峰，2015），从而向市场传达企业治理结构的高质量信号，进而提高企业上市的合法性地位。最后，风险投资机构在促进企业上市和后续退出过程中存在普遍的“道德风险”（蔡宁，2015），为了尽快通过业绩表现向市场传递自身能力信号，具有通过促进企业的 IPO 退出，提高业界口碑，树立声誉以保障后续资金募集的逐名动机（叶小杰和王怀芳，2016；蔡宁，2015；Gompers，1996）。这可能会使风险投资机构具有短视行为，在资源有限条件下，将有限的资源用于企业的短期利益，忽视甚至减少有利于企业长期利益的创新培育（成力为和邹双，2020），进而不会促进企业持续创新（Caselli et al.，2009）。

此外，与本土风险投资机构相比，国际风险投资机构在促进创业企业海外上市过程中能够发挥更大的信号作用。这是因为：

（1）国际风险投资机构能利用其在行业中的声誉和地位为企业质量提供信用背书，降低创业企业与海外资本市场投资者之间的信息不对称，提高创业企业在海外资本市场的声誉和合法性（Makela & Maula，2005）。

（2）国际风险投资机构的介入还有利于创业企业吸引国际著名 IPO 团队的参与，为企业提供会计、审计以及承销方面的高质量服务，从而更好地向国际资本市场传达企业更高合法性的信号，提高国际投资者和证券监管机构对创业企业的认可程度，进而保障其海外上市的顺利进行（Bell et al.，2012；Humphery-Jenner & Suchard，2013）。

（3）国际风险投资机构所管理基金的投资者多为养老基金、家族基金、大学捐赠基金、银行、保险等机构，通过海外上市能提高国际风险投资机构的行业声望，进而更好地获得这些国际资金投资者的认可，这有利于后续风险投资基金的顺利募集，因此，国际风险投资机构可能存在更大的动机：为了向市场传达自身能力的信号而进行机会主义 IPO 行为。

综上，基于信号理论，风险投资机构有动机和能力促进企业的上市进程。特别地，与本土风险投资机构相比，国际风险投资机构具有更大的动机和能力向国际资本市场发出企业质量和合法性的信号，从而降低创业企业与海外资本市场投资者之间的信息不对称，进而提高企业海外上市概率。然而，这种对海外上市的促进作用也可能是国际风险投资机构为了向市场传递自身较高盈利能力的信号，而表现出的机会主义 IPO 行为，从而可能不利于企业的长远发展。

第二节　国际风险投资影响企业创新的特有理论

国际风险投资作为跨国投资机构，具有国际化属性，且寻求国际风险投资支持的新兴国家企业往往追求国际化发展战略，如追求海外上市等。因此，基于国际投融资理论，国际风险投资对企业创新的影响，还具有不同于其他风险投资类别影响企业创新的特殊性。具体地，对于国际风险投资机构这一跨国投资主体，本节主要基于外来者劣势和社会网络理论，分析了影响国际风险投资对企业创新增值效应发挥的理论机制；同时，对于新兴国家创业企业这一风险投资客体，本节主要基于外来者劣势、社会网络理论、新兴者劣势、社会认同理论和家乡偏误，对新兴国家企业海外上市影响企业创新的理论机制进行了分析。

一、外来者劣势

外来者劣势（Liabilities of Foreignness，LOF）是指由于地理、文化、制度等的差异，跨国公司在从事跨国活动时普遍面临的先天竞争劣势，这使其必须承担东道国当地企业无须承担的额外交易成本。这一概念最早由美国学者 Zaheer 在 1995 年正式提出，随后在跨国公司、国际投融资等领域得到了广泛采纳，现已成为跨国公司研究的基本假设之一（任兵和郑莹，2012）。另外，学者们研究认为外来者劣势的产生原因主要有以下三点：

（1）不了解当地环境，跨国公司很可能无法获得和享受东道国现有的信息和资源，无法像当地公司一样适应当地环境。

（2）与当地公司相比，跨国公司往往面临在东道国建立的合法性问题和不被接受或受到歧视等额外的负担。

（3）跨国公司在将其母国优势转移到东道国时，面临不同社会文化和制度环境等方面的摩擦和调整必要性所带来的额外负担，而这些负担是当地公司不用承担的（Cuervo-Cazurra et al.，2007）。

风险投资行业兴起于发达国家，并随着发达国家国内风险投资行业的竞争加剧和收益降低，纷纷走出国门，开启跨国投资进程，以实现开拓市场、增加收益或者传播价值观等目标。同时，国内外研究表明，风险投资机构在进行国际化投资时，面临普遍的外来者劣势（Wang，2017；Devigne et al.，2016；王玉荣等，2015）影响。此外，国际风险投资机构的外来者劣势主要可概括为地理距离、文化距离、法律距离和制度距离等四个方面劣势。

（1）地理距离增加了国际风险投资机构对创业企业投资前的信息收集成本和投资后的监督成本。一方面，在国际风险投资机构对创业企业做出投资决策前，较远的地理距离增加了国际风险投资机构的实地调研及其与创业企业面对面交流等活动的成本（龙玉等，2017），会使其交易筛选、尽职调查和交易谈判等变得更困难和更昂贵（Lutz et al.，2013），从而增加其对创业企业项目的评估难度（Makela & Maula，2006）。另一方面，在国际风险投资机构对创业企业的投后管理过程中，较远的地理距离增加了风险投资机构与企业间的通信和交通成本，抑制了其积极监督企业的动机（Huang & Kang，2017），并降低了组织之间知识转让的有效性（Gilbert et al.，2008），从而增加了国际风险投资机构的投后监督成本（Makela & Maula，2006；Sorenson & Stuart，2008），降低了其对企业创新提供监督和增值服务的动机和能力（Tian，2012；Dai et al.，2012）。

（2）文化距离增加了国际风险投资机构与创业企业之间的沟通和交易成本。具体地，文化距离体现了国家在认知模式和价值观方面的差异（Li et al.，2014）；同时，不同国家间民族文化的差异是显著的，并影响人们的行为和互动方式（Reus & Lamont，2009）；此外，通过文化携带的价值观、信念和认知模式往往更不易改变。因此，文化距离会造成沟通问题，阻碍信息共享，且在很多情况下，国际风险投资机构无法提供足够的深度学习机会以弥补文化差距（Li et al.，2014）。另外，已有研究表明，具有相似价值观和信仰的人更容易形成信任关系（Sorenson & Stuart，2001）；而不同的价值观和信仰往往限制关系和信任的形成（Vaara et al.，2012）。因此，文化距离还可能导致国际风险投资机构的“外部人劣势”（liability of outsidership）（Johanson & Vahlne，2009；Vaara et al.，2012），这增加了社会歧视，提高了冲突的发生率，从而增加了国际风险投资机构与创业企业之间的沟通和交易成本。

（3）国际风险投资机构所在国家和创业企业所在国家间法律体系的差异，会影响国际风险投资机构的资本进入方式（如普通股或优先股）、监督的动机和能力（Lerner & Schoar，2005），进而影响企业绩效。这是因为风险投资机构在进行跨国投资时，因法律体系差异的存在，面临涉及所有权和控制权分离的合同或更复杂的意外情况（如可转换优先股合同）等无法执行的风险（Lerner & Schoar，2005）；同时，合同的无法执行风险，会使国际风险投资机构更多地选择普通股（现金流权和控制权不分离，会使创始人丧失一定的公司控制权），这容易导致风险投资机构和创始人的控制权冲突（周嘉南等，2015）；此外，不同国家法律体系质量的差异，还会阻碍投资进程（Cumming et al.，2010），如合同拒绝的风险会提高国际风险投资机构面临的代理风险，增加其对创业企业的交易和监督成本（La Porta et al.，1998）。

（4）制度距离增加了与相关制度化做法不一致的合法性损失、制裁和额外交易成本的风险。首先，在交易选择方面，在制度环境较好的国家，风险投资机构可以依靠财务和会计信息来评估投资风险（Cumming et al.，2010；

Manigart et al.，1997）；然而，在制度环境薄弱的国家，信息的透明度和准确性较低，风险投资机构需要更广泛的社会网络来获取企业家及创业企业信息（Bruton & Ahlstrom，2003）。因此，国家间的制度差异可能会增加国际风险投资机构的投资标的获取成本。其次，在合同的执行和监督方面，国家间的制度差异增加了国际风险投资的交易和监督成本。这是因为：在制度环境较好的国家，法律的可执行性和投资者保护力度较大，此时跨国风险投资机构可以通过控制权和现金流权分离的合同来保护自己的权利（Lerner & Schoar，2005），并通过对管理人员的合同限制（陈孝勇和惠晓峰，2015；Que & Zhang，2020）来减少代理成本；然而在制度环境薄弱的国家，建立网络和关系往往被认为是收集信息、执行合同和监督企业的可取方法（Bruton & Ahlstrom，2003；Bruton et al.，2005；Cumming et al.，2010），这往往会造成额外交易成本的增加。

此外，还有学者对国际风险投资机构在国际化过程中，为克服外来者劣势的不利影响所采取的应对措施进行了研究。首先，在投资目标和进入时机的选择上，为克服外来者劣势的影响，国际风险投资机构会选择信息不对称程度较低的创业企业，且更倾向于在稍后阶段、以后一轮或更大的交易轮次进行投资（Schertler & Tykvova，2011；Dai et al.，2012）。其次，在进行跨国投资时，国际风险投资机构通过持有更大的股权（以决定投资某一特定公司为条件）来减轻法律环境薄弱国家的合同问题；并通过合同为企业家提供更有力的激励，如现金流意外情况（Bengtsson & Ravid，2009），从而更好地协调投资者和企业家的利益。此外，与当地风险投资公司联合也是国际风险投资机构缓解外来者劣势的常用途径。因为这一战略允许将监督和增值职能外包给不受地理、文化或制度距离阻碍的当地风险投资机构（Makela & Maula，2008；Nahata et al.，2014；Huang et al.，2015；Chemmanur et al.，2016），从而有效降低国际风险投资机构由于外来者劣势所导致的交易和监督成本的增加。

综上，基于外来者劣势，与本土风险投资机构相比，国际风险投资机构具有明显更高的投资前信息收集成本和投资后监督治理成本，这可能会抑制其对创业企业的增值动机，并降低其增值行为效力的有效发挥，进而降低其对企业创新能力的培育效果。

二、社会网络理论

社会网络理论（Social Network Theory）是指在社会情境下，行动者（包括社会中的个体、群体和组织）的行为会受其所处的社会环境，及其所在社会网络中地位的影响。在这一系统中，信息和资源并不是免费提供的，获取信息和资源的机会是受丰富的社会背景约束的（Gulati，1995）。因此，社会网络被广义地定义为个人或组织联系和关系的网络，目的是在个人或组织行动中获得好处（Burt，1992），是有关行为者的信息和资源来源。特别地，由于信息和资源为每个行为者判断对方的效率、能力和可信度奠定了基础（Zhang & Yu，2017），一个完善的社会网络可以大大提高焦点行为者的合法性（Gulati，1995）。另外，在社会网络的基础上，Granovetter（1985）在《经济行动和社会结构：嵌入性问题》中提出了嵌入性理论，明确指出了将经济行为、经济过程嵌入社会网络中的观点，即在经济活动中，个体的经济行为会受到其所嵌入的社会网络的影响。

同样，风险投资机构的行为也会受其所处的社会网络及其在网络中地位的影响。这是因为，关系网络带来的信息优势会影响风险投资机构对所投资公司作用的发挥（蔡宁和何星，2015）。同时，社会网络是行动者信息和资源的主要来源，为网络内个体间运用直接或间接关系进行信息交流、资源共享等行为提供了渠道和桥梁；且具有丰富社会网络的风险投资机构能够为创业企业的发展带来更多的网络资源，进而为创业企业提供更多的增值服务。此外，不同风险投资机构的社会网络关系存在差异，如本土风险投资机构拥有更多的与当地企业家、政府、媒体、证券公司等建立的社会网络关系；而国际风险投资机构则拥有更多的与国际供应商、销售商、承销商、律师事务所、会计师事务所等建立的社会网络关系。因此，基于社会网络关系的差异，不同背景的风险投资机构对创业企业的影响也可能存在差异。

一方面，与本土风险投资机构相比，国际风险投资机构拥有广泛的国际社会网络，不仅能帮助企业建立优秀的海外 IPO 团队，还能提高企业在国际市场的合法性，进而提高企业海外上市的成功率。这是因为：

（1）与本土风险投资机构相比，国际风险投资机构通过丰富的国际投资经验，与承销商、律师和审计师等 IPO 小组成员建立了广泛的社会联系（Pollock et al.，2004；Cumming et al.，2016）；同时，这一网络关系有利于创业企业与国际著名 IPO 团队建立联系（Zhang & Yu，2017），从而为企业海外上市提供会计、审计以及承销方面的高质量服务，进而提高海外上市的成功率（Humphery-Jenner & Suchard，2013）。

（2）国际风险投资机构来自国际市场，与相关外国供应商、客户、金融家和其他潜在利益攸关方存在网络联系（MaKela & Maula，2005；Sapienza et al.，1996；Hochberg et al.，2007；Fernhaber & Mcdougall-Covin，2009），这不仅有利于帮助国内企业招聘优秀的国外高级管理人员和科研人员（MaKela & Maula，2006；Hursti & Maula，2007），还有利于降低国际资本市场与创业企业间的信息不对称，提高国际投资者和证券监管机构对创业企业的认可程度，进而保障其海外上市的顺利进行（Bell et al.，2012）。

另一方面，与本土风险投资机构相比，国际风险投资机构具有相对较少的本地社会网络和较低的社会嵌入程度，投资过程中更容易做出放弃决定。这是因为：

（1）与本土风险投资机构相比，国际风险投资机构来自国外，不具有丰富的创业企业所在国家的社会网络关系（王玉荣等，2015），无法帮助企业利用当地网络关系获取更多有利于创新的当地资源（Devigne et al.，2013）。因此，与本土风险投资机构相比，国际风险投资机构可能会为创业企业的创新活动提供不太有价值的建议（Que & Zhang，2020），如可能会推动企业向投资者本国市场的国际化努力，而后者并不总是创业企业的目标市场（MaKela & Maula，2005），这将限制企业的长期发展（Devigne et al.，2013）。

（2）与本土风险投资机构相比，国际风险投资机构在创业企业当地环境中的社会嵌入程度较低（Devigne et al.，2018），与企业家之间的社会网络关系较弱，依恋程度较低，此时，若创业企业的发展前景下降，国际风险投资机构会更容易做出放弃决定（Makela & Maula，2006），且这种关系随着地理距离的增大而扩大（Devigne et al.，2016）。特别地，当企业创新相关项目未达到预期目标时，国际风险投资机构将比本土风险投资机构更快停止对该项目的投资（Que & Zhang，2020）。而创新需要持续的资本投入（郭玥，2018；Duran et al.，2016），若公司在关键时期无法获得资本，将可能被迫推迟甚至停止创新活动，从而不利于企业创新水平的提高（余明桂等，2019；张璇等，2017）。

综上，基于社会网络理论，不同背景的风险投资机构具有差异化的社会网络关系，从而可能会对创业企业产生不同的影响。具体地，与本土风险投资机构相比，国际风险投资机构既具有丰富的国际社会网络关系，也具有较少的本地社会网络关系和较低的本地网络嵌入程度，因此既可能表现出对企业海外上市的促进作用，也可能在投资过程中更容易做出放弃的决定，从而不利于企业创新。

三、新兴者劣势

新兴者劣势（Liability of Emergingness，LOE）是指新兴经济体跨国企业（相对于发达经济体跨国企业而言）由于来自新兴经济体而面临的额外不利条件（Madhok & Keyhani，2012）。这是因为：一方面，新兴经济体国家往往存在市场不发达，金融体系、法律制度不完善等问题（Allen et al.，2005；Cumming et al.，2009），而制度环境又能从各个方面塑造企业的战略和行为（Ahuja & Yayavaram，2011；Carney，2009）。因此，来自新兴国家的跨国企业经常被认为产品低端、管理和竞争能力不足。另一方面，新兴经济体国家进入全球市场较晚，全球竞争融入程度较低，且往往在全球价值链中地位不高，存在技术和管理标准较低、资源和能力不足等问题（Madhok & Keyhani，2012）。在此环境下成长起来的新兴经济体跨国企业可能存在“能力错位”的问题（潘镇等，2020），即它们在母国保护政策环境下的低成本竞争战略、政企关系优势等核心竞争力，可能与国际市场成功经营所需的能力不匹配（杨勃和刘娟，2020）。此外，新兴国家跨国公司母国与东道国之间较远的国家距离，也会妨碍其对东道国更复杂的商业和制度环境的充分了解，并进一步增大其优势转移的调整成本（Miller & Parkhe，2002；Cuervo-Cazurra et al.，2007）。因此，国外市场利益相关者更倾向于对新兴经济体跨国企业持消极看法（Cuervo-Cazurra et al.，2016），从而使新兴国家的海外上市企业面临明显的“新兴者劣势”。

特别地，与适用于所有外国公司一般情况的外来者劣势（Liability of Foreignness，LOF）不同，新兴者劣势（LOE）特别指作为新兴经济体企业所产生的额外负担，这完全是因为它们来自新兴经济体国家（Ramachandran & Pant，2010）。虽然跨国公司普遍面临的外来者劣势得到了学术界的广泛认可，但是外来者劣势隐含地假定所有外国公司是相同的，即基于地点的资源原则上平等地提供给参与特定地点的所有外国公司。然而这一假设是值得怀疑的（Zaheer & Nachum，2011），因为它忽略了跨国公司之间的差异，比如跨国公司的国家背景，即来自发达经济体和新兴经济体的跨国公司之间的区别。因此，外来者劣势（LOF）更多地强调跨国公司因不是来自本地而遭受的普遍障碍，而新兴者劣势（LOE）则更多地强调跨国公司因来自新兴经济体国家而遭受的障碍（Ramachandran & Pant，2010）。以中国这一新兴经济体国家为例，2008 年金融危机之后，国际经济金融舆论场对中国经济可持续增长的质疑声从未间断，掀起了一波又一波唱空中国的论调。在这样的背景下，部分国家的顶级评级公司、经济研究机构，以及一些著名投资机构和投机家持续唱衰和唱空中国，仅仅因为中国是新兴经济体国家，这导致了在海外上市的中国企业备受冷落，甚至遭遇做空袭击，使得除阿里巴巴、百度、京东等行业领头企业外，普遍面临估值和流动性困境。因此，对于新兴国家跨国公司，新兴者劣势理论较外来者劣势理论能够更好地解释其在国际市场所面临的独特风险。

具体地，对新兴国家海外上市企业而言，其特殊的新兴国家背景使其面临特有的新兴者劣势，因此，与在新兴国家国内上市相比，海外上市可能会对新兴国家企业发展产生负面影响。这是因为与国内上市企业相比，基于“新兴者劣势”，新兴国家海外上市企业面临普遍的估值偏低、成本高昂、交投清淡，甚至会遭遇做空而面临较大的财务困境风险（张立洲和乔加伟，2017），进而不利于企业的长期发展。具体表现为：

（1）国际市场机构投资者出于对新兴国家企业商业模式前景不明、抗风险能力较弱、创新能力不足、公司治理不规范的担忧，不会给予其较高的估值。

（2）与国内上市相比，海外上市看似条件宽松、审核流程快，但是却有着较高的上市费用及后期维护费。如以美国资本市场为例，上市企业每年必须承担上市年费、投资者关系维护费、法律顾问费、审计费、信息披露费等高额维护费用。特别地，海外上市企业一旦涉及投资者诉讼，则需要承担高昂的额外成本。

（3）与国内上市相比，新兴国家大部分海外上市企业股票交投清淡，长期处于股价低、市值低、成交量低的“三低”状态。这使得对于大多数海外上市企业而言，通过增发等形式在国际市场再次融资，募集发展所需资金面临较大困难。

（4）与国内上市相比，海外上市企业遭遇做空、封杀、退市的风险很高。以美国市场为代表的境外资本市场监管制度严格，新兴国家企业因信息披露瑕疵，或被恶意做空而遭遇阻击退市的风险时刻存在；同时，在美国上市的公司还面临因政治舆论环境影响而被华尔街封杀的风险。上述因素无疑增加了海外上市企业面临的财务困境风险，进而可能会对企业创新产生不利影响。

综上，基于新兴者劣势，与国内上市企业相比，海外上市的新兴国家企业可能会面临普遍的估值偏低、成本高昂、交投清淡，甚至会遭遇做空而面临较大的流动性风险和财务困境风险（张立洲和乔加伟，2017），进而不利于企业创新。

四、社会认同理论

社会认同理论（Social Identity Theory）是社会心理学和组织行为学的重要理论，由法国社会心理学家 Tajfel（1974）首先提出，起源于对种族歧视、现实冲突、群体偏见等的一系列研究。该理论认为个体习惯性地根据一些特征将自己归入某一社会群体，进而产生一种个体属于某个群体的身份知觉，在建立群体成员资格的基础之上感知自己所属群体成员应具备的资格，并通过所属群体的规范来界定自己的适当行为（Tajfel，1982）。该理论的基本观点是社会认同主要来自群体成员的身份或资格，如果社会身份能够给该群体成员带来积极影响，使其满意，则个体倾向于继续成为该群体的成员或者寻求对其社会身份有贡献的新群体。而且这种积极的社会认同主要来自群体内外的有利比较。如果没有获得满意的社会认同，个体就会选择离开他们所属的群体或想办法通过改变不受欢迎的特征（如低地位、低知名度等）来提高认同满意度（Tajfel，1974）。同时，该理论强调，身份认同具有社会属性，由于主体所属的特定社会群体定义了群内成员普遍认同的行为准则，身份转变引致的身份认同不足将激励行为主体以组织成员的身份重新定义自我，进而改变社会偏好和行为模式（Stets & Burke，2000）。

具体地，本书认为，当新兴国家创业企业选择海外上市进入国际资本市场后，其社会身份便由本土企业变成了跨国企业，伴随身份的改变，将不可避免地面临身份认同不足的问题，即组织身份（“我是谁”）与组织形象（“他们认为我是谁”）不一致的问题（潘镇等，2020）。而身份认同不足主要源于新兴市场跨国企业面临的新兴者劣势（Madhok & Keyhani，2012），这是导致新兴经济体跨国企业面临独特挑战的主要原因。这是因为，国外市场利益相关者基于对新兴国家的“刻板印象”，普遍对新兴经济体跨国企业的发展持消极看法（Cuervo-Cazurra et al.，2016），认为新兴经济体跨国企业的核心竞争力不足，不具备国际市场经营所需的竞争优势（杨勃和刘娟，2020），且具有“产品低端”“技术落后”“治理不善”等特质。同时，与较早进入国际市场的发达国家跨国企业具有先进的管理模式、丰富的资源和先进的技术，且自带“品牌光环”相比，新兴国家跨国企业的产品知名度和企业形象就相对逊色很多。因此，新兴国家海外上市企业在进入国际市场后，其合法身份很难赢得东道国利益相关者的认同（汪涛等，2018；刘建丽和刘瑞明，2020）。

另外，随着经济全球化程度的不断提高，新兴国家的海外上市企业数量也逐步增加，这使得新兴国家跨国公司在国际市场上的可见度越来越高，它们的身份认同不足问题也会被进一步放大。一方面，随着新兴国家企业海外上市热潮的掀起，它们越来越受到全球利益相关者的关注，国际市场投资者既希望分享新兴经济体经济快速增长的红利，又对新兴经济体可持续增长有所质疑（Attig et al.，2016），这与创业企业的跨国公司身份认同程度有莫大关系。因此，一些得到国际市场广泛认同的行业独角兽企业如百度、阿里巴巴、腾讯、京东等获得了更多的国际资本，提高了全球知名度，形成了良好声誉。如百度在登录纳斯达克后，2012 年发行了 5 年期、10 年期债券，筹集 15 亿美元，成为首个专门向传统的美国信贷投资者发售债券的中国借款人；阿里巴巴在 2014 年海外上市时，融资额也达到 260 亿美元（张立洲和乔加伟，2017）。然而，大多数新兴国家企业很难得到国际市场投资者的认可，比如 2015 年 5 月登录美股的宝尊科技，最终 IPO 价格为 10 美元，低于之前预计的 12~14 美元；同时，当海外上市企业身份没有得到国际市场的广泛认同时，会更多地遭受国际市场投资者的质疑，特别是以反向收购方式进行快速海外上市的企业更有可能成为国际资本市场做空机构的目标。

另一方面，声誉具有传染效应，特别是一些负面消息的传播会使得新兴国家海外上市企业面临的身份认同不足问题被进一步放大。以中国这一具有代表性的新兴国家企业为例，自 2009 年美国浑水研究公司成功对中国东方纸业、绿诺科技、多元环球水务和中国高速传媒四家公司做空后，这四家中国海外上市公司分别被交易所停牌或摘牌，这使得中国海外上市企业的资质和声誉受到了普遍的负面影响。随后美国资本市场掀起了一股做空中国海外上市企业股票的热潮，无论是潜在的问题公司，还是资质优良的企业，都受到了国际投资者的广泛质疑。同时，基于发达国家与新兴国家之间的制度差异，在西方舆论普遍唱空新兴国家时，海外上市的新兴国家企业身份认同问题也将被进一步放大。这一点很好地体现在搜房网的海外上市之路上，2010 年 9 月 17 日，搜房网在美国纽交所成功上市，发行价为 42.5 美元，上市首日开盘价为 67 美元，收盘价为 73.5 美元，较发行价上涨 72.9%，被认为是“高速增长的行业”和“中国地产行业的新兴互联网模式”。然而在 4 年后的美国时间 2014 年 11 月 19 日收盘时，搜房网每股收报 6.59 美元，对比发行上市首日的收盘价，只剩下不到 1/10（张立洲和乔加伟，2017）。这是在一系列唱空中国的论调下，国际投资者对中国海外上市企业身份认同不足情境下的现实反应。

此外，社会身份认同不足问题对海外上市企业的影响是持续的，企业需要不断重申对合法性身份的承诺才能避免合法性缺失带来的不利影响，赢得利益相关方更大的支持和认同，这往往需要付出较大的成本。如潘镇等（2020）以中国跨国公司为研究对象，发现在中国企业的国际化过程中，为了应对普遍面临的身份认同不足问题，跨国企业需要实施更多的社会责任行为，以弥补先天携带的由于母国制度不完善带来的组织战略与组织身份不匹配的问题。另外，Zyglidopoulos 等（2016）以巴西、俄罗斯、印度、中国和南非五个新兴市场国家的跨国公司为样本研究发现，新兴国家的跨国企业比本土企业实施更多的社会责任行为，以期缓解在国际竞争中普遍面临的身份认同不足问题。

综上，基于社会认同理论，对于新兴国家企业而言，与选择国内上市的创业企业相比，海外上市会使企业普遍面临社会身份认同不足的问题，且在新兴国家跨国企业独有的新兴者劣势背景下，该身份认同不足问题会被放大，进而导致海外上市企业普遍面临估值偏低、成本高昂、融资困难等困境，甚至还会遭遇被摘牌或退市的风险，进而不利于企业的长期发展。

五、家乡偏误

家乡偏误（Home Bias）是投资组合管理中一种欠分散化的资产配置行为，常见于证券投资领域。一方面，该现象最开始被关注是在跨国市场的资产配置中，如 French 和 Poterba（1991）基于日本、美国、英国、法国和德国股票市场投资者持有情况的研究指出，每个国家的投资者预计他们国内股票市场的回报将比其他市场的回报高几百个基点，从而更多地选择持有本国股票资产，而在跨国市场的资产配置中，表现出与投资组合管理理论不符合的欠分散行为，即跨国市场资产配置的“家乡偏误”现象。另一方面，也有学者在国内市场上发现了“家乡偏误”的存在，如 Coval 和 Moskowitz（1999）基于美国投资经理的投资偏好研究发现，对离家近的股票的偏好同样存在于国内股票投资组合中，具体地，美国投资经理对总部设在当地的公司表现出强烈的偏好。此外，学者们还发现了其他的“家乡偏误”现象。如 Suh（2005）基于经济学家季刊的民意调查数据，对全球金融机构推荐的国际投资组合形式进行了研究，结果发现金融机构更倾向于向投资者推荐其本国市场股票；而董大勇和肖作平（2011）基于注册地在四川和辽宁两省的沪深 A 股上市公司数据和东方财富网股吧发帖数据的研究发现，“家乡偏误”现象也存在于证券信息交流中，表现为股票论坛中投资者更多地参与本地股票信息的交流。

对于“家乡偏误”产生的原因，学者们从市场分割、信息不对称和行为金融学等角度进行了阐释（董大勇和肖作平，2011）。首先，基于跨国资产配置的“家乡偏误”现象研究的学者指出，市场分割是导致投资者资产配置本国偏好的主要障碍（French & Poterba，1991）。然而随着金融市场全球化进程的加速和互联网等信息传递效率的提高，“家乡偏误”现象仍显著存在，至此市场分割的解释力大大降低。其次，学者们开始基于地理位置差异导致的信息不对称视角，对“家乡偏误”现象进行探究。如 Brennan et al.（2005）基于信息不对称，建立了一个噪声理性期望模型，对国际投资者基于信息的特定国家资产收益预期调整进行了研究，结果发现，国际投资者对本国企业的私人信息优势可以在一定程度上解释其投资的“家乡偏误”现象。再次，也有学者从行为金融学的视角对“家乡偏误”现象进行了研究。如 Beugelsdijk 和 Frijns（2010）基于文化视角对国际投资者“家乡偏误”的研究发现，个人主义国家投资者的国际资产配置更具有侵略性，且两国间的文化距离会影响具体的资金配额。最后，还有学者认为投资决策的后悔厌恶（Solnik，2008）和爱国主义（Karlsson & Norden，2007）也是投资组合配置“家乡偏误”的可能原因。

具体地，在海外 IPO 的背景下，企业的成功取决于国际投资者对其发行人公司身份的认同程度（Deeds et al.，2004），对于不被广泛认同和信任的公司，国际投资者将不会把资金投给该公司（Grinblatt & Keloharju，2000），从而形成投资者的“家乡偏误”。特别地，对于新兴国家海外上市的创业企业，其在新兴者劣势和普遍面临合法性身份认同不足的背景下，可能会加重国际投资者的"家乡偏误"，即国际投资者表现出更少地配置新兴国家海外上市企业的股票，从而导致新兴国家海外上市企业股票交投清淡，甚至长期处于股价低、市值低、成交量低的"三低"状态，这将不利于海外上市企业通过配股、增发等形式在国际市场再次融资，募集发展所需资金，使得融资成为既不可能也不可行的困局；同时，长期的股价低迷还不利于国际资本平台的利用，并会对企业声誉造成严重影响，进而影响企业的经营与发展，如 2016 年 7 月匹克体育退出港股市场就很好地体现了这一点。此外，海外上市企业较低的认可度与新兴国家国内证券市场上市企业普遍较高的认可度形成了鲜明对比，如有学者对中国 A 股和海外上市的行业领头企业市值进行对比分析发现，A 股企业市值远大于海外上市企业市值；且基于市盈率的显著差异，在融资规模上也发现了海外上市融资额明显小于境内上市融资额的现象（张立洲和乔加伟，2017）。这也是 2015 年左右中国海外上市企业的大规模 A 股回归潮出现的原因之一。

综上，基于国际投资者的"家乡偏误"，本书认为，与国内上市企业普遍较高的投资者认可度相比，新兴国家海外上市企业在面临普遍的新兴者劣势，且国际投资者认可度较低的双重背景下，可能会遭受更严重的国际投资者"家乡偏误"，进而降低其二级市场股票的流动性和融资能力，不利于企业的长期发展。

第三节　小结：国际风险投资影响企业创新的理论框架图

综上，基于信息不对称理论、委托代理理论、资源基础理论、信号理论、外来者劣势、社会网络理论、新兴者劣势、社会认同理论和家乡偏误，本章构建了国际风险投资（与本土风险投资相比）影响企业创新的理论分析框架，具体见图 2-2。

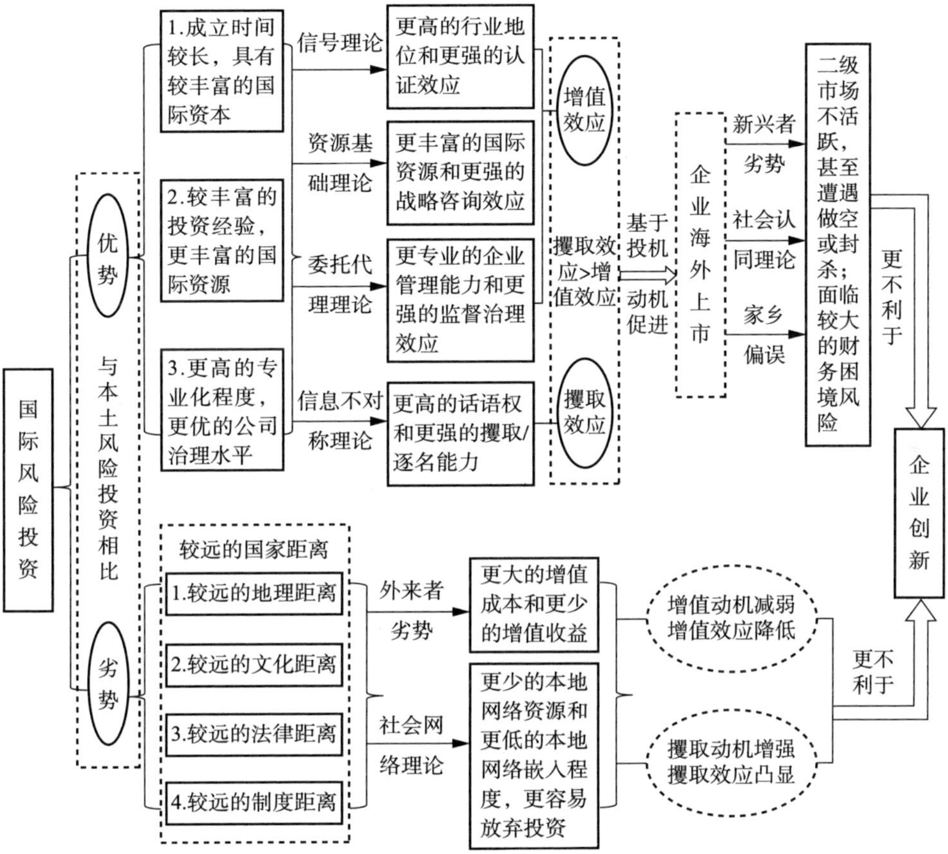

图 2-2　国际风险投资影响企业创新的理论分析框架

第三章

国际风险投资在新兴国家的投资现状分析

为了更加直观地了解国际风险投资在新兴国家的投资状况，本章主要基于EIKON数据库中提取的来自39个新兴国家的1642家上市企业的5405条风险投资交易数据，从国际风险投资在新兴国家的投资分布情况和投资的年度变化情况两个方面进行了分析。并进一步介绍了本书实证研究所用风险投资交易数据、企业微观层面数据和国家宏观层面数据的收集和跨库匹配处理情况①。

第一节　国际风险投资在新兴国家的投资分布情况

本节主要从国际风险投资的所在国家、机构类型、投资目标国和投资行业四个方面，对国际风险投资在新兴国家的整体投资分布情况进行研究。

一、国际风险投资所在国家的分布情况

借鉴已有学者的做法（Chemmanur et al.，2016），根据创业企业总部所在国家与风险投资机构所在国家是否一致来界定国际风险投资与本土风险投资。

（1）若在众多投资于创业企业的风险投资机构中，存在与创业企业所在国家不一致的一个或多个国际风险投资机构，则将该创业企业定义为有国际风险投资支持的企业（FVC），否则定义为本土风险投资支持的企业（LVC）。

（2）若创业企业同时获得国际风险投资和本土风险投资的支持，则定义该企业为国际风险投资和本土风险投资联合投资的企业（FLSydicate）；若投资于创业企业的所有风险投资机构（大于等于2家）均为国际风险投资，则定义该企业为国际风险投资联合投资的企业（FFSydicate）。

---

① 本书将“研究数据的跨库匹配”放在本章第三节，主要基于如下考虑：该部分内容不仅是对国际风险投资在新兴国家投资现状分析所使用数据来源的解释说明，还从整体上阐述了后续实证研究样本获取的具体过程，具有承上启下的作用。

（3）若投资于创业企业金额最多的风险投资机构为国际风险投资机构，则定义该企业为国际风险投资领投的创业企业（Leader FVC）。

表 3-1 汇报了投资于新兴国家的国际风险投资机构所在国家或地区的分布情况（仅汇报了在新兴国家投资数量排名前 20 的国家或地区）。其中，投资频次是指在新兴国家创业企业的 5405 次风险投资交易中，该国家的国际风险投资机构参与交易的总次数；投资企业数量是指该国家的国际风险投资机构参与投资的新兴国家创业企业的总数量，如美国的国际风险投资机构投资的企业数量为 454，这说明在新兴国家上市企业中有 454 家企业曾接受了来自美国的国际风险资本投资，且其中有 347 家为美国风险投资机构领投，200 家为美国风险投资机构与本土风险投资机构的联合投资，107 家为与国际风险投资机构的联合投资。

表 3-1 国际风险投资机构所在国家或地区的分布情况 单位：次，家

国际风险投资机构所在国家或地区	投资频次	投资企业数量	领投企业数量	与本土风险投资联合投资企业数量	与国际风险投资联合投资企业数量
美国	1192	454	347	200	107
中国香港	338	199	153	91	45
新加坡	159	111	81	56	30
英国	95	84	66	25	25
日本	36	30	22	16	5
毛里求斯	30	23	19	9	8
中国台湾	29	19	13	12	6
德国	18	16	13	5	8
加拿大	13	10	7	8	1
阿联酋	11	10	8	3	2
韩国	11	10	8	4	5
荷兰	12	10	7	3	5
瑞士	9	9	7	2	6
法国	13	9	3	7	1
以色列	8	8	5	6	1
百慕大	8	8	6	3	1
马来西亚	8	8	7	2	3
开曼群岛	8	7	5	6	0
瑞典	8	7	4	2	4

续表

国际风险投资机构所在国家或地区	投资频次	投资企业数量	领投企业数量	与本土风险投资联合投资企业数量	与国际风险投资联合投资企业数量
俄罗斯	10	7	3	6	1
其他	60	55	45	17	17
总计	2076	1094	829	483	281

资料来源：笔者整理所得。

由此可知，首先，投资于新兴国家的国际风险投资机构主要来自发达国家或地区，如美国、中国香港、新加坡、英国、日本等。其次，国际风险投资机构在新兴国家的投资多以领投形式进行，即国际风险投资机构凭借其丰富的国际资本，较多的风险投资经验，能够为新兴国家企业提供更多的资金，如美国风险投资机构在新兴国家的领投投资企业数量占比约为 76.43%。最后，由国际风险投资机构在新兴国家的投资模式可知，国际风险投资机构在新兴国家进行跨国投资时，更倾向于选择与本土风险投资的联合投资模式，因为有研究表明，与本土风险投资机构的联合投资是缓解国际风险投资机构在跨国投资时面临的外来者劣势的有效途径（Devigne et al.，2018；Cumming & Dai，2010；张曦如等，2019；谈毅和唐霖露，2016）。

二、国际风险投资机构类型的分布情况

表 3-2 列示了投资于新兴国家企业的主要发达国家或地区风险投资的机构类型分布情况。其中，国际风险投资的投资总频次是指在所有新兴国家创业企业的投资事件中，该类型的国际风险投资机构参与的总交易次数，即在新兴国家的 5405 次风险投资交易事件中，有国际风险投资参与的交易有 2076 次，其中私募股权类型国际风险投资机构参与的交易为 1357 次，主要包括美国风险投资机构的 862 次投资、中国香港风险投资机构的 198 次投资、新加坡风险投资机构的 75 次投资等。

表 3-2　国际风险投资机构类型的分布情况　　单位：次

国际风险投资机构类型	投资总频次	美国	中国香港	新加坡	英国	日本
私募股权公司	1357	862	198	75	71	7
银行附属公司	208	132	20	8	7	7
公司私募/风险投资	196	135	25	12	/	15

续表

国际风险投资机构类型	投资总频次	美国	中国香港	新加坡	英国	日本
投资管理公司	126	50	45	11	7	4
其他	101	2	38	12	6	3
政府附属项目	50	0	0	40	2	0
保险公司附属公司	18	6	10	0	0	0
捐赠、基金会或养老基金	7	0	0	0	0	0
私募股权顾问或母基金	5	2	1	1	1	0
个人	2	0	0	0	0	0
孵化器或发展项目	2	1	/	/	/	/
高校项目	1	/	/	/	1	/
服务供应商	1	/	1	/	/	/
非私人股权	1	1	/	/	/	/
小企业投资公司	1	1	/	/	/	/
总计	2076	1192	338	159	95	36

资料来源：笔者整理所得。

首先，从国际风险投资机构类型的整体分布看，投资于新兴国家企业最广泛的国际风险投资机构类别是私募股权公司（Private Equity Firm）、银行附属公司（Bank Affiliated）、公司私募/风险投资（Corporate PE/Venture）、投资管理公司（Investment Management Firm）、其他和政府附属项目（Government Affiliated Program）等。

其次，美国的国际风险投资机构以私募股权公司、银行附属公司和公司私募/风险投资类型为主，中国香港的国际风险投资机构以私募股权公司和投资管理公司类型为主，新加坡国际风险投资机构则以私募股权公司和政府附属项目类型为主，而日本的国际风险投资机构则更多以公司私募/风险投资类型为主。这说明以美国为首的发达国家或地区的风险投资机构在进行国际投资时，以更加专业的私募股权公司为主。

三、国际风险投资的投资目标国分布情况

表 3-3 汇报了国际风险投资在新兴国家的基本投资分布情况（仅汇报了风险投资支持企业数量排名前 20 的国家）。由此可知，首先，在新兴市场国

家的 1642 家有风险投资支持的企业中，存在国际风险投资参与投资的企业（FVC）有 802 家；国际风险投资机构领投参与的企业（leader FVC）有 614 家；国际风险投资与本土风险投资联合投资参与（FLSydicate）的企业有 297 家；国际风险投资机构间联合投资（FFSydicate）参与的企业为 175 家。其次，国际风险投资机构主要投资于中国、印度、泰国、马来西亚、印度尼西亚、巴西、菲律宾等新兴市场国家。其中，国际风险投资在金砖国家（中国、印度、巴西、俄罗斯和南非）投资的企业数量占比约 75%。

表 3-3　国际风险投资的目标国家分布情况　　单位：家

国际风险投资的目标国	风险投资支持企业数量	国际风险投资支持企业数量	国际风险投资领投企业数量	国际与本土风险投资联合投资企业数量	国际风险投资联合投资企业数量
中国	965	359	247	183	75
印度	328	202	154	81	46
巴西	51	23	15	13	4
波兰	46	9	7	2	3
泰国	36	32	31	2	3
马来西亚	33	28	27	1	3
印度尼西亚	25	24	20	5	5
南非	20	10	8	5	1
菲律宾	18	14	14	0	5
越南	16	10	8	3	2
俄罗斯	12	11	11	2	3
罗马尼亚	12	10	9	0	2
墨西哥	10	9	7	0	4
斯里兰卡	8	8	8	0	0
阿根廷	8	8	7	0	4
土耳其	7	6	5	0	1
埃及	6	5	5	0	0
尼日利亚	5	4	3	0	4
约旦	5	2	2	0	0
津巴布韦	3	3	3	0	1
……	……	……	……	……	……
总计	1642	802	614	297	175

资料来源：笔者整理所得。

表 3-4 列示了主要发达国家或地区的风险投资机构在新兴国家的主要投资目标国分布情况。由此可知，首先，国际风险投资主要投资于中国、印度、泰国、马来西亚、巴西、印度尼西亚、菲律宾等新兴市场国家，这与表 3-3 列示的有风险投资支持的新兴国家分布情况一致，这在一定程度上说明了国际风险投资进入对新兴国家风险投资行业发展的激励作用。其次，以美国、中国香港、新加坡、英国、日本为首的发达国家或地区的风险投资机构均更多地投资于中国内地和印度这两大新兴经济体，这也与它们所蕴藏的巨大市场潜力和广阔的发展前景息息相关。

表 3-4　主要发达国家或地区风险投资机构的目标国分布情况　　单位：家

国际风险投资所在国家或地区	国际风险投资机构的主要投资目标国（以投资企业数量衡量）						
	中国内地	印度	泰国	马来西亚	巴西	印度尼西亚	菲律宾
美国	217	122	14	13	14	11	11
中国香港	124	43	13	6	0	9	2
新加坡	69	26	4	5	1	5	0
英国	22	32	1	2	2	0	0
日本	21	6	0	3	0	0	0
毛里求斯	0	22	0	0	0	0	0
中国台湾	18	1	0	0	0	0	0
德国	6	4	0	0	0	1	0
加拿大	4	4	0	0	0	0	0
阿联酋	0	5	0	0	0	0	0
韩国	9	0	0	0	0	0	0
荷兰	4	3	0	0	0	0	0
瑞士	6	1	0	0	1	0	0
法国	6	2	0	0	0	0	0
以色列	6	0	0	0	0	0	0
百慕大	0	0	0	0	6	0	0
马来西亚	2	3	1	0	0	1	1
开曼群岛	6	1	0	0	0	0	0
瑞典	5	0	0	0	0	0	0
俄罗斯	6	0	0	0	0	0	0

资料来源：笔者整理所得。

四、国际风险投资的投资行业分布情况

表 3-5 列示了国际风险投资机构在新兴国家投资的前十大行业分布情况。其中，具体行业分类是基于 EIKON 数据库对新兴国家企业所在行业的界定来划分；同时，表中相应的国际风险投资投资频次是指国际风险投资机构投资于该行业企业的总交易次数，如信息检索服务（Information retrieval services）行业的投资频次为 266，这说明样本区间内国际风险投资对该行业共进行了 266 次投资；企业数量是指该行业对应的有风险投资支持的新兴国家创业企业数量。

表 3-5　国际风险投资的前十大行业分布情况　　单位：次，家

新兴国家企业的 EIKON 行业分类	国际风险投资投资频次	国际风险投资支持企业数量	国际风险投资领投企业数量	国际与本土风险投资联合投资企业数量	国际风险投资联合投资企业数量
信息检索服务	266	45	29	34	6
药物制剂	113	35	27	15	6
预装软件	108	32	21	20	5
半导体和相关器件	77	23	13	13	5
目录和邮购	77	10	7	7	2
个人信贷机构	66	16	10	7	5
电话通信（除无线电话）	55	16	13	3	6
商业银行	53	22	18	5	6
旅行社	46	6	4	4	0
控股公司办事处	44	10	8	0	5
其他	1171	587	464	189	129
总计	2076	802	614	297	175

资料来源：笔者整理所得。

由此可知，首先，国际风险投资机构更偏好于投资信息检索服务（Information retrieval services）、药物制剂（Pharmaceutical preparations）、预装软件（Pre-packaged Software）、半导体和相关器件（Semiconductors and related devices）等行业，这也与新兴国家的该类行业普遍具有更高附加值、创新能力更强和发展潜力更大的特征相一致。其次，在有国际风险投资支持的前三大行业企业中，国际风险投资与本土风险投资的联合投资比例分别为 75.56%、42.86%

和62.50%，而新兴国家总体的国际风险投资与本土风险投资的联合投资比例为37.03%，这说明，国际风险投资机构对这些行业的投资更倾向于选择与本土风险投资机构的联合投资形式。这可能是因为这些行业的信息不对称程度更高，与本土风险投资机构的联合投资可以在一定程度上缓解信息不对称，降低代理风险，进而发挥协同效应；也有可能是因为，发展前景好的行业企业在与风险投资机构谈判时更有话语权，能够引入不同类型的风险投资机构以获取更多的货币资本和社会资源。

第二节　国际风险投资在新兴国家投资的年度变化情况

本节主要从国际风险投资的投资金额、投资企业数量、进入轮次和投资模式四个方面，研究了国际风险投资在新兴国家投资的年度变化情况。

一、国际风险投资的投资金额年度变化情况

图3-1汇报了国际风险投资与本土风险投资在新兴国家企业的总投资金额随时间的变化趋势。其中，FVC已知投资金额为国际风险投资机构投资于新兴国家企业的已披露金额在年份层面的加总；FVC估计投资金额为国际风险投资机构投资于新兴国家企业的估计金额在年份层面的加总；LVC已知投资金额为本土风险投资机构投资于新兴国家企业的已披露金额在年份层面的加总；LVC估计投资金额为本土风险投资机构投资于新兴国家企业的估计金额在年份层面的加总。

首先，由FVC已知/估计投资金额的年度变化情况可知，国际风险投资的投资规模在2001年、2008年、2010年和2017年达到相对峰值。这与国际资本市场的重要事件紧密联系，具体包括：

（1）1998—2000年互联网泡沫事件，互联网泡沫前，出于对科技及新兴互联网相关企业的追捧，国际风险投资机构对新兴国家进行了大量投资，随着2001年投机泡沫的破裂，国际风险资本迅速收缩。

（2）2007—2009年的全球经济危机，该危机在2008年9月失控，各国经济增速放缓，股市持续下跌，使得2008年后国际风险投资减少。

（3）2010年前后，以美国为主的发达国家资本市场，掀起了一波对新兴

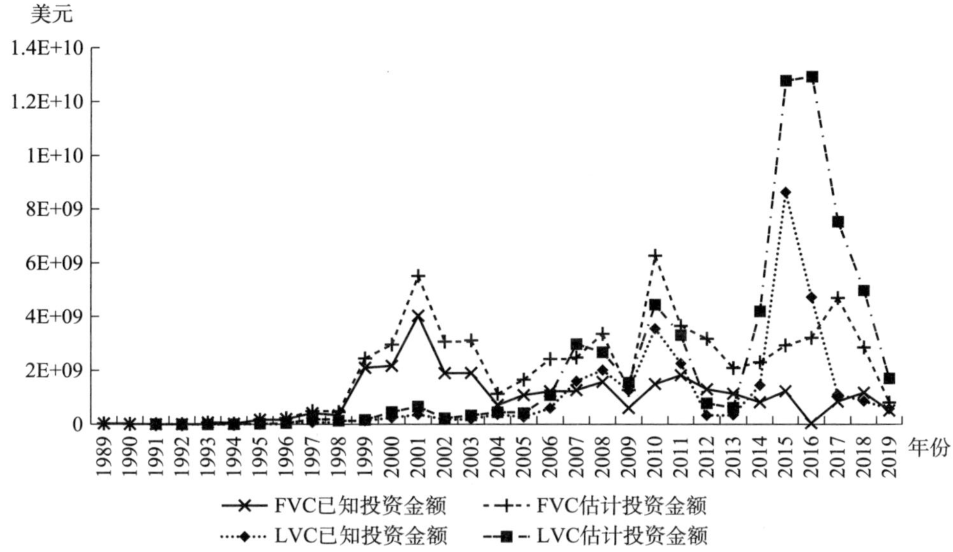

图 3-1　风险投资在新兴国家投资金额的年度变化情况

国家海外上市企业的做空潮，使得国际投资者对新兴国家企业发展普遍持消极态度，进而减少了国际风险资本在新兴国家的投资。

（4）2018 年特朗普政府不顾中方劝阻，执意发动贸易战，掀起了又一轮的中美贸易争端，国际贸易的紧张关系迅速蔓延，出于对国际贸易环境的担忧，国际风险资本对新兴国家的投资也相应减少。

其次，从风险投资的估计投资金额看，在 1989—2013 年，国际风险投资对新兴国家创业企业的投资总金额均高于本土风险投资。这说明在很长一段时间内，国际风险投资在新兴国家创业企业的融资中占主要地位，对新兴国家风险投资行业培育发挥了不可忽视的重要作用。然而，在 2013 年后，新兴国家本土风险投资的投资总金额逐渐超越国际风险投资的投资总金额，开始占据主导地位。这说明，随着新兴国家本土风险投资行业的发展，本土风险投资在对创业企业发展中将发挥越来越重要的作用；同时也说明了国际风险投资的进入对新兴国家风险投资行业发展的激励作用。

二、国际风险投资的投资企业数量年度变化情况

图 3-2 汇报了国际风险投资与本土风险投资的投资企业数量随时间的变化趋势。其中，FVC 投资企业数量是基于风险投资交易发生的年份，对该年内有国际风险投资参与投资的企业数量进行加总得到；LVC 投资企业数量是

对该年内有本土风险投资参与投资的企业数量加总得到。

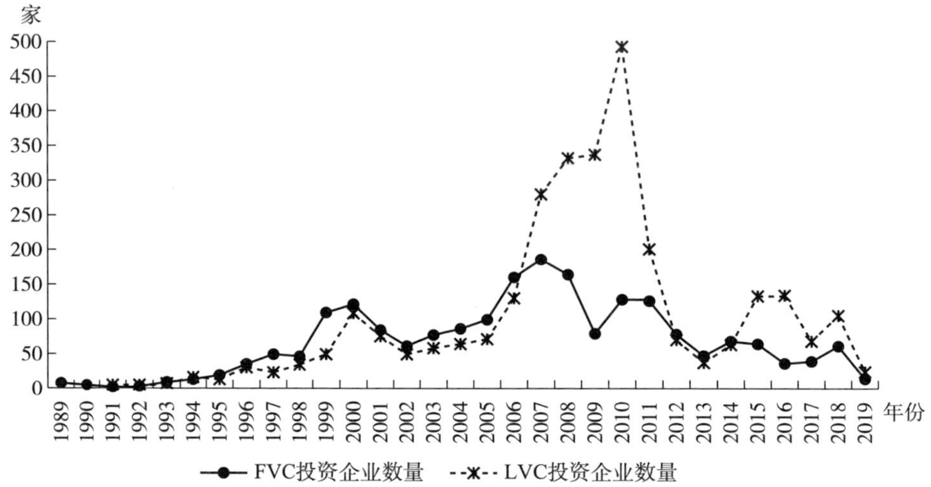

图 3-2　风险投资在新兴国家投资企业数量的年度变化情况

由此可知，首先，国际风险投资机构投资的企业数量在 2007 年之前总体呈上升趋势，然而在 2007 年之后，国际风险投资机构投资的企业数量呈总体下降趋势。这可能是因为随着国际金融危机的发生，以及 2010 年左右掀起的新兴国家海外上市企业做空潮，国际资本市场对新兴国家企业的合法性普遍持消极态度。同时，随着新兴国家的崛起，西方舆论场掀起了一波又一波的唱空新兴国家的论调，国际风险投资机构和投资家对新兴国家的投资热情降低，并持观望态度。

其次，总体上看，本土风险投资机构投资的企业数量与国际风险投资机构投资的企业数量走势基本保持一致。具体地，2006 年之前，虽然本土风险投资机构较国际风险投资机构投资的企业数量略低，但是在 2006 年之后，本土风险投资机构的投资企业数量开始超越国际风险投资机构，并基本保持较国际风险投资更高的投资热情。这说明，随着新兴国家迅速发展带来的大量资本累积，本土风险投资行业得到了极大发展，并在新兴国家创业企业中发挥了越来越重要的作用，能够为更多的本土企业提供资金，是对国际风险投资的重要补充。

三、国际风险投资的投资轮次年度变化情况

图 3-3 汇报了国际风险投资与本土风险投资在新兴国家企业投资的进入

轮次和进入时机的年度变化情况。其中，进入轮次为风险投资机构参与创业企业的融资轮次，可分为1轮、2轮、3轮等，FVC/LVC进入轮次是指某年国际风险投资机构/本土风险投资机构参与企业投资轮次的平均值；进入时机是指风险投资机构对创业企业进行投资时，创业企业所处的发展阶段，可分为种子期（seed stage，取值为1）、早期（early stage，取值为2）、扩张期（expansion stage，取值为3）和后期（later stage，取值为4），FVC/LVC进入时机是指某年国际风险投资机构/本土风险投资机构参与投资企业所处发展阶段的平均值。

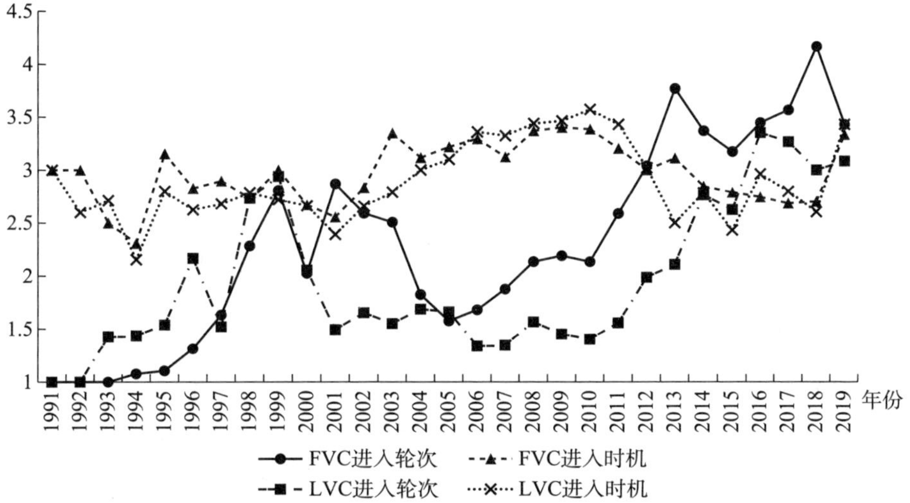

图3-3 风险投资在新兴国家投资轮次和投资时机的年度变化情况

由图3-3可知，首先，从风险投资的进入轮次看，在2000年前，国际风险投资的进入轮次普遍较本土风险投资早，而在此之后，其进入轮次虽在2001—2007年有所提前，但2008年后投资轮次却整体后移，这说明受国际金融市场（如互联网泡沫、全球金融危机、新兴国家做空潮、贸易争端等）的影响，国际风险投资机构可能出于避险的目的，选择在稍后轮次进入。在此背景下，本土风险投资机构在企业早期阶段融资过程中发挥着越来越重要的作用。其次，从风险投资的进入时机看，国际风险投资机构与本土风险投资机构的进入时机走势基本保持一致，均倾向于在扩张期前后进入创业企业，因为该阶段企业发展相对较为成熟，信息透明度较高，对风险投资机构有较大的吸引力。

四、国际风险投资的投资模式年度变化情况

图 3-4 汇报了国际风险投资在新兴国家企业的投资模式年度变化情况。其中，FL 联合投资企业数量是指，当年由国际风险投资机构和本土风险投资机构共同参与投资的新兴国家企业数量；FF 联合投资企业数量是指，当年有两个或两个以上国际风险投资机构参与投资而没有本土风险投资机构参与投资的新兴国家企业数量；FVC 独立投资企业数量是指，当年只有一个国际风险投资机构参与投资的新兴国家企业数量。

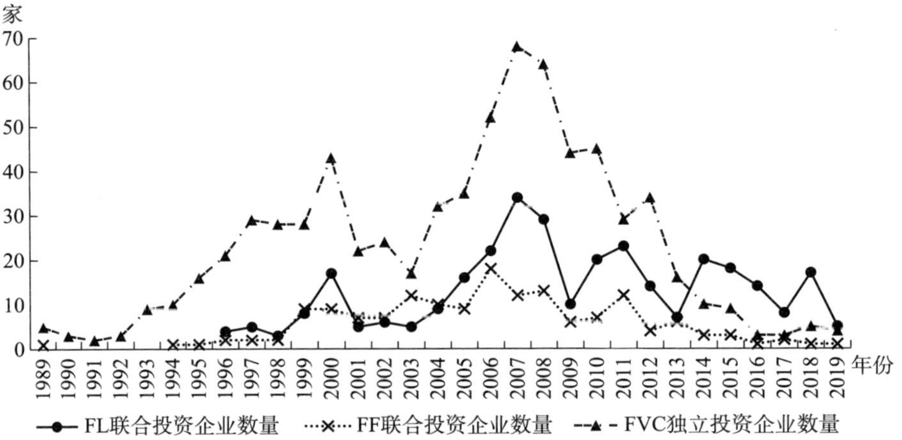

图 3-4 国际风险投资的投资模式年度变化情况

首先，总体上看，国际风险投资机构对新兴国家企业进行投资时，其投资模式偏好为：独立投资>与本土风险投资机构联合投资>与国际风险投资机构联合投资；但在 2014 年之后，与本土风险投资机构的联合投资逐渐成为其进入新兴国家企业的首选投资模式。这可能得益于新兴国家本土风险投资行业的迅速发展，在投资机会有限的情况下，借助于本土风险投资机构的当地社会网络优势，能够有效降低国际风险投资机构的交易成本，进而提高其投资收益。

其次，在国际风险投资机构的不同投资模式下，投资于新兴国家的企业数量走势基本保持一致。表现为在 2000 年、2007 年和 2011 年达到相对峰值，与 2001 年全球互联网泡沫的破裂、2008 年全球金融危机的爆发和 2011 年新兴国家上市公司做空潮等重大国际事件的发生紧密相关。这说明国际风险投资机构在新兴国家的投资受国际资本环境的重大影响，即随着全球化的不断

深化，重大国际事件的不利影响会迅速发酵并持续蔓延，这会降低企业的融资能力和盈利能力，增加投资的不确定性风险，并进一步抑制国际风险资本的流动。

第三节　研究数据的跨库匹配

本节主要介绍本书实证研究所涉及的风险投资数据、企业微观层面数据和国家宏观层面数据的数据来源、跨库匹配过程和匹配后的数据处理情况。

一、基于国家匹配的风险投资数据

本书以新兴国家有风险投资支持的上市企业为研究样本，其中新兴国家界定、风险投资交易数据的提取是基于 EIKON 数据库和世界银行 WDI 数据库的匹配进行的，主要包括以下步骤。

（1）从路孚特（前汤森路透 Thomson Reuters）的 EIKON 数据库中提取 1989 年 1 月 1 日至 2019 年 12 月 31 日期间存在风险投资交易的全球企业国家分布数据。具体地，以已公开上市且有风险投资交易的企业为筛选标准，共得到来自 83 个国家的 7952 家有风险投资支持的上市企业样本。

（2）根据世界银行数据对新兴国家/发达国家进行界定。本书借鉴 Chemmanur 等（2016）的做法，以世界银行 WDI 数据库中各国家 2018 年的人均国民收入（GNI per capita in US$，Atlas methodology）作为界定新兴国家和发达国家的标准。若某国的人均国民收入大于 12375 美元，则界定该国家为高收入发达国家；若某国的人均国民收入小于等于 12375 美元，则认定该国家为低收入新兴国家。

（3）将 EIKON 数据库中提取的有风险投资支持企业所在国家与世界银行国家进行匹配，得到有风险投资支持企业所在国家的新兴/发达国家性质。基于此，全球有风险投资支持的企业可划分为来自 45 个发达国家或地区和 38 个新兴国家的共 7952 家企业样本。其中，新兴国家有风险投资支持的企业为 1597 家，而发达国家或地区有风险投资支持的企业为 6355 家[①]。由此可知，发达国家或地区的风险资本市场发展相对较成熟，而新兴国家风险资本市场

① 鉴于本文主要探究国际风险投资对新兴国家企业创新的影响，故在实证研究样本中不包含发达国家企业。

还处于发展阶段。

（4）根据世界银行的国家分类，在对上述国家进行匹配的过程中发现，在发达国家分类中，波兰（Poland）在 2008 年之前为新兴国家（以 2008 年的 GNI per capita of $11906 为标准划分），且波兰的有风险投资支持的创业企业数量相对较多（47 家）。因此，为了保证新兴国家选取的完整性，在初始样本的提取过程中，涵盖了包括波兰在内的 39 个新兴国家共 1642 家上市企业数据。在此基础上，从 EIKON 数据库中分别提取了创业企业层面特征，如企业名称、所在国家和城市、成立时间、上市时间、行业分类等；风险投资机构层面特征，如风险投资名称、总部所在国家和城市、风险投资机构类型、成立时间、协会/联盟、到目前为止已投金额等；风险投资交易特征，如投资轮次、投资时间、投资金额、企业接受投资时所处发展阶段等。最后，得到了来自 39 个新兴国家的 1642 家上市企业的 5405 条风险投资交易数据，表 3-6 汇报了该样本的分布情况。

表 3-6 新兴国家有风险投资支持企业的国家分布情况 单位：家，条

新兴国家	风险投资支持企业数量	风险投资交易数量	新兴国家	风险投资支持企业数量	风险投资交易数量
中国	965	3827	巴基斯坦	3	3
印度	328	933	津巴布韦	3	4
巴西	51	137	保加利亚	2	2
波兰	46	112	肯尼亚	2	4
泰国	36	55	毛里求斯	2	3
马来西亚	33	47	坦桑尼亚	2	2
印度尼西亚	25	43	乌克兰	2	2
南非	20	32	孟加拉国	1	1
菲律宾	18	26	博茨瓦纳	1	3
越南	16	23	哥伦比亚	1	3
罗马尼亚	12	15	哥斯达黎加	1	4
俄罗斯	12	25	厄瓜多尔	1	1
墨西哥	10	13	格鲁吉亚	1	2
阿根廷	8	23	哈萨克斯坦	1	2
斯里兰卡	8	8	老挝	1	1
土耳其	7	9	摩洛哥	1	1
埃及	6	6	尼日尔	1	2

续表

新兴国家	风险投资支持企业数量	风险投资交易数量	新兴国家	风险投资支持企业数量	风险投资交易数量
约旦	5	5	秘鲁	1	1
尼日尔	5	17	多哥	1	5
加纳	3	3	总计	1642	5405

资料来源：笔者整理所得。

二、风险投资数据与企业微观数据的跨库匹配

鉴于 EIKON 数据库中并没有直接给出跨库匹配所需的相关股票代码或 ISIN 代码等常用匹配依据，本书在对风险投资数据和企业微观层面数据（创新和财务数据等）进行匹配时，主要依据 EIKON 数据库中披露的创业企业英文名称、国家、城市、成立时间、上市时间、行业类别等基本信息进行手工匹配，具体过程如下。

（1）基于企业数据库的可得性，分别基于不同的数据库对中国企业和其他新兴国家企业进行初始匹配。一方面，对于中国企业数据，主要依据企业英文名称在 Wind 数据库中进行搜索，核对其所在城市、成立时间、上市时间、行业主营等是否保持一致，并从 Wind 数据库中提取该企业相应的股票代码、中文名称、英文名称、曾用名、成立时间、上市时间、网址等基本信息；若 Wind 数据库中无法搜到该企业，则利用 Datastream 数据库进行补充搜索，并提取上述相关信息。另一方面，对于其他新兴国家企业数据，则主要依据 Datastream 数据库按企业英文名称进行检索，并核对其所在国家、城市、成立时间、数据起始时间、行业分类等信息是否保持一致，同样提取该企业相应的 DScode、股票代码、ISIN 代码等基本信息。此外，对于无法在 Wind 和 Datastream 数据库中搜寻到的企业，则利用 BVD 旗下的 Orbis 数据库进行补充搜索，并提取相关 BVD-ID 代码、股票代码和 ISIN 代码等基本信息。

（2）初始企业样本基本信息的核对。首先，对于中国企业数据，运用 CSMAR 数据库的国内上市和海外上市企业信息，对基于 Wind 数据库和 Datastream 数据库的匹配结果进行第二轮核对。其次，将中国企业和其他新兴国家企业的基本信息整合，根据目前所得到的股票代码和 ISIN 代码等企业基本信息，利用 BVD 旗下的 Osiris 全球上市公司数据库对企业所在国家、成立时间、上市时间、行业分类、网址以及企业 BVD-ID 等基本信息进行提取，

并进行第三次核对整理。最后，得到了与初始样本匹配的较为完整的股票代码、ISIN 代码等基本信息。表 3-7 汇报了 1642 家初始企业样本的基本信息匹配情况。

表 3-7　初始企业样本的基本信息匹配情况　　单位：家

初始样本企业识别码	Datastream 数据库		Wind/DS 数据库	BVD 旗下数据库		
	D-CODE (DSCD)	D-Ticker Symbol	ISIN 代码	BVD (Orbis)-ID Number	BVD (Orbis)-Ticker Symbol	BVD (Osiris)-ID Number
匹配数量	1577	1542	1575	1562	1561	1540
缺失数量	65	100	67	80	81	102

资料来源：笔者整理所得。

（3）提取企业层面的特征数据和财务数据。基于 Datastream 数据库，根据 DSCD 代码的基本信息，提取企业层面的静态基本信息和 1989 年 1 月 1 日至 2019 年 12 月 31 日期间的年度财务数据，如横截面基本信息包括，企业名称、成立时间、股票代码、ISIN 代码、SIC 行业代码、上市交易所、交易所所在地等；时间序列财务信息包括，企业研发支出、外国销售占比、外国资产占比、外国净收入占比、总资产、雇员数、货币持有量、经营净现金流、资产负债率、现金股利额、公司成长性、营运资本、留存收益、息税前利润、市值、总负债、总收入、账面价值、净收入、流动资产、流动负债等。

（4）提取企业创新产出的专利数据。基于 BVD 旗下的知识产权数据库（Orbis Intellectual Property database），根据 BVD 的企业识别码（Orbis ID Number），提取企业层面的专利公告号、专利题目、公告时间、申请号、申请时间、授权状态、授权日期、引用的其他专利数量、被其他专利引用的数量等数据。并将上述专利数据在企业—年份层面上进行加总，计算得到企业—年度的专利申请数据及当年申请专利的授权数量和被引用数量。

（5）将风险投资数据与企业层面微观数据跨库合并。根据企业的 ISIN 代码、股票代码、年份等变量进行不同数据库数据的匹配，最后得到 1989—2019 年来自 39 个国家 1642 家公司的企业—年份层面的基本特征、风险投资交易、创新和财务数据等共 47842 条样本观测值。

三、企业微观数据与国家宏观数据的跨库匹配

本书研究涉及的国家宏观层面数据主要来自世界银行、CEPII 官网、美国

中央情报局（CIA）官网、Hofstede 官网、世界经济自由度报告和世界知识产权组织。具体地，相关数据的提取和匹配步骤如下：

（1）从世界银行的 WDI 数据库中提取国家名称、国家代码、国家国内生产总值（GDP）和资本市场价值（Stock Market Capitalization）数据。将世界银行 WDI 数据库中的国家名称与 EIKON 数据库中创业企业和风险投资机构所在国家的名称进行核对匹配，并对 EIKON 数据库中的国家添加 WDI 国家代码标识。

（2）从世界银行的 WGI 数据库中提取国家名称、国家代码、WGI 治理指数的六大指标数据，如话语权和问责制（Voice and Accountability）、政治稳定与杜绝暴恐（Political Stability and Absence of Violence/Terrorism）、政府施政有效性（Government Effectiveness）、监管质量（Regulatory Quality）、司法有效性（Rule of Law）和贪腐控制（Control of Corruption）。将世界银行 WGI 数据库中的国家名称与 EIKON 数据库中创业企业和风险投资机构所在国家的名称进行核对匹配，并对 EIKON 数据库中的国家添加 WGI 国家代码标识。

（3）从 CEPII 官网提取国家地理距离数据，如两个国家首都之间的地理距离（distcap）、两个国家最重要的城市间的地理距离（dist）等；从美国中央情报局（CIA）官网披露的世界概览，提取国家的法律制度描述，并界定其法律起源，如普通法体系（Common Law）、民法体系（Civil Law）等；从 Hofstede 官网提取国家层面的 6 个维度文化距离数据，如权利距离（Power Distance Index，PDI）、个人主义 vs 集体主义（Individualism vs Collectivism，IDV）、男性 vs 女性（Masculinity vs Femininity，MAS）、不确定性规避（Uncertainty Avoidance Index，UAI）、长期导向 vs 短期规范导向（Long Term Orientation vs Short Term Normative Orientation，LTO）与包容和约束（Indulgence vs Restraint，IVR）；从世界经济自由度报告中提取国家层面的外资所有权和投资限制（Foreign ownership/investment restrictions）、资本控制（Capital controls）和国家自由访问度（Freedom of foreigners to visit）数据；从世界知识产权组织提取全球创新指数（GII）数据。通过将上述数据库中的国家名称与世界银行的 WDI 和 WGI 数据库中的国家名称进行核对匹配，并分别用 WDI 国家代码和 WGI 国家代码对上述国家进行唯一标识。

（4）根据 WDI 国家代码、WGI 国家代码和年份将上述国家层面的宏观变量分别与风险投资机构所在国家和创业企业所在国家进行匹配。

四、数据处理

为了获取本书实证研究最终所需样本，对经过上述跨库合并后的来自 39 个国家 1642 家企业的宏观和微观层面数据进行如下处理。

首先，剔除无法与 Datastream 等数据库精确匹配的 65 家企业样本。其次，剔除财务数据缺失严重的 40 家企业样本和 107 家金融类上市公司（即四位数 SIC 代码位于 6000 到 6999 之间的金融、保险和房地产行业企业）。最后，剔除公司年龄小于 0 和主要变量数据缺失严重的样本年度观测值。最终得到了 1989—2019 年包括波兰在内的来自 28 个新兴市场国家的 1430 家上市企业的 21957 条企业—年度观测值，这些企业的国家分布情况见表 3-8。此外，为了避免异常值的影响，本书还对所有的连续变量进行了 1%和 99%分位数上的缩尾处理。

由表 3-8 可知，中国和印度的风险投资支持水平最高，分别有 917 家和 269 家风险投资支持的 IPO 上市企业，分别占比约为 64.13%和 18.81%。同时，金砖国家（巴西、俄罗斯、印度、中国和南非）在新兴国家风险投资支持的创业企业中占最大份额，共 1248 家 IPO 上市企业，占比约 87.27%。

表 3-8 匹配后样本有风险投资支持企业的新兴国家分布情况 单位：家，%

序号	新兴国家	风险投资支持的企业数量	占比
1	中国	917	64.13
2	印度	269	18.81
3	巴西	37	2.59
4	波兰	31	2.17
5	泰国	27	1.89
6	印度尼西亚	22	1.54
7	马来西亚	22	1.54
8	南非	17	1.19
9	菲律宾	16	1.12
10	越南	14	0.98
11	俄罗斯	8	0.56
12	墨西哥	8	0.56
13	阿根廷	6	0.42

续表

序号	新兴国家	风险投资支持的企业数量	占比
14	土耳其	6	0. 42
15	斯里兰卡	5	0. 35
16	尼日利亚	4	0. 28
17	埃及	3	0. 21
18	罗马尼亚	3	0. 21
19	约旦	3	0. 21
20	巴基斯坦	2	0. 14
21	坦桑尼亚	2	0. 14
22	毛里求斯	2	0. 14
23	秘鲁	1	0. 07
24	肯尼亚	1	0. 07
25	孟加拉国	1	0. 07
26	哥伦比亚	1	0. 07
27	哥斯达黎加	1	0. 07
28	摩洛哥	1	0. 07
总计		1430	100

资料来源：笔者整理所得。

第四节　小结

综上，本章对国际风险投资机构在新兴国家的投资现状进行了分析，主要发现了以下六个方面的重要事实：

（1）投资于新兴国家的国际风险投资机构主要来自发达国家或地区，如美国、中国香港、新加坡、英国、日本等，且以私募股权公司（Private Equity Firm）、银行附属公司（Bank Affiliated）、公司私募/风投（Corporate PE/Venture）、投资管理公司（Investment Management Firm）等类型为主，具有更加专业化的特点。

（2）国际风险投资机构在新兴国家进行投资时，主要的投资目标国为中国、印度、泰国、马来西亚、印度尼西亚、巴西、菲律宾等新兴市场国家。

其中，投资于金砖国家（中国、印度、巴西、俄罗斯和南非）的创业企业数量占比约75%，这些国家普遍具有国土面积大、人口多、经济增长速度快和发展潜力巨大等特点。

（3）在1642家有风险投资支持的新兴国家企业中，国际风险投资机构参与投资的有802家，占比约为48.84%。其中，国际风险投资机构领投参与的有614家，占总参与投资的比重约为76.56%；以与本土风险投资机构联合投资形式参与的创业企业有297家，占比约为37.03%。同时，国际风险投资机构更偏好于投资信息检索服务（Information retrieval services）、药物制剂（Pharmaceutical preparations）、预装软件（Prepackaged Software）、半导体和相关器件（Semiconductors and related devices）等行业，且投资于这类行业企业时更多地选择与本土风险投资机构的联合投资模式，这可能与该类行业企业普遍具有的更高附加值、创新能力更强和发展潜力更大等特质有关。

（4）从时间趋势看，国际风险投资机构的年度投资规模（以总投资金额衡量）和投资数量（以总投资企业数量衡量）变化与国际金融市场环境息息相关。具体表现为，受2001年互联网泡沫破裂、2008年全球金融危机爆发、2010年发达资本市场对新兴国家企业的做空潮和2018年贸易摩擦频发的影响，国际风险投资机构对新兴国家企业的投资规模和投资数量分别在2001年、2008年、2010年和2017年前后达到相对峰值。

（5）从国际风险投资机构的进入时机看，在2000年前，国际风险投资机构的进入轮次普遍较本土风险投资机构早，而在此之后，其进入轮次虽在2001—2007年有所提前，但2008年后其投资轮次却整体后移。这说明受国际金融市场环境（如互联网泡沫、全球金融危机、新兴国家做空潮、贸易争端等）的影响，国际风险投资机构可能基于避险的目的，选择在稍后轮次进入。

（6）从国际风险投资机构的投资模式变化趋势看，国际风险投资机构在新兴国家进行投资时，其投资模式偏好为：独立投资>与本土风险投资机构联合投资>与国际风险投资机构联合投资；但在2014年之后，与本土风险投资机构的联合投资逐渐成为其进入新兴国家企业的首选投资模式。这可能得益于新兴国家本土风险投资行业的迅速发展，在投资机会有限的情况下，借助于本土风险投资机构的当地社会网络优势，能够有效降低国际风险投资机构的交易和监督成本，进而提高其投资收益。

第四章

国际风险投资对企业创新影响的实证研究

创新是经济持续增长的重要动力。欧美等国的实践经验表明，风险投资机构作为专业投资者，可以依据其拥有的资金和相关知识技术，提高企业创新水平（Shinkle et al.，2019；Corsi，2019），促进行业整体创新（Pradhan et al.，2020；Popov & Roosemboom，2012；Kortum & Lerner，2000），进而对国家经济增长产生积极影响（Kraemer-Eis et al.，2016；Strebulaev & Gornall，2015）。另外，风险投资行业兴起于发达国家，随着发达国家国内风险投资行业的竞争加剧和收益降低，出于开拓市场、增加收益或者传播价值观等目的，风险投资机构纷纷走出国门，开启国际化投资进程（Schertler & Tykvova，2011；Hain et al.，2016；Plagmann & Lutz，2019），并将资金更多地投向当地风险投资行业不发达且有较大发展潜力的新兴国家市场（Chemmanur et al.，2016；Wang，2017；Khavul & Deeds，2016）。因此，在风险投资国际化现象日益凸显的背景下，将国际风险投资研究聚焦到新兴国家企业，对于深入了解国际风险投资机构在新兴国家的投资动机、投资策略和投资绩效，以及新兴国家制定相关政策，更好地利用国际资本服务本地企业创新，具有重要的理论和现实意义。

同时，已有研究发现，与本土风险投资机构相比，国际风险投资机构可能更有利于企业发展，也可能对企业发展产生消极影响。一方面，与本土风险投资机构相比，国际风险投资机构具有更丰富的国际资源、更专业的投资管理能力及更高的声誉和地位，能够为企业提供更好的战略咨询、监督治理和认证等增值服务（Chahine et al.，2019；Que & Zhang，2020；Devigne et al.，2013；Chemmanur et al.，2016；张学勇和廖理，2011；董静等，2017），进而促进企业海外上市（彭涛等，2020）、提高企业的IPO绩效（Chemmanur et al.，2016）和国际化水平（Park & Lipuma，2020）。另一方面，与本土风险投资机构相比，国际风险投资机构具有明显的外来者劣势（Chahine et al.，2019）、较高的信息不对称程度（Li et al.，2014）、较低的本地网络嵌入程度（Devigne et al.，2018），可能为创业企业的发展提供不太有价值的建议

(Chahine et al., 2019),或更容易做出放弃决定(Que & Zhang, 2020),或在逐名动机的驱动下更加短视(Masulis & Nahata, 2011),从而不利于企业的长期发展。

此外,已有研究表明,风险投资特征的异质性会影响风险投资的增值和攫取行为,进而对企业创新产生影响。例如,不同的联合投资形式(Cumming & Dai, 2010; Liu & Maula, 2016; 谈毅和唐霖露, 2016)、风险投资经验(Dai et al., 2012; Meuleman & Wright, 2011; Hsu, 2004; 王茵田等, 2017)、风险投资声誉(Park & Lipuma, 2020; Sun et al., 2020; 钟昀珈和何小锋, 2018; 温军和冯根福, 2018)、风险投资期限(张凯歌和顾露露, 2020; 王会娟和张然, 2012; Du, 2016; Bottazzi et al., 2008)、风险投资进入时机(Huang et al., 2015; 苟燕楠和董静, 2013; 成力为和邹双, 2020)等均会影响风险投资对企业创新的作用发挥。

综上,目前国内外学者基于企业微观视角的国际风险投资研究结论存在不一致,且针对企业创新方面的直接研究较少。基于此,本章以新兴国家有风险投资支持的上市企业为样本,整合多个数据库,主要研究以下问题:

(1)与本土风险投资机构相比,国际风险投资机构能否更有效地促进企业创新?

(2)不同风险投资特征会对国际风险投资与企业创新之间的关系产生什么样的影响,即具有什么特征的国际风险投资机构更有利于促进企业创新呢?

第一节 理论分析与假设提出

一、国际风险投资与企业创新

(一)增值视角

基于增值视角,已有研究表明,与本土风险投资机构相比,国际风险投资机构具有更丰富的国际资源、更专业的投资管理能力以及更高的声誉和地位,能够为企业提供更好的资源、监督和认证服务,从而可能更有利于企业创新,主要体现在以下三个方面:

(1)基于资源基础理论(Resource-Based View),与本土风险投资机构相比,国际风险投资机构能够为企业提供更多的国际优质资源,发挥更大的战略咨询效应，从而促进企业创新。这是因为：首先，与本土风险投资机构相比，国际风险投资机构具有更丰富的国际知识资源，更熟悉国外市场（Chahine et al.，2019）。当企业为获取更先进的创新技术和资源而选择实施国际化战略时，为了增加企业成功的可能性（Zhang & Yu，2017；彭涛等，2020），国际风险投资机构有更大的动机和能力为企业提供诸如法律法规、商务惯例、经营准则等外国市场和外国法律知识（MaKela & Maula，2006），并为企业提供专业的咨询建议（Schertler & Tykvova，2011；Chahine et al.，2019），发挥更强的增值效应，进而促进企业创新（陈思等，2017）。其次，与新兴国家本土风险投资行业相比，国际风险投资行业起步较早，发展比较成熟，一般积累了丰富的行业经验，且专业化程度更高（陈思等，2017；王玉荣等，2015）。这能够为新兴国家企业提供更广阔的行业和国际视野，更有利于企业抓住新的机会促进企业创新（Que & Zhang，2020）。最后，与本土风险投资机构相比，国际风险投资机构具有广泛的国际社会网络资源（Devigne et al.，2013；Que & Zhang，2020）。这些国际网络资源，不仅有利于本土企业与相关外国供应商、客户、金融家和其他潜在利益攸关方建立联系（MaKela & Maula，2005；Sapienza et al.，1996；Hochberg et al.，2007；Fernhaber & McDougall-Covin，2009），还有利于帮助企业招聘优秀的国外高级管理人员和科研人员（MaKela & Maula，2006；Hursti & Maula，2007），并提高其识别新商业机会的能力（Devigne et al.，2013），进而促进企业创新（Guadalupe et al.，2012）。

（2）基于委托代理理论（Principal-Agent Theory），与本土风险投资机构相比，国际风险投资机构作为专业投资者，拥有更加丰富的企业管理经验，能够对企业的公司治理和经营活动实施更有效的监督和控制，进而促进企业创新。这是因为：首先，国际风险投资机构作为投资人，持有公司股票，具有内部人职能（陈工孟等，2011；陈思等，2017），能够通过向董事会委派代表自身权益的董事（钟昀珈和何小锋，2018；张凯歌和顾露露，2020），更好地参与创新决策过程，从而抑制创始人侵占投资者利益的动机和行为（张曦如等，2019），提高创新决策的科学性，并对创业企业的经营活动实施更有效的监督和控制（Arcot，2014；Bernstein et al.，2016）。其次，与本土风险投资机构相比，国际风险投资机构能够协助企业建立更加科学合理的公司治理机制。如张学勇和廖理（2011）以中国获得风险投资支持并成功在中国内地、中国香港或者美国 IPO 上市的企业为样本研究发现，国际风险投资支持的企业具有较大的董事会规模、较低的大股东持股比例和更加专业化的董事。这有利于提高董事会独立性，从而有效抑制管理者的保守主义，并监督公司的过度投资行为（胡诗阳和陆正飞，2015），进而促进企业的创新产出（Lu & Wang，2018）。最后，与本土风险投资机构相比，国际风险投资机构在创业企业激励机制上表现更好。Tan 等（2008）研究发现，国际风险投资机构较本土风险投资机构更有可能为员工引入股票期权激励。同时，已有研究表明，给予关键技术人员股票期权可以让公司吸引更多的研发人员支持创新（Que & Zhang，2020）。此外，通过实施合理有效的高管激励契约，不仅有助于管理层克服风险规避倾向（陈孝勇和惠晓峰，2015），更注重公司长期利益（蔡宁等，2017），提高公司风险承担水平（王姝勋和董艳，2020），还有助于缓解股东和管理层之间的代理矛盾，抑制企业的非效率投资行为（徐倩，2014），进而对企业创新产生积极影响（王姝勋等，2017）。

（3）基于信号理论（Signaling Theory），与本土风险投资机构相比，国际风险投资机构具有更高的声誉和地位，能够向市场传递企业更优的质量信号，发挥更大的认证效应，进而促进企业创新。这是因为：首先，基于创新的高投入、高风险和高收益特征（Duran et al.，2016；顾露露等，2015），投资者和企业之间存在较大的信息不对称。根据信号理论，市场中具有信息优势的个体会通过信号传递机制将信息传递给信息劣势的个体，从而实现有效率的市场均衡（Penrose，1974）。风险投资机构作为拥有专业能力和行业经验的成熟投资者，可以利用自己在行业中的声誉与地位来影响创业企业的信号质量（陆瑶等，2017；胡志颖等，2015；陈思等，2017），缓解创业企业的融资约束，进而为企业创新活动提供更大的资金支持，保障长期创新过程中的资金投入规模及其稳定性（陆瑶等，2017）。其次，与新兴国家本土风险投资机构相比，国际风险投资机构往往来自发达国家，具有更丰富的投资经验和更高的声誉和地位，不仅能够筛选出有潜力的企业（苟燕楠和董静，2013），还能够对企业的公司治理和经营活动实施更有效的监督和控制（陈思等，2017；张凯歌和顾露露，2020），从而向市场传递企业更规范和更高治理水平的信号。此外，国际风险投资机构凭借其在国际市场上特有的声誉和地位，能够为企业提供质量背书（MaKela & Maula，2005；Stuart et al.，1999）。更具体地说，国际风险投资机构能促进创业企业在国际市场的合法化（Makela & Maula，2005；Makela & Maula，2006），从而获取更多的创新知识和资源（Hursti & Maula，2007），进而促进企业创新。

（二）攫取视角

基于攫取视角，已有研究表明，与本土风险投资机构相比，国际风险投资机构具有明显的外来者劣势，增值效应不能得到有效发挥，且具有更大的攫取能力，在较低的社会网络嵌入程度和逐名动机的驱动下，可能不利于企业创新，主要体现在以下四个方面：

（1）基于外来者劣势（Liability of Foreignness），与本土风险投资机构相比，国际风险投资机构与创业企业间客观存在的国家距离，使其具有明显的外来者劣势，其增值效应和监督效应并不能得到有效发挥。首先，国际风险投资机构的总部设在其投资的创业企业所在国以外的国家（Chahine et al.，2019），与本土风险投资机构相比，与创业企业间的地理距离较远。临近理论（proximity hypothesis）认为，较近的地理距离可以降低风险投资机构对创业企业的监督成本，使其在不损失大量时间的情况下阅读业务报告和审查业务（Giroud，2013；Chahine et al.，2019）。因此，与本土风险投资机构相比，国际风险投资机构面临相对更高的监督和代理成本。其次，已有研究表明，文化差异在国家间普遍存在（Berry et al.，2010；Xu & Shenkar，2002；Dai et al.，2012），并影响人们的行为和互动方式（Reus & Lamont，2009）。国际风险投资机构与创业企业间较远的文化距离，不仅会造成沟通问题，阻碍信息共享（Dai et al.，2012），还会增加风险投资机构的交易成本，降低其开展主要增值活动的效力（Li et al.，2014），并可能导致国际风险投资机构的"外部人劣势"（Liability of Outsidership）（Johanson & Vahlne，2009；Vaara et al.，2012），从而增加社会歧视，降低信任水平，进而引发冲突（周嘉南等，2015）。再次，风险投资机构和创业企业间合同的有力执行是投资者权益的有力保障，然而国际风险投资机构所在国家与创业企业所在国家间可能存在的法律体系差异，使得合同的条款和执行存在差异，这可能导致涉及所有权和控制权分离的合同或更复杂的合同（如可转换优先股合同等）无法执行（Lerner & Schoar，2005）。最后，基于制度距离视角，国际风险投资机构所在国家与创业企业所在国家间的制度差异可能会增加与制度化做法不一致相关的合法性损失、制裁和额外交易成本的风险，并进一步妨碍监督和咨询的有效性（Li et al.，2014），进而不利于企业创新。

（2）基于信息不对称理论（Asymmetric Information Theory），风险投资机构在对创业企业进行投资时，也可能存在道德风险，有动机和能力利用自身优势地位对企业进行攫取，这在国际风险投资机构中表现更为显著。一方面，创新活动风险较大，回报周期长，而风险投资受制于有限的投资周期和特殊的组织结构（胡志颖，2015），要求在退出时就实现自身利益最大化，这可能导致风险投资机构的短期目标与创新活动的长期性产生冲突（陈思等，2017；成力为和邹双，2020；Masulis & Nahata，2011）。这会使风险投资机构将有限的资源用于企业的短期利益，如利用其关系网络建立政治关联来获得有利于上市的信息和帮助，以期推动企业上市（Gompers et al.，2009；Lindsey，2008），而不愿意将过多的资源用于长期投资（刘冰等，2016），更不愿意承担研发风险，从而导致企业持续研发投资减少（成力为和邹双，2020），进而不利于企业创新。另一方面，与本土风险投资机构相比，国际风险投资机构所面临的外来者劣势（Huang et al.，2015；谈毅和唐霖露，2016），会使其具有更高的交易、增值和监督的成本（Dai et al.，2012；Fritsch & Schilder，2008），从而弱化其增值动机（Li et al.，2014）。换句话说，在增值动机弱化和增值收益降低的情况下，国际风险投资机构的道德风险将凸显，从而导致其更多的机会主义行为（Gulati，1995），如增值行为的偷懒、搭便车（董静等，2017）和参与企业管理时牟取私利等（贾宁和李丹，2011）。此外，国际风险投资机构相对于本土风险投资机构拥有更多的国际资本、更加丰富的经验和较高的声誉，因而往往具有更大的谈判权（王茵田等，2017），更有能力依据其优势地位，与创业企业签订不公平的契约安排，索取更高的风险溢价（王茵田等，2017），甚至通过停止投资的威胁来要求更高的利润分成比例等（殷林森等，2007）。因此，与本土风险投资机构相比，国际风险投资机构凭借其更加强势的地位，具有更高的话语权和对企业更强的攫取能力，从而可能不利于企业创新（温军和冯根福，2018）。

（3）基于社会网络理论（Social Network Theory），与本土风险投资机构相比，国际风险投资机构具有相对较少的本地社会网络和较低的社会嵌入程度，投资过程中更容易做出放弃决定。一方面，与本土风险投资机构相比，国际风险投资机构不具有丰富的创业企业所在国家的法律知识（Makela & Maula，2006）和社会网络关系（王玉荣等，2015），可能无法帮助企业获取更多有利于创新的当地资源（Devigne et al.，2013）。同时，对制度环境、政府干预和公司治理结构的理解不那么深入（Barkema & Vermeulen，1997；Pukthuanthong & Walker，2007）。因此，与本土风险投资机构相比，国际风险投资机构可能为其投资目标的创新活动提供不太有价值的建议（Que & Zhang, 2020），如可能会推动企业向投资者本国市场的国际化努力，而后者并不总是企业的目标市场（MaKela & Maula, 2005），这将限制企业的长期发展（Devigne et al., 2013）。另一方面，与本土风险投资机构相比，基于外来者劣势，国际风险投资机构与创业企业间存在较大的国家距离，使得国际风险投资机构在创业企业当地环境中的社会嵌入程度较低（Devigne et al., 2018）。同时，先前研究表明，当创业企业的前景下降时，国际风险投资机构在创业企业当地环境中较低的嵌入程度和对企业家较低的依恋程度，会使其更容易做出放弃决定（Makela & Maula, 2006），且这种关系随着地理距离的增大而扩大（Devigne et al., 2016）。特别地，当企业创新相关项目未达到预期目标时，国际风险投资机构将比本土风险投资机构更快停止对该项目的投资（Que & Zhang, 2020）。而创新需要持续的资本投入（郭玥，2018；Duran et al., 2016），若公司在关键时期无法获得资本，将可能被迫推迟甚至停止创新活动，从而不利于企业创新水平的提高（余明桂等，2019；张璇等，2017）。

（4）基于逐名假说（Grandstanding），风险投资机构出于尽快向市场传递自身能力信号、提高在业界声望的目的，具有短视行为，可能不利于企业创新能力的提高，且这一影响在国际风险投资机构中可能更为显著。这是因为：一方面，风险投资机构的逐名动机得到了国内外学者的普遍证实（刘冰等，2016；钟昀珈和何小锋，2018；蔡宁，2015；Lee & Wahal, 2004；Gompers, 1996；Lee & Masulis, 2011）。风险投资机构为了快速退出和获取高额回报，以便于后期融资，有动机和能力通过降低企业会计信息披露水平（钟昀珈和何小锋，2018）、进行盈余管理（蔡宁，2015；Lee & Masulis, 2011）、提高企业 IPO 溢价水平（乔明哲等，2017）等提高企业短期业绩，以加快企业的上市进程（胡志颖等，2015；Gompers, 1996；Atanasov et al., 2012；Lee & Wahal, 2004）。然而，在资源有限的条件下，当风险投资将有限的资源用于加速企业上市时，则有利于企业长期利益的创新活动投入将减少（成力为和邹双，2020）。另一方面，与本土风险投资机构相比，国际风险投资机构丰富的国际投资经验更有利于创业企业海外上市（Zhang & Yu, 2017；Hursti & Maula, 2007），然而，基于逐名动机，国际风险投资对海外上市的促进更多地体现为策略性的投机行为，可能对企业长期发展产生不利影响（彭涛等，2020）。此外，国际风险投资机构一般具有行业声誉高、经验丰富、从业时间长的特点，具有更强的谈判能力，能够通过投资契约条款和公司治理机制等控制权手段，直接对企业上市等重大决策施加影响（Zhang & Yu，2017）。然而，较早的海外上市可能会使新兴国家企业在国际资本市场上面临身份认同不足，并难以赢得东道国社会的认可（潘镇等，2020；汪涛等，2018；Madhok & Keyhani，2012），甚至会遭受恶意做空，这将增加国际资本市场的融资难度，进而不利于企业创新。

（三）增值与攫取的权衡视角

基于上述分析，本书认为，国际风险投资机构的增值行为和攫取行为同时存在，且其较本土风险投资机构对企业创新的差异化影响，是其增值效应和攫取效应的交互作用结果。同时，基于创新活动的独有特质和新兴国家资本市场的发展特点，与本土风险投资机构相比，国际风险投资机构对新兴国家企业创新的影响结果具有不确定性，主要体现在以下两个方面：

（1）创新活动具有高投入、高风险和高收益的特征（Duran et al.，2016）。一方面，成功的创新能提升企业的核心竞争力，是企业产生竞争优势和获取更高估值的重要手段（徐欣等，2016）。此时，出于获取成功创新带来的更多退出收益的目的，国际风险投资机构有动机和能力为企业提供更多的优质国际资源（Chahine et al.，2019）、先进的公司经营治理经验（张学勇和廖理，2011）和更有效的国际质量认证（MaKela & Maula，2005；Stuart et al.，1999）。因此，与本土风险投资机构相比，国际风险投资机构能够更好地促进创业企业获取更多国际市场的创新知识和资源（Hursti & Maula，2007），进而提高企业创新水平（陈思等，2017）。另一方面，创新失败则会造成股东财富的极大损失，降低企业经营业绩（Chen et al.，2014；Duran et al.，2016），进而影响风险投资机构的退出收益、行业声誉和后续融资的顺利实施。因此，在资源有限的条件下，为了规避可能的创新失败带来的损失，风险投资可能会更加短视，更倾向于集中努力改善企业业绩和管理（Caselli et al.，2009），或将有限的资源用于企业的短期利益，而不愿意承担长期投资风险（成力为和邹双，2020），进而不会促进企业持续创新（Caselli et al.，2009）或表现出对创新的攫取效应（温军和冯根福，2018）。同时，已有研究表明，在企业发展前景下降时，与本土风险投资机构相比，国际风险投资机构在投资过程中更容易做出放弃决定（Makela & Maula，2006；Devigne et al.，2016）。因此，当企业创新相关项目未达到预期目标时，国际风险投资的较快退出（Que & Zhang，

2020）将更不利于创新所需的可持续资本投入，从而使得创新活动被迫推迟甚至停止，进而不利于企业创新水平的提高（余明桂等，2019；张璇等，2017）。

（2）新兴国家具有资本市场发展不够成熟（Ding et al.，2010）、风险投资行业起步较晚（陈思等，2017；王玉荣等，2015）等特点。一方面，与发达国家资本市场相比，新兴国家资本市场通常存在信息不对称高（成力为和邹双，2020）、法律和金融体系不发达（Allen et al.，2005；Cumming et al.，2006，2009）、定价不足（Zhang & King，2010）、国内上市条件要求高和上市过程漫长且不透明（Ding et al.，2010）等不足，这使得新兴国家创业企业在国内风险投资行业不发达和国内上市受阻的情况下，会更多地寻求国际风险投资的支持，以实现海外上市（彭涛等，2020）、提高国际化水平（董静等，2017）和获取国际先进经验（张学勇和廖理，2011）等目标。因此，国际风险投资机构的引入是创业企业实现与国际市场接轨，获取创新所需的国际知识、先进经验和技术等资源，进而提高企业全球竞争力的重要途径。另一方面，已有研究表明，在转轨与新兴市场阶段，风险投资的治理效应更多是基于逐名动机而非增值动机（钟昀珈和何小锋，2020）；同时，在逐名动机的驱动下，国际风险投资机构可以凭借其特有的国际资源和丰富的国际投资经验，在与企业的相关投资契约签订过程中获取更多的话语权（王茵田等，2017）。因此，在新兴国家创业企业引进风险资本过程中普遍处于劣势地位的背景下（殷林森等，2007；王茵田等，2017），与本土风险投资机构相比，国际风险投资机构凭借其强势地位，具有更大的攫取动机和能力，可能会将更多的资源用于促进创业企业的投机性海外上市退出（彭涛等，2020），而非用于有利于企业长期发展的创新活动，从而可能培育较少的企业创新。

综上，本书认为，与本土风险投资机构相比，若国际风险投资机构对企业创新的增值效应大于攫取效应，则可能更有利于企业创新；反之，若国际风险投资机构对企业创新的攫取效应大于增值效应，则其较本土风险投资机构将培育较少的企业创新。基于此，本章提出如下假设：

H4-1a：与本土风险投资相比，国际风险投资更有利于新兴国家企业创新。

H4-1b：与本土风险投资相比，国际风险投资更不利于新兴国家企业创新。

二、国际风险投资影响的异质性

（一）与本土风险投资的联合投资

本书认为，与本土风险投资机构的联合投资，不仅能帮助国际风险投资机构缓解外来者劣势，降低其增值行为成本，还能通过引入监督机制降低国际风险投资机构的攫取收益，并抑制其攫取动机，进而促进企业创新。具体体现在以下两个方面：

一方面，与本土风险投资机构进行联合投资，是国际风险投资机构克服外来者劣势的有效途径（Devigne et al.，2018；Cumming & Dai，2010；Devigne et al.，2013；Liu & Maula，2016；张曦如等，2019；谈毅和唐霖露，2016），并能够产生协同效应（王玉荣等，2015）。通过联合投资，本土风险投资机构能为国际风险投资机构提供更多的当地市场和创业企业质量信息（Chahine et al.，2019），缓解其面临的信息不对称，并降低其前期筛选成本（Brander et al.，2002；张学勇和廖理，2011）。同时，本土风险投资机构的地理临近优势，还能协助国际风险投资机构对创业企业的经营管理活动进行有效监督（Meuleman & Wright，2011；Huang et al.，2015），进而提高企业的经营绩效（Chemmanur et al.，2016）。此外，国际风险投资机构与本土风险投资机构的联合投资，还能产生战略和资源互补效应（Tykvova & Schertler，2014），为企业创新活动提供人力、资本和技术等多方面的异质性资源（陈思等，2017；Brander et al.，2002）。

另一方面，与本土风险投资机构的联合投资，能够对国际风险投资机构的攫取行为实施有效监督，进而促进企业创新。这是因为，国际风险投资机构与本土风险投资机构的联合投资，使二者之间形成了相互制衡的关系。此时，单一风险投资机构对企业创新的攫取都会因损害其他参与者的利益而被抵制（温军和冯根福，2018），风险投资机构道德风险实现的难度有所增加，并降低了其机会主义行为动机（胡志颖等，2012）；而当所有投资者都对企业创新进行攫取时，其攫取收益会因创新信息和思路的大范围扩散而大大降低（温军和冯根福，2018）。因此，与本土风险投资机构的联合投资有利于降低国际风险投资机构对创新的攫取收益，并抑制其攫取动机，进而对企业创新产生积极影响。

综上，本章提出如下假设：

H4-2：与本土风险投资机构的联合投资更有利于国际风险投资支持企业的创新。

（二）风险投资经验

关于风险投资经验的影响，大部分学者基于增值视角，认为较丰富的风险投资经验有利于企业绩效（陈思等，2017；陆瑶等，2017；苟燕楠和董静，2013；Dai et al.，2012）。与新兴国家本土风险投资相比，国际风险投资行业起步较早，往往拥有较丰富的投资经验（Dai et al.，2012），对被投企业的增值能力更强，如能够通过科学评估企业创新决策、促进行业间技术沟通和合作，进而促进企业创新（陈思等，2017）。同时，也有学者基于国家距离视角（Meuleman & Wright，2011）、国际化视角（Fernhaber & McDougall-Covin，2009；Chahine et al.，2019）、海外上市视角（彭涛等，2020；Zhang & Yu，2017），证实了较丰富的风险投资经验对企业绩效的积极影响。

然而，若基于攫取视角，在新兴国家创业企业普遍处于被动和弱势地位（王茵田等，2017），且风险投资机构道德风险普遍存在（Lee & Wahal，2004；胡志颖等，2012；周嘉南等，2015）的背景下，较丰富的投资经验，尤其是新兴国家企业的IPO经验，可能会增加国际风险投资机构的攫取能力，从而更加不利于企业创新。这是因为，攫取视角下国际风险投资机构丰富的投资经验会进一步增强其对创业企业进行投资时的讨价还价能力（王疆，2013），使其与企业签订契约合同时具有更大的谈判权，并在协议中为自己争取最大的利益，如Hsu（2004）研究发现，知名的风险投资机构在对创业企业进行权益投资时，往往能获得10%~14%的折扣。同时，王茵田等（2017）通过对中国企业与风险投资机构间的20个对赌协议案例进行的估值定价发现，几乎所有的对赌协议都存在显著定价偏差，这说明风险投资方索取了过高的风险溢价。

综上，本书认为，若与本土风险投资机构相比，国际风险投资机构对企业创新主要表现为增值效应，则较丰富的投资经验更有利于国际风险投资支持企业的创新水平提高；若与本土风险投资机构相比，国际风险投资机构对企业创新主要表现为攫取效应，则较丰富的投资经验将不利于国际风险投资支持企业的创新水平提高。基于此，本章提出如下假设：

H4-3a：较丰富的风险投资经验更有利于国际风险投资支持企业的创新。

H4-3b：较丰富的风险投资经验更不利于国际风险投资支持企业的创新。

（三）风险投资声誉

关于风险投资声誉，本书认为具有较高声誉的国际风险投资机构，为了维护和提高声誉，会更倾向于抑制其攫取动机，并努力为企业提供更多的增值服务，进而对企业创新产生积极影响。具体体现在以下两个方面：

一方面，较高的声誉有利于风险投资机构为企业提供更好的增值服务（Park & Lipuma，2020；Krishnan et al.，2011），进而促进创新（Sun et al.，2020）。首先，风险投资机构的声誉是在长期的市场交易和反复博弈中形成的，是缓解信息不对称的重要机制（Hsu，2004）。因此，风险投资机构的声誉越高，越能为企业质量提供更好的“认证效应”（叶小杰和王怀芳，2016），有利于企业创新活动的后续融资（王兰芳和胡悦，2017）。其次，高声誉风险投资机构能为创业企业提供更好的增值服务（李曜和宋贺，2017；Nahata，2008）。这是因为，高声誉的风险投资机构往往具有更丰富的资源和更广泛的社会网络（蔡宁，2015），且更愿意花费较多的时间去监督和治理创业企业（Gompers et al.，2009），进而促进企业创新水平的提高。

另一方面，声誉是风险投资机构的一项宝贵资产（钟昀珈和何小锋，2018；李曜和宋贺，2017），高声誉风险投资机构为了更好地维护声誉，会抑制其攫取的投机行为（Lee & Masulis，2011；Atanasov，2012；吴超鹏，2012）。这是因为，首先，高声誉有利于风险投资机构的顺利募资（Gompers，1996；Lee & Wahal，2004）、获取更强的议价能力（Hsu，2004）和实现更高的投资回报（Nahata，2008）。其次，当风险投资机构因为对企业创新进行攫取而声誉受损时，不仅会损失未来较好创新项目的进入机会（温军和冯根福，2018），还会增加未来筹资的难度，且更难获得高退出收益（Tian et al.，2016）。因此，国际风险投资机构的声誉越高，对创业企业的攫取动机会越弱，增值动机会越强，可能更有利于企业创新。

综上，本章提出如下假设：

H4-4：较高的风险投资声誉更有利于国际风险投资支持企业的创新。

（四）风险投资期限

关于风险投资期限，本书认为，国际风险投资机构对创业企业的投资期限越长，其增值动机越强，攫取动机相应减弱，且增值效应越能得到有效发挥，进而对企业创新产生积极影响。具体体现在以下两个方面：

一方面，基于认证假说，陈思等（2017）研究指出，风险投资机构的持股期限越长，表明该风险投资机构对企业未来发展前景的认可度越高，因而会更加关注企业研发等长期投资决策，而非通过短期的进入和退出投机获利，更有利于企业创新（张凯歌和顾露露，2020）。同时，也有学者分别基于 IPO 折价（陈工孟等，2011）和薪酬业绩敏感度（王会娟和张然，2012）的视角，证实了风险投资较长的投资期限对企业的积极影响。

另一方面，创新具有投资周期长、成果产出慢的特点（Lerner et al.，2011）；同时，风险投资为企业带来的增值服务需要较长的时间来落实（Du，2016）。因此，出于理性考虑，短期的风险投资机构不会支持企业的创新活动；而风险投资机构的持股期限越长，越能更多地参与被投企业的经营和管理活动，为企业带来更多的增值服务（Bottazzi et al.，2008），进而促进企业创新（陆瑶等，2017）。

综上，本章提出如下假设：

H4-5：较长的风险投资期限更有利于国际风险投资支持企业的创新。

（五）风险投资进入时机

关于风险投资进入时机，本书认为，早期进入的国际风险投资机构的增值动机更强，且攫取动机更弱，从而可能对企业创新产生积极影响。具体体现在以下两个方面：

一方面，在创业企业的早期发展阶段，创新所需的资金、知识和技术等资源更为缺乏（Huang et al.，2015），面临的不确定性也更大，越需要风险投资机构提供相应资源和辅导。此时，风险投资的早期进入和价值增值服务的提供对企业的培育作用更大，也更可能给企业带来较多的价值增值，从而有利于企业创新（苟燕楠和董静，2013）。另外，风险投资机构的进入时期越早，越关注企业的长期发展，具有更大的增值动机和能力对企业创新进行培育（成力为和邹双，2020）。

另一方面，后期进入的风险投资机构更多的是基于投机动机，以推动企业上市获取短期收益为目的（彭涛等，2020），对创新失败的风险容忍度较低，更愿意将有限的资源用于促进企业短期绩效的提升，而非用于有利于企业长期发展的创新活动上，难以对企业创新产生实质性影响（成力为和邹双，2020），甚至不利于企业创新（苟燕楠和董静，2013）。

综上，本章提出如下假设：

H4-6：风险投资的早期进入更有利于国际风险投资支持企业的创新。

第二节　数据来源与模型设定

一、样本选取与数据来源

本章以 1989—2019 年有风险投资支持的 1642 家新兴国家上市公司为初始样本，时间起自 1989 年是因为在此之前新兴市场国家几乎没有国际风险投资的进入（Chemmanur et al.，2016）。并对初始样本进行如下处理：剔除无法与 Datastream 数据库匹配的公司（65 家）；剔除财务数据缺失严重的公司（40 家）；剔除金融类上市公司（107 家）；剔除公司年龄小于 0 和主要变量数据缺失严重的样本年度观测值。最终得到了包括波兰在内的来自 28 个新兴市场国家的 1430 家上市企业的 21957 条公司—年度观测值。

其中，风险投资层面数据来自路孚特（前汤森路透 Thomson Reuters）的 EIKON 数据库，该数据库涵盖了全球风险投资交易数据，不仅包括被投资企业（即风险投资支持企业）的名称、国家、城市、上市日期、投资轮次、每轮融资额、每轮融资公司所处发展阶段等信息，还包括风险投资机构的国家、城市、成立日期、融资金额、每轮投资金额等信息；公司专利数据来自 BVD 旗下的知识产权数据库，包括专利申请时间、专利申请号、专利授权状态、专利授权日期、专利被引文件号等；研发投入数据和企业财务数据均来自路孚特（前汤森路透 Thomson Reuters）的 Datastream 数据库；国家层面数据来自世界银行。此外，为了避免异常值的影响，本章对所有连续变量进行了 1% 和 99%分位数上的缩尾处理。

二、模型设定

（一）主效应回归

为了检验 H4-1a 和 H4-1b，本书构建了模型（4-1）进行实证分析。

$$Innovation_{i,t}=\alpha_0+\beta_1\ FVC_{i,t}+Controls_{i,t}+\varepsilon \tag{4-1}$$

$$AppNumIE3_{i,t}=\frac{AppNum_{i,t}}{RD_{i,t}+0.8\times RD_{i,t-1}+0.6\times RD_{i,t-2}+0.4\times RD_{i,t-3}+0.2\times RD_{i,t-4}} \tag{4-2}$$

$$GraNumIE3_{i,t}=\frac{GraNum_{i,t}}{RD_{i,t}+0.8\times RD_{i,t-1}+0.6\times RD_{i,t-2}+0.4\times RD_{i,t-3}+0.2\times RD_{i,t-4}} \tag{4-3}$$

$$CitationIE3_{i,t}=\frac{Citation_{i,t}}{RD_{i,t}+0.8\times RD_{i,t-1}+0.6\times RD_{i,t-2}+0.4\times RD_{i,t-3}+0.2\times RD_{i,t-4}} \tag{4-4}$$

其中，*Innovation* 为因变量，表示企业创新，从创新产出和创新效率两个方面进行度量。

（1）创新产出，包括专利申请数（*AppNum*），用企业 i 第 t 年的专利申请数量来衡量；专利授权数（*GraNum*），用企业 i 第 t 年申请专利的最终授权数量来衡量；专利被引数（*Citation*），用企业 i 第 t 年申请专利的被引用数量来衡量。并参照惯用做法对专利数据进行加 1 取对数处理（Lerner，1994）。

（2）创新效率，借鉴 Hirshleifer 等（2013）的做法，用创新产出与累计研发投入之比来衡量，其中累计研发投入参照 Chan 等（2001）和 Lev 等（2005）的做法，以每年 20%的折旧率计算 5 年累计研发资本，分别运用式（4-2）、式（4-3）和式（4-4）构建如下三个创新效率变量：专利申请效率（*AppNumIE*3）、专利授权效率（*GraNumIE*3）和专利被引效率（*CitationIE*3）。同时，借鉴温军和冯根福（2018）的做法，直接用专利数量与当年研发投入的比值来衡量创新效率，构建了 *AppNumIE*2、*GraNumIE*2 和 *CitationIE*2 变量作为稳定性检验。此外，基于创新效率有较多 0 值且分布有偏，参照惯有做法对上述不同衡量方法的创新效率均进行加 1 取对数处理。

FVC 为解释变量，表示国际风险投资，分别用以下三个方面的指标来衡量：

（1）国际风险投资是否参与，即国际风险投资参与虚拟变量（*FVCdummy*），用该企业是否有国际风险投资机构参与投资来衡量，若有取值为 1，否则取值为 0。特别地，国际风险投资与本土风险投资的界定标准为：风险投资机构的总部所在国家是否与创业企业所在国家相同，若不同则为国际风险投资，若相同则为本土风险投资。

（2）国际风险投资参与程度，包括国际风险投资机构是否领投虚拟变量（*FLeFirmDum*2），即若创业企业由国际风险投资机构领投，取值为 1，否则取值为 0。特别地，领投风险投资机构是指投资于创业企业金额最多的风险投资机构。国际风险投资机构的参与数量（*FFirmNo*），用投资于创业企业的国际风险投资机构数量来衡量。

（3）国际风险投资投资强度，包括国际风险投资机构数量占比（*FFirmNoPerc*），用投资于创业企业的国际风险投资机构的数量与总风险投资机构数量的比值来衡量；国际风险投资机构的投资金额占比（*FFirmInvPerc2*），用投资于创业企业的国际风险投资机构的总投资金额与总风险投资机构投资金额的比值来衡量。

另外，*Controls* 为一系列控制变量，包括：

（1）公司层面控制变量：公司年龄（ln*AdjCoage*），用会计年份减去公司成立年份来衡量；公司规模（ln*size*），用公司总资产的对数来衡量；公司杠杆率（*leverage*），用总负债占权益市值和总负债总和的比值来衡量；托宾 *Q*（*tobinq*），用公司权益市值与债务账面价值之和除以权益账面价值与债务账面价值之和来衡量。

（2）风险投资层面控制变量：风险投资机构数量（*NoFirmSR*），用投资于创业企业的风险投资机构数量来衡量；风险投资机构年龄（ln*AveVCAge*），用投资于创业企业的所有风险投资机构的平均年龄来衡量。

（3）国家层面控制变量：创业企业所在国家 GDP（ln*CoGDP*）；创业企业所在国家的资本市场规模（ln*CoMarCap*）。同时，考虑到企业当期研发投入与前期研发投入以及研发投入与创新产出之间的高相关性，本书在模型中加入了滞后一阶的企业研发密度（*RDint_1*）控制变量。此外，还控制了年份（*Year*）效应、2 位数 SIC 行业（*Industry*）效应和国家（*Country*）效应。

此外，考虑到波兰在 2008 年之后由新兴国家变成了发达国家，因此，在主效应回归中，实际样本为不包括波兰在内的来自 27 个新兴国家的 1399 家企业，并以包括波兰在内的总样本进行了稳定性检验。

（二）进一步分析

进一步地，为检验 H4-2 至 H4-6，本书构建模型（4-5）进行实证分析。

$$Innovation_{i,t}=\alpha_0+\beta_1\, FLeFirmDum2_{i,t}+\beta_2\, VC\_CHAR_{i,t}+\beta_3 FLeFirmDum2_{i,t}\times VC\_CHAR_{i,t}+Controls_{i,t}+\varepsilon \quad (4-5)$$

其中，*FLeFirmDum2* 为国际风险投资机构是否领投的虚拟变量[①]，即若创业企业由国际风险投资机构领投，取值为 1，否则取值为 0。*VC_CHAR* 为风险

① 此处之所以采用国际风险投资机构是否领投作为调节效应模型的主要解释变量，是因为国内外风险投资研究大都表明，投资于创业企业的领投风险投资机构往往发挥主要作用。

投资特征变量，主要从以下五个方面来衡量：

（1）与本土风险投资机构联合投资的虚拟变量（*FLSydicate*），若投资于创业企业的风险投资中既包括国际风险投资又包括本土风险投资，则取值为1，否则为0。

（2）风险投资经验（ln*LeVCexp*），用创业企业的领投风险投资机构在进入该企业之前在新兴国家投资的IPO企业数量来衡量。

（3）风险投资声誉（ln*LeFirmSi*2），用投资于创业企业的领投风险投资机构投资过的资金总额来衡量。

（4）风险投资投资期限（*LeVC*2*dur*），用创业企业的领投风险投资机构首次进入时间与企业IPO时间的间隔年份（具体到日）来衡量。

（5）风险投资进入时机（*LeVCInvStage*），根据EIKON的界定标准，用领投风险投资机构首次进入时，创业企业所处的发展阶段来衡量，具体地，若企业处于发展的种子期（seed stage），取值为1；若处于早期（early stage），取值为2；若处于扩张期（expansion stage），取值为3；若处于后期（later stage），取值为4。其他变量同上。表4-1汇报了相关变量的类别、名称、构造方法和数据来源。

表4-1 国际风险投资影响企业创新的变量说明和数据来源

	变量名称	变量设计	数据来源
因变量	ln*AppNum*	创新产出1：专利申请数量，公司 *i* 在第 *t* 年的专利申请数量 *AppNum*，并进行加1取对数处理	BVD知识产权数据库
	ln*GraNum*	创新产出2：专利授权数量，公司 *i* 在第 *t* 年申请专利的最终授权数量 *GraNum*，并进行加1取对数处理	
	ln*Fcit*	创新产出3：专利被引数量，公司 *i* 在第 *t* 年申请专利的被引用数量 *Citation*，并进行加1取对数处理	
	ln*AppNumIE*3	创新效率1：专利申请效率，专利申请数量/5年累计研发支出（20%累计折旧），并进行加1取对数处理	BVD知识产权数据库和Datastream数据库
	ln*GraNumIE*3	创新效率2：专利授权效率，专利授权数量/5年累计研发支出（20%累计折旧），并进行加1取对数处理	
	ln*CitationIE*3	创新效率3：专利被引效率，专利被引数量/5年累计研发支出（20%累计折旧），并进行加1取对数处理	
解释变量	*FVCdummy*	国际风险投资是否参与虚拟变量：若企业有国际风险投资机构参与投资，取值为1，否则为0	EIKON数据库
	*FLeFirmDum*2	国际风险投资参与程度1，国际风险投资机构是否参与领投，是则取值为1，否则为0	

续表

	变量名称	变量设计	数据来源
解释变量	*FFirmNo*	国际风险投资参与程度2，投资于创业企业的国际风险投资机构的数量	EIKON 数据库
	FFirmNoPerc	国际风险投资投资强度1，国际风险投资机构总数量占总风险投资机构数量的比值	
	FFirmInvPerc2	国际风险投资投资强度2，国际风险投资机构的总投资金额占总风险投资机构投资金额的比值	
调节变量	*FLSydicate*	国际风险投资机构与本土风险投资机构的是否联合投资虚拟变量，是则取值为1，否则为0	EIKON 数据库
	ln*LeVCexp*	风险投资经验，即领投风险投资机构在进入企业之前在新兴国家投资过的企业 IPO 数量	
	ln*LeFirmSi2*	风险投资声誉，即领投风险投资机构投资过的资金总规模	
	LeVC2dur	风险投资投资期限，即领投风险投资机构首次进入时间与企业 IPO 时间的间隔年份（精确到日）	
	LeVCInvStage	风险投资进入时机，根据 EIKON 数据库界定标准，领投风险投资机构首次进入时，企业处于发展阶段的种子期（seed stage）取值为1，早期（early stage）取值为2，扩张期（expansion stage）取值为3，后期（later stage）取值为4	
控制变量	ln*AdjCoage*	公司年龄，公司自注册成立以来的年份	Datastream 数据库
	ln*size*	公司规模，用企业总资产取对数来衡量	
	leverage	公司杠杆率=总负债/（权益市值+总负债）	
	tobinq	公司权益市值与债务账面价值之和除以权益账面价值与债务账面价值之和	
	RDint_1	滞后一阶的研发密度，研发支出/销售收入	
	NoFirmSR	风险投资机构数量，投资于创业企业的风险投资机构总数量	EIKON 数据库
	ln*AveVCAge*	风险投资机构年龄，投资于创业企业的所有风险投资机构的平均年龄	
	ln*CoGDP*	企业所在国家的 GDP	世界银行
	ln*CoMarCap*	企业所在国家的资本市场规模	
	i. Year	年份固定效应	Datastream 数据库
	i. Country	企业所在国家的国家固定效应	
	i. Industry	*SIC* 两位数的行业固定效应	

资料来源：笔者整理所得。

第三节　国际风险投资影响企业创新的实证分析

一、国际风险投资影响企业创新的主要变量描述性分析

表 4-2 汇报了有国际风险投资支持的新兴国家上市企业的国家分布情况。由表 4-2 可知，中国和印度的风险投资参与水平最高，分别有 917 家和 269 家有风险投资支持的 IPO 上市企业，分别占比约为 64. 13%和 18. 81%。同时，金砖国家（巴西、俄罗斯、印度、中国和南非）在新兴国家有风险投资支持的创业企业中占最大份额，共 1248 家 IPO 上市企业，占比约 87. 27%。此外，国际风险投资参与或领投的创业企业国家分布情况显示，金砖国家仍然占最大份额，分别约为 79. 55%和 75. 30%，其中中国分别独占 50%和 45. 06%。

表 4-2　有国际风险投资支持的新兴国家上市企业的国家分布情况 单位：家，%

序号	新兴国家	风险投资参与企业数量	占比	国际风险投资参与企业数量	占比	国际风险投资领投企业数量	占比
1	中国	917	64. 13	330	50. 00	228	45. 06
2	印度	269	18. 81	165	25. 00	130	25. 69
3	巴西	37	2. 59	15	2. 27	9	1. 78
4	波兰	31	2. 17	6	0. 91	5	0. 99
5	泰国	27	1. 89	25	3. 79	25	4. 94
6	印度尼西亚	22	1. 54	21	3. 18	19	3. 75
7	马来西亚	22	1. 54	19	2. 88	18	3. 56
8	南非	17	1. 19	8	1. 21	7	1. 38
9	菲律宾	16	1. 12	12	1. 82	12	2. 37
10	越南	14	0. 98	8	1. 21	6	1. 19
11	俄罗斯	8	0. 56	7	1. 06	7	1. 38
12	墨西哥	8	0. 56	7	1. 06	5	0. 99
13	阿根廷	6	0. 42	6	0. 91	6	1. 19
14	土耳其	6	0. 42	5	0. 76	5	0. 99
15	斯里兰卡	5	0. 35	5	0. 76	5	0. 99

续表

序号	新兴国家	风险投资参与企业数量	占比	国际风险投资参与企业数量	占比	国际风险投资领投企业数量	占比
16	尼日利亚	4	0.28	3	0.45	3	0.59
17	埃及	3	0.21	3	0.45	3	0.59
18	罗马尼亚	3	0.21	3	0.45	3	0.59
19	约旦	3	0.21	1	0.15	1	0.20
20	巴基斯坦	2	0.14	2	0.30	2	0.40
21	坦桑尼亚	2	0.14	2	0.30	2	0.40
22	毛里求斯	2	0.14	2	0.30	2	0.40
23	秘鲁	1	0.07	1	0.15	1	0.20
24	肯尼亚	1	0.07	1	0.15	1	0.20
25	孟加拉国	1	0.07	1	0.15	1	0.20
26	哥伦比亚	1	0.07	1	0.15	0	0.00
27	哥斯达黎加	1	0.07	1	0.15	0	0.00
28	摩洛哥	1	0.07	0	0.00	0	0.00
总计		1430	100	660	100	506	100

资料来源：笔者整理所得。

表 4-3 汇报了主要变量的描述性分析。由表 4-3 可知，首先，从企业创新水平看，企业每年研发投入（RD，单位：千美元）均值为 20189 美元；研发投入占总销售收入的比重平均为 5%；样本企业平均每年的专利申请数量为 19.387 件，其中专利平均授权数为 10.305 件，专利平均被引用次数为 28.69 次；样本企业每投入 1000 美元，平均可获得 2.979 个专利，且有 1.527 个专利授权及 4.421 次被引。同时，数据显示，企业创新水平在不同企业间差异较大。其次，从国际风险投资机构参与水平看，约 49.6%的样本有国际风险投资机构参与；约 41.2%的样本为国际风险投资机构领投；样本企业中平均有 0.866 个国际风险投资机构参与投资；样本企业中国际风险投资机构数量占比平均约为 37.9%；样本企业中国际风险投资机构的投资金额平均占比约为 35.9%。最后，从风险投资机构特征看，国际风险投资机构与本土风险投资机构的联合投资样本占比约为 16.8%；风险投资经验的均值为 1.579；风险投资声誉的均值为 20.341；风险投资的平均投资期限为 3.065 年；风险投资

进入时机的平均值为 3. 214，这说明风险投资机构更倾向于对处于扩张期前后的企业进行投资。

表 4-3　国际风险投资影响企业创新的主要变量描述性分析

主要变量	观测值	平均值	标准差	最小值	最大值
RD	8750	20. 189	58. 246	0	454. 105
RDintensity	8713	0. 05	0. 076	0	0. 522
AppNum	21511	19. 387	63. 004	0	480
GraNum	21511	10. 305	33. 396	0	252
Fcitations	21511	28. 69	103. 599	0	803
AppNumIE3	7601	2. 979	8. 032	0	59. 643
GraNumIE3	7601	1. 527	4. 006	0	29. 586
CitationIE3	7601	4. 421	14. 594	0	109. 375
FVCdummy	20537	0. 496	0. 5	0	1
FLeFirmDum2	19591	0. 412	0. 492	0	1
FFirmNo	20537	0. 866	1. 509	0	18
FFirmNoPerc	20537	0. 379	0. 429	0	1
FFirmInvPerc2	16793	0. 359	0. 439	0	1
FLSydicate	20537	0. 168	0. 374	0	1
ln*LeVCexp*	18809	1. 579	1. 506	0	5. 257
ln*LeFirmSi2*	19153	20. 341	2. 682	13. 23	25. 107
LeVC2dur	13916	3. 065	2. 599	0. 017	12. 706
LeVCInvStage	15100	3. 214	0. 725	1	4
ln*AdjCoage*	21417	2. 763	0. 745	0. 693	4. 489
ln*size*	18057	12. 522	1. 704	8. 105	16. 979
leverage	17828	0. 241	0. 214	0	1. 131
tobinq	14604	1. 776	1. 593	0. 142	9. 774
NoFirmSR	21511	2. 488	2. 231	1	23
ln*AveVCAge*	21296	2. 599	0. 906	0	4. 043
ln*CoGDP*	20134	28. 604	1. 384	24. 866	30. 242
ln*CoMarCap*	18649	28. 149	1. 438	23. 742	29. 796

资料来源：笔者整理所得。

表 4-4 汇报了因变量和调节变量在不同风险投资样本企业中的统计 T 检验差异。首先，分样本 1 和分样本 2 的结果显示，有国际风险投资参与或领投的创业企业具有明显较少的创新产出和较低的创新效率，且均在 1%的水平上显著。可见，对仅有本土风险投资参与或者本土风险投资领投的创业企业来说，国际风险投资支持企业的创新水平更低。初步支持了 H4-1b。其次，分样本 3 的结果显示，与本土风险投资机构领投的企业样本相比，国际风险投资机构领投的样本中，国际风险投资机构与本土风险投资机构进行联合投资的可能性更大，国际风险投资机构的新兴国家 IPO 经验较本土风险投资机构低，国际风险投资机构以投资金额规模衡量的声誉更高，国际风险投资机构较本土风险投资机构具有更长的投资期限，且更倾向于在企业的较早发展阶段进入。

表 4-4　国际风险投资影响企业创新的因变量和调节变量 T 检验

企业创新	全样本		分样本 1 类别 1 为国际风险投资参与；类别 2 为本土风险投资参与					
	obs	mean	obs1	obs2	Mean1	Mean2	dif	t_value
ln*AppNum*	21511	1.243	10189	10348	0.829	1.627	−0.798***	−36.4
ln*GraNum*	21511	0.959	10189	10348	0.603	1.29	−0.688***	−36.4
ln*Fcit*	21511	1.176	10189	10348	0.78	1.534	−0.754***	−31.2
ln*AppNumIE*3	7601	0.771	2818	4384	0.62	0.878	−0.258***	−12
ln*GraNumIE*3	7601	0.525	2818	4384	0.381	0.623	−0.241***	−14.05
ln*CitationIE*3	7601	0.71	2818	4384	0.609	0.778	−0.169***	−6.5
企业创新	全样本		分样本 2 类别 1 为国际风险投资领投；类别 2 为本土风险投资领投					
	obs	mean	obs1	obs2	Mean1	Mean2	dif	t_value
ln*AppNum*	21511	1.243	8080	11511	0.75	1.556	−0.806***	−35.55
ln*GraNum*	21511	0.959	8080	11511	0.527	1.233	−0.706***	−36.25
ln*Fcit*	21511	1.176	8080	11511	0.697	1.478	−0.781***	−31.25
ln*AppNumIE*3	7601	0.771	2139	4752	0.597	0.845	−0.247***	−10.85
ln*GraNumIE*3	7601	0.525	2139	4752	0.348	0.598	−0.249***	−13.65
ln*CitationIE*3	7601	0.71	2139	4752	0.564	0.768	−0.203***	−7.35

续表

风险投资特征	全样本		分样本 3 类别 1 为国际风险投资领投；类别 2 为本土风险投资领投					
	obs	mean	obs1	obs2	Mean1	Mean2	dif	t_value
FLSydicate	20537	0. 168	8080	11511	0. 244	0. 117	0. 128***	23. 75
ln*LeVCexp*	18809	1. 579	7244	10647	0. 859	1. 873	-1. 014***	-49. 7
ln*LeFirmSi2*	19153	20. 341	8023	11130	20. 979	19. 881	1. 097***	28. 55
LeVC2dur	13916	3. 065	4570	8611	3. 188	3. 01	0. 177***	3. 7
LeVCInvStage	15100	3. 214	5126	9014	3. 064	3. 321	-0. 257***	-20. 05

注：***表示在 1%的水平上显著。

资料来源：笔者整理所得。

此外，表 4-5 汇报了国际风险投资解释变量与企业创新被解释变量的相关关系分析结果。由表 4-5 可知，国际风险投资的 5 个衡量指标与企业创新的 6 个衡量指标间的相关系数均在 10%的水平上显著为负，这也说明了国际风险投资与企业创新之间显著的负相关关系，初步验证了 H4-1b。

表 4-5　国际风险投资影响企业创新的主要变量相关关系分析

主要变量	(1)	(2)	(3)	(4)	(5)	(6)	(7)	(8)	(9)	(10)
ln*AppNum*	1. 000									
ln*GraNum*	0. 956*	1. 000								
ln*Fcit*	0. 853*	0. 849*	1. 000							
ln*AppNumIE3*	0. 606*	0. 584*	0. 613*	1. 000						
ln*GraNumIE3*	0. 544*	0. 612*	0. 585*	0. 918*	1. 000					
ln*CitationIE3*	0. 490*	0. 496*	0. 741*	0. 835*	0. 807*	1. 000				
FVCdummy	-0. 246*	-0. 246*	-0. 213*	-0. 140*	-0. 164*	-0. 077*	1. 000			
FLeFirmDum2	-0. 246*	-0. 251*	-0. 218*	-0. 129*	-0. 162*	-0. 088*	0. 855*	1. 000		
FFirmNo	-0. 063*	-0. 083*	-0. 042*	-0. 116*	-0. 133*	-0. 051*	0. 578*	0. 479*	1. 000	
FFirmNoPerc	-0. 262*	-0. 262*	-0. 232*	-0. 143*	-0. 167*	-0. 093*	0. 891*	0. 894*	0. 506*	1. 000
FFirmInvPerc2	-0. 265*	-0. 268*	-0. 231*	-0. 125*	-0. 163*	-0. 082*	0. 848*	0. 930*	0. 497*	0. 948*

注：*表示在 10%的水平上显著。

二、国际风险投资影响企业创新的主效应回归结果

首先，表 4-6 汇报了国际风险投资是否参与（*FVCdummy*）对企业创新的影响结果。结果显示，国际风险投资是否参与（*FVCdummy*）对企业创新产出的专利申请数量（ln*AppNum*）、专利授权数量（ln*GraNum*）和专利被引数量（ln*Fcit*），以及对创新效率的专利申请效率（ln*AppNumIE*3）、专利授权效率（ln*GraNumIE*3）和专利被引效率（ln*CitationIE*3）的系数均为负，且在 1% 的水平上显著。这说明，与仅有本土风险投资机构参与的企业相比，有国际风险投资机构参与的企业具有较少的创新产出和较低的创新效率。

表 4-6　国际风险投资是否参与对企业创新的影响结果

因变量	创新产出			创新效率		
	ln*AppNum*	ln*GraNum*	ln*Fcit*	ln*AppNumIE*3	ln*GraNumIE*3	ln*CitationIE*3
FVCdummy	-0. 384*** (0. 046)	-0. 355*** (0. 042)	-0. 314*** (0. 052)	-0. 213*** (0. 027)	-0. 151*** (0. 021)	-0. 192*** (0. 030)
ln*AdjCoage*	0. 172*** (0. 045)	0. 062 (0. 041)	0. 099** (0. 050)	0. 130*** (0. 029)	0. 046** (0. 022)	0. 066** (0. 033)
ln*size*	0. 642*** (0. 017)	0. 540*** (0. 015)	0. 654*** (0. 019)	0. 055*** (0. 010)	0. 023*** (0. 008)	0. 082*** (0. 011)
leverage	-0. 127 (0. 120)	-0. 150 (0. 109)	-0. 089 (0. 134)	0. 097 (0. 072)	-0. 001 (0. 055)	0. 169** (0. 081)
tobinq	0. 061*** (0. 013)	0. 029** (0. 012)	0. 075*** (0. 015)	0. 021*** (0. 008)	0. 011* (0. 006)	0. 036*** (0. 009)
RDint_1	2. 691*** (0. 321)	1. 166*** (0. 292)	2. 762*** (0. 358)	-1. 185*** (0. 177)	-1. 189*** (0. 136)	-1. 045*** (0. 201)
NoFirmSR	-0. 004 (0. 009)	-0. 005 (0. 008)	0. 010 (0. 010)	-0. 007 (0. 005)	-0. 003 (0. 004)	-0. 011** (0. 006)
ln*AveVCAge*	-0. 018 (0. 023)	-0. 018 (0. 021)	-0. 003 (0. 025)	0. 032** (0. 013)	0. 022** (0. 010)	0. 055*** (0. 015)
ln*CoGDP*	1. 524*** (0. 333)	1. 261*** (0. 303)	0. 333 (0. 372)	0. 514** (0. 226)	0. 197 (0. 173)	-0. 075 (0. 257)
ln*CoMarCap*	-0. 083 (0. 168)	0. 076 (0. 153)	0. 310* (0. 187)	-0. 206* (0. 114)	-0. 080 (0. 087)	-0. 098 (0. 129)
Year	Yes	Yes	Yes	Yes	Yes	Yes

续表

因变量	创新产出			创新效率		
	lnAppNum	lnGraNum	lnFcit	lnAppNumIE3	lnGraNumIE3	lnCitationIE3
Industry	Yes	Yes	Yes	Yes	Yes	Yes
Country	Yes	Yes	Yes	Yes	Yes	Yes
_cons	-43. 702*** (5. 685)	-38. 908*** (5. 178)	-22. 996*** (6. 341)	-8. 217** (3. 750)	-2. 894 (2. 872)	3. 687 (4. 255)
N	5416	5416	5416	4806	4806	4806
F	54. 516	53. 808	45. 239	12. 891	17. 163	21. 882
R^2	0. 499	0. 495	0. 452	0. 190	0. 238	0. 285
log *lik.*	-9. 2e+03	-8. 7e+03	-9. 8e+03	-5. 2e+03	-3. 9e+03	-5. 8e+03

注：*、**、***分别表示在 10%、5%、1%的水平上显著。

其次，表 4-7 汇报了国际风险投资参与程度对企业创新的影响结果。其中，Panel A 为国际风险投资是否领投（*FLeFirmDum2*）影响企业创新的回归结果，Panel B 为国际风险投资参与数量（*FFirmNo*）影响企业创新的回归结果；同时，所有回归均加入了与表 4-6 相同的控制变量，并控制了年份、行业和国家固定效应。

表 4-7　国际风险投资参与程度对企业创新的影响结果

因变量	创新产出			创新效率		
	lnAppNum	lnGraNum	lnFcit	lnAppNumIE3	lnGraNumIE3	lnCitationIE3
Panel A：国际风险投资是否领投对企业创新的影响结果						
FLeFirmDum2	-0. 258*** (0. 049)	-0. 304*** (0. 045)	-0. 234*** (0. 055)	-0. 153*** (0. 029)	-0. 127*** (0. 022)	-0. 185*** (0. 033)
Controls	Yes	Yes	Yes	Yes	Yes	Yes
Year	Yes	Yes	Yes	Yes	Yes	Yes
Industry	Yes	Yes	Yes	Yes	Yes	Yes
Country	Yes	Yes	Yes	Yes	Yes	Yes
N	5202	5202	5202	4612	4612	4612
F	51. 412	50. 669	42. 597	11. 788	16. 510	20. 333
R^2	0. 492	0. 488	0. 445	0. 179	0. 235	0. 274
log *lik.*	-8. 8e+03	-8. 3e+03	-9. 4e+03	-4. 9e+03	-3. 6e+03	-5. 5e+03

续表

因变量	创新产出			创新效率		
	lnAppNum	lnGraNum	lnFcit	lnAppNumIE3	lnGraNumIE3	lnCitationIE3
Panel B：国际风险投资参与数量对企业创新的影响结果						
FFirmNo	−0.127*** (0.016)	−0.123*** (0.015)	−0.104*** (0.018)	−0.070*** (0.009)	−0.054*** (0.007)	−0.074*** (0.010)
Controls	Yes	Yes	Yes	Yes	Yes	Yes
Year	Yes	Yes	Yes	Yes	Yes	Yes
Industry	Yes	Yes	Yes	Yes	Yes	Yes
Country	Yes	Yes	Yes	Yes	Yes	Yes
N	5416	5416	5416	4806	4806	4806
F	54.383	53.801	45.172	12.856	17.282	22.099
R^2	0.498	0.495	0.452	0.190	0.240	0.287
log *lik.*	−9.2e+03	−8.7e+03	−9.8e+03	−5.2e+03	−3.9e+03	−5.8e+03

注：***表示在1%的水平上显著。

由表4-7可知，国际风险投资是否领投（*FLeFirmDum2*）和参与数量（*FFirmNo*）对企业创新产出的专利申请数量（ln*AppNum*）、专利授权数量（ln*GraNum*）和专利被引数量（ln*Fcit*），以及对创新效率的专利申请效率（ln*AppNumIE3*）、专利授权效率（ln*GraNumIE3*）和专利被引效率（ln*CitationIE3*）的回归系数均在1%的水平上显著为负。这说明，与仅有本土风险投资机构支持的企业相比，较高的国际风险投资参与程度不利于企业创新产出的增加和创新效率的提高。

最后，表4-8汇报了国际风险投资投资强度对企业创新影响的实证结果。其中，Panel A为国际风险投资参与数量占比（*FFirmNoPerc*）影响企业创新的回归结果，Panel B为国际风险投资投资金额占比（*FFirmInvPerc2*）影响企业创新的回归结果；同时，所有回归均加入了与表4-6相同的控制变量，并控制了年份、行业和国家固定效应。

表4-8　国际风险投资投资强度对企业创新的影响结果

因变量	创新产出			创新效率		
	lnAppNum	lnGraNum	lnFcit	lnAppNumIE3	lnGraNumIE3	lnCitationIE3
Panel A：国际风险投资数量占比对企业创新的影响结果						
FFirmNoPerc	−0.567*** (0.057)	−0.524*** (0.052)	−0.493*** (0.064)	−0.289*** (0.034)	−0.203*** (0.026)	−0.297*** (0.038)

续表

因变量	创新产出			创新效率		
	lnAppNum	lnGraNum	lnFcit	lnAppNumIE3	lnGraNumIE3	lnCitationIE3
Controls	Yes	Yes	Yes	Yes	Yes	Yes
Year	Yes	Yes	Yes	Yes	Yes	Yes
Industry	Yes	Yes	Yes	Yes	Yes	Yes
Country	Yes	Yes	Yes	Yes	Yes	Yes
N	5416	5416	5416	4806	4806	4806
F	55. 108	54. 407	45. 660	13. 047	17. 284	22. 224
R^2	0. 501	0. 498	0. 454	0. 192	0. 240	0. 288
log *lik.*	−9. 2e+03	−8. 7e+03	−9. 8e+03	−5. 1e+03	−3. 9e+03	−5. 8e+03
Panel B：国际风险投资投资金额对企业创新的影响结果						
FFirmInvPerc2	−0. 415*** （0. 060）	−0. 441*** （0. 055）	−0. 366*** （0. 068）	−0. 145*** （0. 035）	−0. 135*** （0. 027）	−0. 186*** （0. 040）
Controls	Yes	Yes	Yes	Yes	Yes	Yes
Year	Yes	Yes	Yes	Yes	Yes	Yes
Industry	Yes	Yes	Yes	Yes	Yes	Yes
Country	Yes	Yes	Yes	Yes	Yes	Yes
N	4668	4668	4668	4183	4183	4183
F	47. 752	48. 808	40. 393	11. 741	16. 687	21. 005
R^2	0. 487	0. 493	0. 445	0. 182	0. 241	0. 285
log *lik.*	−7. 9e+03	−7. 4e+03	−8. 4e+03	−4. 5e+03	−3. 3e+03	−5. 0e+03

注：***表示在1%的水平上显著。

由表4-8可知，国际风险投资参与数量占比（*FFirmNoPerc*）和投资金额占比（*FFirmInvPerc2*）对企业创新产出的专利申请数量（ln*AppNum*）、专利授权数量（ln*GraNum*）和专利被引数量（ln*Fcit*），以及对创新效率的专利申请效率（ln*AppNumIE3*）、专利授权效率（ln*GraNumIE3*）和专利被引效率（ln*CitationIE3*）的系数均在1%的水平上显著为负。这说明，与仅有本土风险投资机构支持的企业相比，具有较高国际风险投资投资强度的企业具有更少的创新产出和更低的创新效率。

综上，国际风险投资是否参与、参与程度和投资强度三方面的五个指标对企业创新产出和创新效率的回归系数均在1%的水平上显著为负，否定了H4-1a，H4-1b得到验证。这说明，与本土风险投资机构相比，国际风险投资机构对企业创新的攫取效应大于增值效应，表现为其所支持的企业具有较少的创新产出数量和较低的创新产出效率。

三、国际风险投资影响企业创新的内生性检验

（一）Heckman 两阶段法

在本书中，因变量创新效率的计算使用了研发投入数据，同时，模型中还加入了滞后一阶的研发密度来控制研发投入对企业创新的影响，即本书在实证过程中把样本限制在了披露研发投入数据的企业中。然而，在样本选取期间，仅有 39.96%的新兴国家企业披露了研发投入数据。考虑到选择披露研发信息的企业与不披露研发信息的企业可能本身就存在差异，因此，如果仅仅对披露研发信息的企业开展国际风险投资和本土风险投资对企业创新影响的差异研究，可能会存在样本自选择问题。同时，若决定是否披露研发数据信息的相关因素与本书的主要解释变量之间存在彼此不独立，就可能产生有偏估计。因此，为解决可能存在的样本自选择而带来的内生性问题，本书构建了 Heckman 两阶段回归模型，进一步检验国际风险投资参与对企业创新的影响。

本书将公司年龄（ln*AdjCoage*）、公司规模（ln*size*）、公司成长性（*tobinq*）、会计年度（*Year*）、公司所处行业（*Industry*）和公司所处国家（*Country*）作为企业是否披露研发投入信息的解释变量。这是因为，成立时间较短的公司具有更大的动机通过较多的研发投入信息披露传递其创新能力较高的信号，从而吸引更多的投资者；规模较大的企业在市场上的显示度较高，通常主动或者被动披露，公司信息更完备，因此研究者们更容易获得它们的研发投入信息；公司成长性是与公司的价值增值预期息息相关的，关注企业核心竞争力的培养和创造的公司自然会获得市场更多的青睐，通常这些公司可能更重视研发以及对研发相关信息的披露；市场上不同细分行业的公司信息披露程度通常具有某种共性，不同行业的披露标准会有所不同（黄当玲，2015）；此外，随着时间的推移，不同国家对企业研发信息的披露要求会有所变化。基于此，本书将以上变量确定为是否披露研发数据（*RD*2）的主要影响因素，并建立了 Heckman 一阶段回归模型，见式（4-6）：

$$RD2_{it}=\alpha+\ln AdjCoage_{it}+\beta_2\ \ln size_{it}+\beta_3 tobinq_{it}+$$

$$\beta_4 Year_{it} + \beta_5 Industry_{it} + \beta_6 Country_{it} + \varepsilon \quad (4-6)$$

首先，表 4-9 汇报了国际风险投资是否参与（*FVCdummy*）对企业创新影响的 Heckman 两阶段回归检验结果。结果显示，一方面，在 Heckman 第一阶段回归中，除专利被引数量（ln*Fcit*）因变量的逆米尔系数（*mills lambda*）不显著外，专利申请数量（ln*AppNum*）、专利授权数量（ln*GraNum*）、专利申请效率（ln*AppNumIE*3）、专利授权效率（ln*GraNumIE*3）和专利被引效率（ln*CitationIE*3）的逆米尔系数（共 5 个）均显著，这说明 Heckman 两阶段模型选择的正确性；另一方面，国际风险投资参与对企业创新产出和创新效率的系数均显著为负，与表 4-6 中国际风险投资参与影响企业创新的主效应回归结果高度一致。

表 4-9　国际风险投资是否参与影响企业创新的 Heckman 两阶段检验结果

因变量	创新产出			创新效率		
	ln*AppNum*	ln*GraNum*	ln*Fcit*	ln*AppNumIE*3	ln*GraNumIE*3	ln*CitationIE*3
FVCdummy	−0.379*** (0.057)	−0.355*** (0.059)	−0.315*** (0.053)	−0.196*** (0.047)	−0.145*** (0.033)	−0.176* (0.096)
Controls	Yes	Yes	Yes	Yes	Yes	Yes
Year	Yes	Yes	Yes	Yes	Yes	Yes
Industry	Yes	Yes	Yes	Yes	Yes	Yes
Country	Yes	Yes	Yes	Yes	Yes	Yes
*RD*2						
ln*AdjCoage*	−0.097*** (0.022)	−0.097*** (0.022)	−0.097*** (0.022)	−0.139*** (0.025)	−0.139*** (0.025)	−0.139*** (0.025)
ln*size*	0.078*** (0.008)	0.078*** (0.008)	0.078*** (0.008)	0.118*** (0.009)	0.118*** (0.009)	0.118*** (0.009)
tobinq	0.100*** (0.008)	0.100*** (0.008)	0.100*** (0.008)	0.127*** (0.008)	0.127*** (0.008)	0.127*** (0.008)
Year	0.063*** (0.003)	0.063*** (0.003)	0.063*** (0.003)	0.085*** (0.003)	0.085*** (0.003)	0.085*** (0.003)
Industry	−0.002*** (0.001)	−0.002*** (0.001)	−0.002*** (0.001)	−0.003*** (0.001)	−0.003*** (0.001)	−0.003*** (0.001)
Country	0.141*** (0.006)	0.141*** (0.006)	0.141*** (0.006)	0.156*** (0.006)	0.156*** (0.006)	0.156*** (0.006)

续表

因变量	创新产出			创新效率		
	lnAppNum	lnGraNum	lnFcit	lnAppNumIE3	lnGraNumIE3	lnCitationIE3
_cons	-130.780*** (6.108)	-130.780*** (6.108)	-130.780*** (6.108)	-177.249*** (6.692)	-177.249*** (6.692)	-177.249*** (6.692)
mills lambda	2.519** (1.248)	2.623** (1.300)	-0.602 (1.236)	-1.905** (0.800)	-1.349** (0.566)	-3.912** (1.642)
N	11712	11712	11712	11216	11216	11216
chi2	2068.142	1783.656	3697.506	351.650	555.169	185.085
p	0.000	0.000	0.000	0.000	0.000	0.000
rho	1.000	1.000	-0.390	-1.000	-1.000	-1.000

注：*、**、***分别表示在10%、5%、1%的水平上显著。

其次，表4-10汇报了国际风险投资参与程度影响企业创新的Heckman两阶段检验结果。其中，Panel A为国际风险投资是否领投（*FLeFirmDum2*）影响企业创新的Heckman两阶段回归结果，Panel B为国际风险投资参与数量（*FFirmNo*）影响企业创新的Heckman两阶段回归结果。

由表4-10可知，一方面，Panel A和Panel B中Heckman第一阶段的回归结果显示，国际风险投资是否领投（*FLeFirmDum2*）为解释变量的逆米尔系数有4个显著；国际风险投资参与数量（*FFirmNo*）为解释变量的逆米尔系数有5个显著。这说明，Heckman两阶段模型的选择是正确的。另一方面，国际风险投资是否领投（*FLeFirmDum2*）和国际风险投资参与数量（*FFirmNo*）对企业创新产出和创新效率的系数均显著为负，与表4-7中国际风险投资参与程度影响企业创新的主效应回归结果高度一致。

表4-10 国际风险投资参与程度影响企业创新的Heckman两阶段检验结果

因变量	创新产出			创新效率		
	lnAppNum	lnGraNum	lnFcit	lnAppNumIE3	lnGraNumIE3	lnCitationIE3
Panel A：国际风险投资是否领投影响企业创新的Heckman两阶段检验结果						
FLeFirmDum2	-0.252*** (0.050)	-0.304*** (0.046)	-0.237*** (0.056)	-0.145** (0.061)	-0.123*** (0.046)	-0.179* (0.107)
Controls	Yes	Yes	Yes	Yes	Yes	Yes
Year	Yes	Yes	Yes	Yes	Yes	Yes
Industry	Yes	Yes	Yes	Yes	Yes	Yes

续表

因变量	创新产出			创新效率		
	ln*AppNum*	ln*GraNum*	ln*Fcit*	ln*AppNumIE*3	ln*GraNumIE*3	ln*CitationIE*3
Country	Yes	Yes	Yes	Yes	Yes	Yes
mills lambda	1.482 (1.043)	1.599* (0.937)	-1.324 (1.178)	-2.335** (0.945)	-1.778** (0.720)	-4.112** (1.665)
N	11509	11509	11509	11029	11029	11029
chi2	2760.228	3064.164	3309.116	212.003	294.327	152.966
p	0.000	0.000	0.000	0.000	0.000	0.000
rho	0.846	0.924	-0.738	-1.000	-1.000	-1.000
Panel B：国际风险投资参与数量影响企业创新的 Heckman 两阶段检验结果						
FFirmNo	-0.125*** (0.019)	-0.123*** (0.019)	-0.104*** (0.018)	-0.067*** (0.016)	-0.052*** (0.012)	-0.072** (0.033)
Controls	Yes	Yes	Yes	Yes	Yes	Yes
Year	Yes	Yes	Yes	Yes	Yes	Yes
Industry	Yes	Yes	Yes	Yes	Yes	Yes
Country	Yes	Yes	Yes	Yes	Yes	Yes
mills lambda	2.349** (1.165)	2.453** (1.216)	-0.744 (1.234)	-1.997** (0.839)	-1.417** (0.595)	-3.993** (1.677)
N	11712	11712	11712	11216	11216	11216
chi2	2381.296	2044.305	3672.116	322.486	508.410	179.624
p	0.000	0.000	0.000	0.000	0.000	0.000
rho	1.000	1.000	-0.471	-1.000	-1.000	-1.000

注：*、**、*** 分别表示在 10%、5%、1%的水平上显著。

最后，表 4-11 汇报了国际风险投资投资强度影响企业创新的 Heckman 两阶段检验结果。其中，Panel A 为国际风险投资参与数量占比（*FFirmNoPerc*）影响企业创新的 Heckman 两阶段回归结果，Panel B 为国际风险投资投资金额占比（*FFirmInvPerc*2）影响企业创新的 Heckman 两阶段回归结果。

表 4-11　国际风险投资投资强度影响企业创新的 Heckman 两阶段检验结果

因变量	创新产出			创新效率		
	ln*AppNum*	ln*GraNum*	ln*Fcit*	ln*AppNumIE3*	ln*GraNumIE3*	ln*CitationIE3*
Panel A：国际风险投资参与数量占比影响企业创新的 Heckman 两阶段检验结果						
FFirmNoPerc	−0.561*** (0.064)	−0.524*** (0.067)	−0.497*** (0.065)	−0.274*** (0.060)	−0.198*** (0.042)	−0.287** (0.120)
Controls	Yes	Yes	Yes	Yes	Yes	Yes
Year	Yes	Yes	Yes	Yes	Yes	Yes
Industry	Yes	Yes	Yes	Yes	Yes	Yes
Country	Yes	Yes	Yes	Yes	Yes	Yes
mills lambda	2.303** (1.142)	2.421** (1.200)	−0.797 (1.229)	−1.973** (0.829)	−1.400** (0.588)	−3.968** (1.666)
N	11712	11712	11712	11216	11216	11216
chi2	2495.722	2109.879	3703.965	332.152	519.569	182.084
p	0.000	0.000	0.000	0.000	0.000	0.000
rho	1.000	1.000	−0.501	−1.000	−1.000	−1.000
Panel B：国际风险投资投资金额占比影响企业创新的 Heckman 两阶段检验结果						
FFirmInvPerc2	−0.395*** (0.061)	−0.428*** (0.055)	−0.360*** (0.069)	−0.133** (0.054)	−0.129*** (0.046)	−0.176 (0.114)
Controls	Yes	Yes	Yes	Yes	Yes	Yes
Year	Yes	Yes	Yes	Yes	Yes	Yes
Industry	Yes	Yes	Yes	Yes	Yes	Yes
Country	Yes	Yes	Yes	Yes	Yes	Yes
mills lambda	1.695* (1.003)	1.832** (0.889)	−1.437 (1.151)	−1.709** (0.710)	−1.465** (0.608)	−3.598** (1.494)
N	11017	11017	11017	10623	10623	10623
chi2	2618.842	3036.793	3088.166	390.239	430.580	193.087
p	0.000	0.000	0.000	0.000	0.000	0.000
rho	0.909	0.984	−0.776	−1.000	−1.000	−1.000

注：*、**、***分别表示在 10%、5%、1%的水平上显著。

由表 4-11 可知，一方面，Panel A 和 Panel B 中的 Heckman 第一阶段回归中，国际风险投资参与数量占比（*FFirmNoPerc*）和国际风险投资投资金额占比（*FFirmInvPerc2*）对企业创新影响的逆米尔系数均为 5 个显著，这说明

Heckman 两阶段回归模型的选择是正确的；另一方面，除了国际风险投资投资金额占比（*FFirmInvPerc2*）对专利被引效率（ln*CitationIE3*）的系数为负且不显著外，国际风险投资参与数量占比（*FFirmNoPerc*）和国际风险投资投资金额占比（*FFirmInvPerc2*）对企业创新其他代理变量的系数均显著为负，与表 4-8 中国际风险投资投资强度影响企业创新的主效应回归结果基本一致。

综上，基于 Heckman 两阶段回归模型的内生性检验，国际风险投资是否参与、参与程度和投资强度三方面的 5 个指标对企业创新的影响结果与主效应回归结果高度一致。这说明在考虑了可能存在的样本自选择所导致的内生性问题后，国际风险投资机构较本土风险投资机构培育较少新兴国家企业创新的主效应回归结果依然成立。

（二）工具变量法

对于国际风险投资影响企业创新的另一个重要关注是，可能存在无法观察到的因素①，既影响国际风险投资机构对创业企业进行投资的可能性，也影响企业的创新能力。因此，为解决可能存在的遗漏变量所导致的内生性问题，本章运用工具变量法进一步检验了国际风险投资参与对企业创新的影响。

为此，借鉴 Chemmanur 等（2016）的做法，采用以下两个工具变量：第一个工具变量（*Instrument*1）是外资所有权和投资限制（Foreign ownership/investment restrictions）程度，表示一个国家对国际投资者在一国的投资或其在投资中的所有权份额的限制程度。这类限制可能妨碍国际风险投资机构在一国投资的决策及投资强度。该变量数据汇编在 2019 年《世界经济自由度年度报告》（*Economic Freedom of the World Annual Report* 2019）中。其指标初始数据来源于世界经济论坛（World Economic Forum）的《全球竞争力报告》（*Global Competitiveness Report*），是基于全球竞争力报告中的两个问题构造：①“贵国公司中的外国所有权有多普遍？1＝非常罕见，7＝高度流行”；②“贵国对国际资本流动的管制有多严格？1＝高度限制，7＝完全不限制”。该变量取值为 1 到 7，取值越大说明该国家对外资的限制程度越低。

第二个工具变量（*Instrument*2）是资本控制（Capital controls）程度，即一国对资本市场的控制程度，这可能限制国际风险投资机构在一国的投资能力。该变量数据也在 2019 年《世界经济自由度年度报告》（*Economic Freedom*

① 鉴于本章得出了国际风险投资不利于企业创新的结论，结合现实情况，该结论受反向因果关系的影响较小，因此，此处着重强调可能存在的遗漏变量所导致的内生性问题。

of the World Annual Report 2019）中汇编。该指标初始数据来源于国际货币基金组织（International Monetary Fund）的《外汇安排和外汇限制的年度报告》，国际货币基金组织报告了多达 13 种类型的国际资本管制。本书采用的该数据为评级变量，0 至 10 评级是未征收的资本控制在所列资本控制总数中所占份额的百分比，乘以 10。故该变量的取值范围在 0~10，0 代表资本控制程度最强，10 代表资本控制程度最弱。

在具体分析中，本书还控制了国家固定效应、创业企业国家 GDP、创业企业国家股票市场的发展，以控制创业公司国家的整体经济发展的影响。因此，上述工具不太可能反映宏观经济因素对风险投资所投资的任何单个企业创新能力的影响。

首先，表 4-12 汇报了国际风险投资是否参与（*FVCdummy*）影响企业创新的工具变量法检验结果。结果显示，外国所有权/投资限制程度（*Instrument*1）及资本控制程度（*Instrument*2）对国际风险投资参与（*FVC-dummy*）的系数大都显著为正。这说明，创业企业所在国家较低的外国所有权/投资限制程度及较宽松的资本控制程度，更有利于吸引国际风险投资机构的参与。同时，在考虑了这些不可观察的因素之后，国际风险投资机构的参与（*FVCdummy*）对企业创新产出具有显著的负向影响，与主效应回归结果保持一致。

表 4-12　国际风险投资是否参与影响企业创新的工具变量法检验结果

因变量	创新产出			创新效率		
	ln*AppNum*	ln*GraNum*	ln*Fcit*	ln*AppNumIE*3	ln*GraNumIE*3	ln*CitationIE*3
FVCdummy	-25.343*** (7.788)	-18.127*** (5.177)	-8.797*** (2.430)	-1.810 (2.076)	1.084 (1.473)	2.863 (1.780)
Controls	Yes	Yes	Yes	Yes	Yes	Yes
Year	Yes	Yes	Yes	Yes	Yes	Yes
Industry	Yes	Yes	Yes	Yes	Yes	Yes
Country	Yes	Yes	Yes	Yes	Yes	Yes
FVCdummy						
*Instrument*1	0.217*** (0.074)	0.258*** (0.078)	0.407*** (0.094)	0.216*** (0.094)	0.244** (0.099)	0.351*** (0.117)

续表

因变量	创新产出			创新效率		
	lnAppNum	lnGraNum	lnFcit	lnAppNumIE3	lnGraNumIE3	lnCitationIE3
Instrument2	0. 329*** (0. 069)	0. 348*** (0. 071)	0. 418*** (0. 079)	0. 112 (0. 080)	0. 130 (0. 825)	0. 197** (0. 093)
N	5416	5416	5416	4806	4806	4806
chi2	352. 515	431. 846	2063. 481	1316. 058	1418. 127	2037. 299
p	0. 000	0. 000	0. 000	0. 000	0. 000	0. 000
rho	0. 748	0. 713	0. 599	0. 689	0. 657	0. 552

注：**、***分别表示在5%、1%的水平上显著。

其次，表4-13汇报了国际风险投资参与程度影响企业创新的工具变量法内生性检验结果。其中，Panel A为国际风险投资是否领投（*FLeFirmDum2*）影响企业创新的工具变量法回归结果，Panel B为国际风险投资参与数量（*FFirmNo*）影响企业创新的工具变量法回归结果；同时，所有回归均加入了与表4-7相同的控制变量，并控制了年份、行业和国家固定效应。

由表4-13可知，外国所有权/投资限制程度（*Instrument1*）及资本控制程度（*Instrument2*）对国际风险投资领投（*FLeFirmDum2*）和国际风险投资参与数量（*FFirmNo*）的系数大都显著为正。这说明，创业企业所在国家较低的外国所有权/投资限制程度和较宽松的资本控制程度，均有利于提高国际风险投资机构的参与程度。同时，在考虑了这些不可观察的因素之后，国际风险投资领投（*FLeFirmDum2*）和国际风险投资参与数量（*FFirmNo*）对企业创新产出具有显著的负向影响，与主效应回归结果保持一致。

表4-13 国际风险投资参与程度影响企业创新的工具变量法内生性检验结果

因变量	创新产出			创新效率		
	lnAppNum	lnGraNum	lnFcit	lnAppNumIE3	lnGraNumIE3	lnCitationIE3
Panel A：国际风险投资是否领投影响企业创新的工具变量法检验结果						
FLeFirmDum2	−24. 845*** (7. 417)	−17. 708*** (4. 991)	−9. 039*** (2. 497)	−0. 706 (1. 095)	−0. 532 (0. 819)	2. 319 (2. 564)
FLeFirmDum2						
instrument1	0. 218*** (0. 072)	0. 256*** (0. 077)	0. 409*** (0. 094)	0. 131* (0. 076)	0. 152* (0. 081)	0. 243** (0. 100)

续表

因变量	创新产出			创新效率		
	lnAppNum	lnGraNum	lnFcit	lnAppNumIE3	lnGraNumIE3	lnCitationIE3
instrument2	0.371*** (0.067)	0.389*** (0.069)	0.461*** (0.077)	0.020 (0.048)	0.024 (0.048)	0.041 (0.050)
N	5202	5202	5202	4612	4612	4612
chi2	375.332	462.886	2005.939	634.700	926.452	2336.925
p	0.000	0.000	0.000	0.000	0.000	0.000
rho	0.756	0.721	0.597	0.810	0.784	0.678
Panel B：国际风险投资参与数量影响企业创新的工具变量法检验结果						
FFirmNo	-9.028*** (2.808)	-6.309*** (1.783)	-3.233*** (0.900)	-0.088 (0.301)	0.019 (0.228)	1.055* (0.631)
FFirmNo						
instrument1	0.620*** (0.209)	0.756*** (0.223)	1.113*** (0.257)	0.455** (0.231)	0.533** (0.244)	0.944*** (0.300)
instrument2	0.830*** (0.193)	0.898*** (0.200)	1.078*** (0.216)	0.501** (0.208)	0.551*** (0.214)	0.820*** (0.245)
N	5416	5416	5416	4806	4806	4806
chi2	365.370	469.395	2030.544	682.034	967.594	2055.809
p	0.000	0.000	0.000	0.000	0.000	0.000
rho	0.728	0.690	0.599	0.766	0.741	0.621

注：*、**、***分别表示在10%、5%、1%的水平上显著。

最后，表4-14汇报了国际风险投资投资强度影响企业创新的工具变量法内生性检验结果。其中，Panel A为国际风险投资参与数量占比（*FFirmNoPerc*）影响企业创新的工具变量法回归结果，Panel B为国际风险投资投资金额占比（*FFirmInvPerc2*）影响企业创新的工具变量法回归结果；同时，所有回归均加入了与表4-8相同的控制变量，并控制了年份、行业和国家固定效应。

由表4-14可知，外国所有权/投资限制程度（*Instrument1*）及资本控制程度（*Instrument2*）对国际风险投资参与数量占比（*FFirmNoPerc*）和投资金额占比（*FFirmInvPerc2*）的系数大都显著为正。这说明，创业企业所在国家较低的外国所有权/投资限制程度和较宽松的资本控制程度，更有利于提高国际风险投资机构的投资强度。同时，在考虑了这些不可观察的因素之后，国际风险投资参与数量占比（*FFirmNoPerc*）和国际风险投资投资金额占比

（*FFirmInvPerc*2）对企业创新产出具有显著的负向影响，与主效应回归结果保持一致。

表 4-14　国际风险投资投资强度影响企业创新的工具变量法内生性检验结果

因变量	创新产出			创新效率		
	ln*AppNum*	ln*GraNum*	ln*Fcit*	ln*AppNumIE*3	ln*GraNumIE*3	ln*CitationIE*3
Panel A：国际风险投资参与数量占比影响企业创新的工具变量法检验结果						
FFirmNoPerc	-27.185 *** (7.403)	-19.778 *** (5.100)	-10.287 *** (2.740)	-0.670 (1.009)	-1.497 (1.414)	3.883 (2.376)
FFirmNoPerc						
*instrument*1	0.199 *** (0.060)	0.233 *** (0.064)	0.342 *** (0.076)	0.155 ** (0.068)	0.172 ** (0.071)	0.262 *** (0.086)
*instrument*2	0.337 *** (0.056)	0.353 *** (0.058)	0.404 *** (0.063)	0.091 (0.060)	0.102 * (0.061)	0.159 ** (0.070)
N	5416	5416	5416	4806	4806	4806
*chi*2	461.074	544.120	2222.162	682.379	681.662	1999.525
p	0.000	0.000	0.000	0.000	0.000	0.000
rho	0.739	0.703	0.597	0.744	0.719	0.600
Panel B：国际风险投资投资金额占比影响企业创新的工具变量法检验结果						
*FFirmInvPerc*2	-40.059 *** (14.302)	-27.354 *** (8.651)	-14.072 *** (3.931)	-1.181 (1.323)	-1.578 (2.150)	-1.052 (3.018)
*FFirmInvPerc*2						
*instrument*1	0.137 ** (0.059)	0.184 *** (0.066)	0.329 *** (0.083)	0.135 ** (0.067)	0.178 ** (0.076)	0.187 ** (0.077)
*instrument*2	0.334 *** (0.057)	0.357 *** (0.060)	0.428 *** (0.068)	0.223 * (0.124)	0.289 ** (0.136)	0.304 ** (0.139)
N	4668	4668	4668	4183	4183	4183
*chi*2	205.166	271.559	1376.617	626.059	1182.655	2641.275
p	0.000	0.000	0.000	0.000	0.000	0.000
rho	0.829	0.783	0.651	0.802	0.746	0.734

注：*、**、***分别表示在 10%、5%、1%的水平上显著。

综上，以外国所有权/投资限制程度（*Instrument*1）和资本控制程度（*Instrument*2）作为国际风险投资的工具变量的内生性检验结果表明，较低的外国所有权/投资限制程度和较宽松的资本控制程度有利于提高国际风险投资机构对新兴国家企业的参与概率、参与程度和投资强度。同时，加入工具变量后，国际风险投资是否参与、参与程度和投资强度三方面的 5 个指标对企业创新仍产生了消极的影响，且该消极影响在创新产出阶段更为显著。这说明在考虑了不可观察因素可能造成的内生性问题后，本章的主效应回归结果依然成立。

四、国际风险投资影响企业创新的稳定性检验

（一）因变量替换

用经专利被引用数加权的专利申请数 ln*Pat*3 作为创新产出的替代变量，用 ln*AppNumIE*2、ln*GraNumIE*2 和 ln*CitationIE*2 作为创新效率的替代变量，进行因变量替换回归，表 4-15 汇报了该稳健性分析结果。其中，（1）为国际风险投资是否参与（*FVCdummy*）对企业创新的回归系数，（2）为国际风险投资是否领投（*FLeFirmDum*2）对企业创新的回归系数，（3）为国际风险投资参与数量（*FFirmNo*）对企业创新的回归系数，（4）为国际风险投资参与数量占比（*FFirmNoPerc*）对企业创新的回归系数，（5）为国际风险投资投资金额占比（*FFirmInvPerc*2）对企业创新的回归系数。同时，所有回归均加入了与主效应回归相同的控制变量，并控制了年份固定效应、行业固定效应和国家固定效应。

表 4-15　国际风险投资影响企业创新的稳定性检验结果 1

因变量	创新产出	创新效率		
	ln*Pat*3	ln*AppNumIE*2	ln*GraNumIE*2	ln*CitationIE*2
（1）*FVCdummy*	-0.410*** (0.049)	-0.229*** (0.034)	-0.185*** (0.028)	-0.211*** (0.037)
（2）*FLeFirmDum*2	-0.272*** (0.053)	-0.140*** (0.037)	-0.138*** (0.029)	-0.184*** (0.040)
（3）*FFirmNo*	-0.132*** (0.017)	-0.078*** (0.012)	-0.066*** (0.009)	-0.085*** (0.013)
（4）*FFirmNoPerc*	-0.601*** (0.061)	-0.313*** (0.043)	-0.249*** (0.035)	-0.339*** (0.047)
（5）*FFirmInvPerc*2	-0.432*** (0.064)	-0.144*** (0.045)	-0.160*** (0.036)	-0.193*** (0.049)
Controls	Yes	Yes	Yes	Yes
Year	Yes	Yes	Yes	Yes
Industry	Yes	Yes	Yes	Yes
Country	Yes	Yes	Yes	Yes
p	0.000	0.000	0.000	0.000

注：***表示在 1%的水平上显著。*Pat*3=*AppNum*+0.3×*Citations*。

由表 4-15 可知，国际风险投资是否参与、参与程度和投资强度三方面的 5 个指标对企业创新产出和创新效率的回归系数均在 1%的水平上显著为负，与主效应回归结果保持高度一致。这说明，经过因变量替换后，本章国际风险投资较本土风险投资培育较少企业创新的实证结果依然稳健。

（二）进一步加入控制变量

为保证结果的稳健性，进一步加入国家层面的控制变量：国家融资轮次（ln*CouRouN*），用创业企业首次接受风险投资机构投资时，所在国家已经发生过的投资轮次来衡量；国家创新指数（ln*GIIScore*），用创业企业所在国家的创新指数来衡量，该数据来自世界知识产权组织，表 4-16 汇报了该稳健性分析结果。其中，（1）为国际风险投资是否参与（*FVCdummy*）对企业创新的回归系数，（2）为国际风险投资是否领投（*FLeFirmDum2*）对企业创新的回归系数，（3）为国际风险投资参与数量（*FFirmNo*）对企业创新的回归系数，（4）为国际风险投资参与数量占比（*FFirmNoPerc*）对企业创新的回归系数，（5）为国际风险投资投资金额占比（*FFirmInvPerc2*）对企业创新的回归系数。同时，所有回归均加入了与主效应回归相同的控制变量，并控制了年份、行业和国家固定效应。

由表 4-16 可知，国际风险投资是否参与、参与程度和投资强度三方面的 5 个指标对企业创新产出和创新效率的回归系数在 1%的水平上显著为负①，与主效应回归结果保持高度一致。这说明，进一步加入国家层面控制变量后，本章国际风险投资较本土风险投资培育较少企业创新的实证结果依然稳健。

表 4-16　国际风险投资影响企业创新的稳定性检验结果 2

因变量	创新产出			创新效率		
	ln*AppNum*	ln*GraNum*	ln*Fcit*	ln*AppNumIE3*	ln*GraNumIE3*	ln*CitationIE3*
（1）*FVCdummy*	−0.381*** (0.052)	−0.335*** (0.048)	−0.358*** (0.056)	−0.157*** (0.028)	−0.115*** (0.021)	−0.164*** (0.029)
ln*CouRouN*	−0.049 (0.045)	0.027 (0.041)	−0.163*** (0.049)	0.129*** (0.023)	0.126*** (0.018)	0.065*** (0.025)
ln*GIIScore*	0.577 (0.811)	0.952 (0.746)	−5.202*** (0.880)	−2.096*** (0.473)	−1.793*** (0.365)	−4.846*** (0.503)

① 除了（5）中投资金额占比（*FFirmInvPerc2*）对企业创新的专利申请效率（ln*AppNumIE3*）在 5%的水平上显著外，其他国际风险投资指标对企业创新的系数均在 1%的水平上显著。

续表

因变量	创新产出			创新效率		
	ln*AppNum*	ln*GraNum*	ln*Fcit*	ln*AppNumIE3*	ln*GraNumIE3*	ln*CitationIE3*
(2) *FLeFirm-Dum2*	−0.252*** (0.056)	−0.295*** (0.052)	−0.258*** (0.061)	−0.103*** (0.030)	−0.091*** (0.023)	−0.138*** (0.032)
ln*CouRouN*	0.006 (0.046)	0.074* (0.042)	−0.101** (0.050)	0.148*** (0.024)	0.143*** (0.019)	0.086*** (0.026)
ln*GIIScore*	0.709 (0.823)	0.940 (0.757)	−5.129*** (0.893)	−2.129*** (0.481)	−1.798*** (0.371)	−4.791*** (0.514)
(3) *FFirmNo*	−0.154*** (0.018)	−0.141*** (0.017)	−0.140*** (0.020)	−0.061*** (0.010)	−0.044*** (0.007)	−0.069*** (0.010)
ln*CouRouN*	−0.082* (0.045)	−0.006 (0.042)	−0.191*** (0.049)	0.117*** (0.024)	0.118*** (0.018)	0.048* (0.025)
ln*GIIScore*	0.554 (0.809)	0.921 (0.745)	−5.215*** (0.879)	−2.096*** (0.473)	−1.791*** (0.365)	−4.853*** (0.502)
(4) *FFirm-NoPerc*	−0.575*** (0.066)	−0.519*** (0.060)	−0.551*** (0.071)	−0.213*** (0.035)	−0.152*** (0.027)	−0.238*** (0.037)
ln*CouRouN*	−0.057 (0.045)	0.018 (0.041)	−0.172*** (0.048)	0.129*** (0.023)	0.126*** (0.018)	0.062** (0.025)
ln*GIIScore*	0.425 (0.809)	0.809 (0.745)	−5.353*** (0.879)	−2.110*** (0.473)	−1.802*** (0.365)	−4.867*** (0.502)
(5) *FFirmInv-Perc2*	−0.393*** (0.069)	−0.404*** (0.063)	−0.418*** (0.075)	−0.092** (0.037)	−0.099*** (0.029)	−0.156*** (0.040)
ln*CouRouN*	−0.011 (0.049)	0.065 (0.045)	−0.132** (0.054)	0.152*** (0.026)	0.151*** (0.020)	0.088*** (0.028)
ln*GIIScore*	0.544 (0.927)	0.823 (0.849)	−5.846*** (1.012)	−1.888*** (0.543)	−1.868*** (0.421)	−5.108*** (0.583)
Controls	Yes	Yes	Yes	Yes	Yes	Yes
Year	Yes	Yes	Yes	Yes	Yes	Yes
Industry	Yes	Yes	Yes	Yes	Yes	Yes
Country	Yes	Yes	Yes	Yes	Yes	Yes
p	0.000	0.000	0.000	0.000	0.000	0.000

注：*、**、***分别表示在10%、5%、1%的水平上显著。

（三）改变样本范围

首先，鉴于波兰在2008年之前为新兴国家，因此，在主效应样本的基础上，加入波兰企业样本进行稳定性检验，表4-17汇报了该稳健性分析结果。其次，鉴于个别国家的风险投资支持企业数量较少，为了防止个别离群值国家对结果的影响，将主效应样本进一步控制在拥有大于等于5家风险投资支持的创业企业国家，表4-18汇报了该稳健性分析结果。其中，（1）为国际风险投资是否参与（*FVCdummy*）对企业创新的回归系数，（2）为国际风险投资是否领投（*FLeFirmDum2*）对企业创新的回归系数，（3）为国际风险投资参与数量（*FFirmNo*）对企业创新的回归系数，（4）为国际风险投资参与数量占比（*FFirmNoPerc*）对企业创新的回归系数，（5）为国际风险投资投资金额占比（*FFirmInvPerc2*）对企业创新的回归系数。同时，所有回归均加入了与主效应回归相同的控制变量，并控制了年份、行业和国家固定效应。

表4-17　国际风险投资影响企业创新的稳定性检验结果3-1

因变量	创新产出			创新效率		
	ln*AppNum*	ln*GraNum*	ln*Fcit*	ln*AppNumIE3*	ln*GraNumIE3*	ln*CitationIE3*
（1）*FVCdummy*	−0.383*** (0.046)	−0.354*** (0.042)	−0.313*** (0.052)	−0.212*** (0.027)	−0.151*** (0.021)	−0.192*** (0.030)
（2）*FLeFirmDum2*	−0.256*** (0.049)	−0.303*** (0.045)	−0.234*** (0.055)	−0.152*** (0.029)	−0.127*** (0.022)	−0.185*** (0.033)
（3）*FFirmNo*	−0.127*** (0.016)	−0.123*** (0.015)	−0.104*** (0.018)	−0.070*** (0.009)	−0.054*** (0.007)	−0.074*** (0.010)
（4）*FFirmNoPerc*	−0.565*** (0.057)	−0.522*** (0.052)	−0.492*** (0.064)	−0.288*** (0.034)	−0.202*** (0.026)	−0.297*** (0.038)
（5）*FFirmInvPerc2*	−0.415*** (0.060)	−0.441*** (0.055)	−0.367*** (0.068)	−0.145*** (0.035)	−0.135*** (0.027)	−0.186*** (0.040)
Controls	Yes	Yes	Yes	Yes	Yes	Yes
Year	Yes	Yes	Yes	Yes	Yes	Yes
Industry	Yes	Yes	Yes	Yes	Yes	Yes
Country	Yes	Yes	Yes	Yes	Yes	Yes
p	0.000	0.000	0.000	0.000	0.000	0.000

注：***表示在1%的水平上显著。

表 4-18　国际风险投资影响企业创新的稳定性检验结果 3-2

因变量	创新产出			创新效率		
	ln*AppNum*	ln*GraNum*	ln*Fcit*	ln*AppNumIE3*	ln*GraNumIE3*	ln*CitationIE3*
(1) *FVCdummy*	-0.383*** (0.046)	-0.354*** (0.042)	-0.312*** (0.052)	-0.212*** (0.027)	-0.151*** (0.021)	-0.191*** (0.030)
(2) *FLeFirm-Dum2*	-0.256*** (0.049)	-0.303*** (0.045)	-0.232*** (0.055)	-0.152*** (0.029)	-0.126*** (0.022)	-0.184*** (0.033)
(3) *FFirmNo*	-0.127*** (0.016)	-0.123*** (0.015)	-0.103*** (0.018)	-0.070*** (0.009)	-0.054*** (0.007)	-0.074*** (0.010)
(4) *FFirm-NoPerc*	-0.565*** (0.057)	-0.522*** (0.052)	-0.490*** (0.064)	-0.288*** (0.034)	-0.202*** (0.026)	-0.297*** (0.038)
(5) *FFirmInv-Perc2*	-0.415*** (0.060)	-0.441*** (0.055)	-0.366*** (0.068)	-0.145*** (0.035)	-0.135*** (0.027)	-0.186*** (0.040)
Controls	Yes	Yes	Yes	Yes	Yes	Yes
Year	Yes	Yes	Yes	Yes	Yes	Yes
Industry	Yes	Yes	Yes	Yes	Yes	Yes
Country	Yes	Yes	Yes	Yes	Yes	Yes
p	0.000	0.000	0.000	0.000	0.000	0.000

注：***表示在1%的水平上显著。

由表 4-17 和表 4-18 可知，在改变样本范围后，国际风险投资是否参与、参与程度和投资强度三方面的 5 个指标对企业创新产出和创新效率的回归系数均在 1%的水平上显著为负，与主效应回归结果保持高度一致。这说明，在加入波兰企业样本，或者剔除可能存在的离群值国家企业样本后，本章国际风险投资较本土风险投资培育较少企业创新的实证结果依然稳健。

（四）将样本控制在上市时年龄小于等于 10 的企业中

一般来说，年轻的企业对风险投资的需求更强烈，借鉴 Park 和 Lipuma（2020）、Fernhaber 和 Li（2013）的做法，将风险投资支持企业样本限制在上市时公司年龄小于等于 10 的样本企业内，以检验对于该类创业企业，国际风险投资支持的企业是否依旧较本土风险投资支持的企业具有较少的创新产出和较低的创新效率，表 4-19 汇报了该稳健性分析结果。其中，（1）为国际风险投资是否参与（*FVCdummy*）对企业创新的回归系数，（2）为国际风险投资是否领投（*FLeFirmDum2*）对企业创新的回归系数，（3）为国际风险投资参与数量（*FFirmNo*）对企业创新的回归系数，（4）为国际风险投资参与数量占比（*FFirmNoPerc*）对企业创新的回归系数，（5）为国际风险投资投资金额占比（*FFirmInvPerc2*）对企业创新的回归系数。同时，所有回归均加入了与主效应回归相同的控制变量，并控制了年份、行业和国家固定效应。

表 4-19 国际风险投资影响企业创新的稳定性检验结果 4

因变量	创新产出			创新效率		
	ln*AppNum*	ln*GraNum*	ln*Fcit*	ln*AppNumIE3*	ln*GraNumIE3*	ln*CitationIE3*
（1）*FVCdummy*	-0.428*** (0.075)	-0.403*** (0.069)	-0.449*** (0.086)	-0.294*** (0.040)	-0.225*** (0.031)	-0.322*** (0.047)
（2）*FLeFirm-Dum2*	-0.269*** (0.079)	-0.315*** (0.072)	-0.297*** (0.090)	-0.284*** (0.042)	-0.240*** (0.033)	-0.348*** (0.049)
（3）*FFirmNo*	-0.127*** (0.023)	-0.107*** (0.021)	-0.118*** (0.027)	-0.084*** (0.012)	-0.061*** (0.010)	-0.097*** (0.014)
（4）*FFirm-NoPerc*	-0.606*** (0.092)	-0.566*** (0.085)	-0.655*** (0.105)	-0.408*** (0.048)	-0.296*** (0.038)	-0.480*** (0.057)
（5）*FFirmInv-Perc2*	-0.377*** (0.099)	-0.404*** (0.090)	-0.419*** (0.114)	-0.355*** (0.053)	-0.294*** (0.042)	-0.440*** (0.062)
Controls	Yes	Yes	Yes	Yes	Yes	Yes
Year	Yes	Yes	Yes	Yes	Yes	Yes
Industry	Yes	Yes	Yes	Yes	Yes	Yes
Country	Yes	Yes	Yes	Yes	Yes	Yes
p	0.000	0.000	0.000	0.000	0.000	0.000

注：***表示在 1%的水平上显著。

由表 4-19 可知，国际风险投资是否参与、参与程度和投资强度三方面的 5 个指标对企业创新产出和创新效率的回归系数均在 1%的水平上显著为负，与主效应回归结果保持高度一致。这说明，将样本控制在上市时年龄小于等于 10 的企业中后，本章国际风险投资较本土风险投资培育较少企业创新的实证结果依然稳健。

（五）剔除 2018 年及之后研究样本

基于专利申请—公告—授权等具有一定的时间间隔，考虑到专利从申请到授权再到被引用过程中可能存在的滞后性，为避免采用近几年专利数据可能导致的“截断问题”（陈思等，2017；Wadhwa et al.，2016），本章选择剔除 2018 年及之后的样本观测值，进行稳定性检验，表 4-20 汇报了该稳健性分析结果。其中，（1）为国际风险投资是否参与（*FVCdummy*）对企业创新的回归系数，（2）为国际风险投资是否领投（*FLeFirmDum2*）对企业创新的回归系数，(3) 为国际风险投资参与数量（*FFirmNo*）对企业创新的回归系数，(4) 为国际风险投资参与数量占比（*FFirmNoPerc*）对企业创新的回归系数，(5) 为国际风险投资投资金额占比（*FFirmInvPerc2*）对企业创新的回归系数。同时，所有回归均加入了与主效应回归相同的控制变量，并控制了年份、行业和国家固定效应。

表 4-20 国际风险投资影响企业创新的稳定性检验结果 5

因变量	创新产出			创新效率		
	ln*AppNum*	ln*GraNum*	ln*Fcit*	ln*AppNumIE3*	ln*GraNumIE3*	ln*CitationIE3*
(1) *FVCdummy*	-0.390*** (0.050)	-0.370*** (0.045)	-0.376*** (0.057)	-0.239*** (0.030)	-0.172*** (0.023)	-0.231*** (0.035)
(2) *FLeFirm-Dum2*	-0.276*** (0.053)	-0.315*** (0.048)	-0.288*** (0.060)	-0.174*** (0.032)	-0.141*** (0.024)	-0.216*** (0.037)
(3) *FFirmNo*	-0.131*** (0.017)	-0.126*** (0.016)	-0.124*** (0.020)	-0.077*** (0.010)	-0.060*** (0.008)	-0.086*** (0.012)
(4) *FFirm-NoPerc*	-0.585*** (0.061)	-0.550*** (0.055)	-0.580*** (0.070)	-0.321*** (0.037)	-0.228*** (0.029)	-0.350*** (0.044)
(5) *FFirmInv-Perc2*	-0.444*** (0.064)	-0.470*** (0.058)	-0.446*** (0.074)	-0.167*** (0.039)	-0.152*** (0.030)	-0.222*** (0.046)
Controls	Yes	Yes	Yes	Yes	Yes	Yes
Year	Yes	Yes	Yes	Yes	Yes	Yes
Industry	Yes	Yes	Yes	Yes	Yes	Yes
Country	Yes	Yes	Yes	Yes	Yes	Yes
p	0.000	0.000	0.000	0.000	0.000	0.000

注：***表示在1%的水平上显著。

由表 4-20 可知，国际风险投资是否参与、参与程度和投资强度三方面的 5 个指标对企业创新产出和创新效率的回归系数均在 1%的水平上显著为负，与主效应回归结果保持高度一致。这说明，在考虑了专利滞后性可能导致的数据“截断问题”后，本章国际风险投资较本土风险投资培育较少企业创新的实证结果依然稳健。

（六）剔除国际事件的影响

考虑到国际事件可能对国际风险投资机构跨国投资和企业创新造成的影响，本章同时剔除国际事件（1998—2000 年互联网泡沫和 2007—2009 年全球金融危机）期间的研究样本，并重新进行稳定性检验，表 4-21 汇报了该稳健性分析结果。其中，（1）为国际风险投资是否参与（*FVCdummy*）对企业创新的回归系数，（2）为国际风险投资是否领投（*FLeFirmDum2*）对企业创新的回归系数，（3）为国际风险投资参与数量（*FFirmNo*）对企业创新的回归系数，（4）为国际风险投资参与数量占比（*FFirmNoPerc*）对企业创新的回归系数，（5）为国际风险投资投资金额占比（*FFirmInvPerc2*）对企业创新的回归系数。同时，所有回归均加入了与主效应回归相同的控制变量，并控制了年份、行业和国家固定效应。

由表 4-21 可知，国际风险投资是否参与、参与程度和投资强度三方面的 5 个指标对企业创新产出和创新效率的回归系数均在 1%的水平上显著为负，与主效应回归结果保持高度一致。这说明，在考虑了国际事件的可能影响后，本章国际风险投资较本土风险投资培育较少企业创新的实证结果依然稳健。

表 4-21　国际风险投资影响企业创新的稳定性检验结果 6

因变量	创新产出			创新效率		
	ln*AppNum*	ln*GraNum*	ln*Fcit*	ln*AppNumIE3*	ln*GraNumIE3*	ln*CitationIE3*
（1）*FVCdummy*	−0.369*** (0.049)	−0.340*** (0.044)	−0.304*** (0.054)	−0.198*** (0.027)	−0.145*** (0.021)	−0.187*** (0.030)
（2）*FLeFirmDum2*	−0.248*** (0.052)	−0.299*** (0.048)	−0.214*** (0.058)	−0.140*** (0.030)	−0.121*** (0.023)	−0.165*** (0.033)
（3）*FFirmNo*	−0.130*** (0.017)	−0.127*** (0.015)	−0.104*** (0.019)	−0.069*** (0.009)	−0.054*** (0.007)	−0.072*** (0.010)
（4）*FFirmNoPerc*	−0.542*** (0.061)	−0.507*** (0.056)	−0.464*** (0.067)	−0.260*** (0.034)	−0.191*** (0.026)	−0.270*** (0.038)
（5）*FFirmInvPerc2*	−0.394*** (0.064)	−0.423*** (0.058)	−0.345*** (0.071)	−0.135*** (0.036)	−0.132*** (0.028)	−0.172*** (0.040)
Controls	Yes	Yes	Yes	Yes	Yes	Yes
Year	Yes	Yes	Yes	Yes	Yes	Yes
Industry	Yes	Yes	Yes	Yes	Yes	Yes
Country	Yes	Yes	Yes	Yes	Yes	Yes
p	0.000	0.000	0.000	0.000	0.000	0.000

注：***表示在 1%的水平上显著。

第四节　进一步分析

一、国际风险投资是否与本土风险投资联合投资

表 4-22 汇报了国际风险投资机构是否与本土风险投资机构联合投资（*FLSydicate*）对国际风险投资领投与企业创新关系的调节作用。结果显示，联合投资（*FLSydicate*）与国际风险投资领投（*FLeFirmDum2*）的交互项（*LeFvcFLSyd*）对企业创新产出和创新效率的系数均显著为正，即与本土风险投资机构的联合投资能够有效缓解国际风险投资对企业创新的不利影响。

上述结果说明，与本土风险投资的联合投资能够降低国际风险投资的增值监督成本，提高其增值收益；同时，在本土风险投资机构的监督下，其攫取动机和能力有所降低，进而从总体上缓解了国际风险投资对企业创新产出和创新效率的不利影响。综上，H4-2 得到验证。

表 4-22　与本土风险投资联合对国际风险投资影响企业创新的调节作用结果

因变量	创新产出			创新效率		
	ln*AppNum*	ln*GraNum*	ln*Fcit*	ln*AppNumIE*3	ln*GraNumIE*3	ln*CitationIE*3
FLeFirmDum2	-0.483*** (0.059)	-0.507*** (0.054)	-0.465*** (0.066)	-0.187*** (0.035)	-0.149*** (0.027)	-0.215*** (0.040)
FLSydicate	-0.401*** (0.085)	-0.292*** (0.078)	-0.311*** (0.095)	-0.190*** (0.049)	-0.138*** (0.037)	-0.150*** (0.055)
LeFvcFLSyd	0.816*** (0.112)	0.691*** (0.102)	0.774*** (0.125)	0.207*** (0.065)	0.144*** (0.049)	0.171** (0.074)
Controls	Yes	Yes	Yes	Yes	Yes	Yes
Year	Yes	Yes	Yes	Yes	Yes	Yes
Industry	Yes	Yes	Yes	Yes	Yes	Yes
Country	Yes	Yes	Yes	Yes	Yes	Yes
_cons	-50.350*** (5.912)	-45.148*** (5.382)	-31.131*** (6.589)	-13.821*** (3.949)	-8.108*** (2.999)	-4.116 (4.486)
N	5202	5202	5202	4612	4612	4612
F	51.417	50.574	42.466	11.732	16.334	19.976

续表

因变量	创新产出			创新效率		
	ln*AppNum*	ln*GraNum*	ln*Fcit*	ln*AppNumIE*3	ln*GraNumIE*3	ln*CitationIE*3
R^2	0.497	0.493	0.449	0.182	0.237	0.275
log *lik.*	-8.8e+03	-8.3e+03	-9.4e+03	-4.9e+03	-3.6e+03	-5.5e+03

注：**、***分别表示在5%、1%的水平上显著。

二、国际风险投资经验

表4-23汇报了风险投资经验（ln*LeVCexp*）对国际风险投资领投与企业创新关系的调节作用。结果显示，风险投资经验与国际风险投资领投的交互项（*LeFVCexp*）对创新产出的系数显著为负，但对创新效率的系数则不显著，即较丰富的新兴国家上市经验加重了国际风险投资对企业创新的不利影响，且在企业创新产出阶段表现得更加显著。

表4-23　风险投资经验对国际风险投资影响企业创新的调节作用结果

因变量	创新产出			创新效率		
	ln*AppNum*	ln*GraNum*	ln*Fcit*	ln*AppNumIE*3	ln*GraNumIE*3	ln*CitationIE*3
*FLeFirmDum*2	-0.177** (0.076)	-0.244*** (0.070)	-0.127 (0.085)	-0.124*** (0.044)	-0.100*** (0.034)	-0.145*** (0.050)
ln*LeVCexp*	-0.037** (0.017)	-0.034** (0.016)	-0.044** (0.019)	0.014 (0.010)	0.010 (0.007)	0.005 (0.011)
LeFVCexp	-0.085** (0.041)	-0.085** (0.038)	-0.111** (0.046)	-0.034 (0.024)	-0.027 (0.018)	-0.039 (0.027)
Controls	Yes	Yes	Yes	Yes	Yes	Yes
Year	Yes	Yes	Yes	Yes	Yes	Yes
Industry	Yes	Yes	Yes	Yes	Yes	Yes
Country	Yes	Yes	Yes	Yes	Yes	Yes
_cons	-51.446*** (6.342)	-46.302*** (5.788)	-33.926*** (7.054)	-12.016*** (4.307)	-8.243** (3.313)	-6.451 (4.884)
N	4712	4712	4712	4194	4194	4194
F	47.184	46.369	38.224	10.565	14.639	17.635
R^2	0.493	0.488	0.440	0.179	0.232	0.267
log *lik.*	-8.0e+03	-7.5e+03	-8.5e+03	-4.5e+03	-3.4e+03	-5.0e+03

注：**、***分别表示在5%、1%的水平上显著。

上述结果说明，在国际风险投资对企业创新的影响主要表现为攫取效应的前提下，国际风险投资机构能够依靠其丰富的新兴国家上市经验在创业企业投资过程中处于强势地位，表现出更大的攫取动机和攫取能力，比如将资源更多地用于公司治理结构完善和企业经营活动盈利上，而非着力于提高有利于企业长期发展的创新能力上，进而不利于企业创新。综上，H4-3b 基本得到验证。

三、国际风险投资声誉

表 4-24 汇报了风险投资声誉（ln*LeFirmSi2*）对国际风险投资领投与企业创新关系的调节作用。结果显示，风险投资声誉（ln*LeFirmSi2*）与国际风险投资领投（*FLeFirmDum2*）的交互项（*leFVCrep*）对企业创新的系数均显著为正（虽然 *leFVCrep* 对 ln*GraNumIE3* 的系数不显著，但仍为正），即较高的风险投资声誉能够有效缓解国际风险投资对企业创新的不利影响。

上述结果说明，较高的声誉能够抑制国际风险投资对企业创新的攫取动机和降低其攫取收益，从而减少其短期主义行为的负面影响；同时，为了维持自身的较高声誉，国际风险投资机构会将自身更多的资源用于促进有利于企业长远发展的创新活动上，进而提高企业创新产出和创新效率。综上，H4-4 得到验证。

表 4-24　风险投资声誉对国际风险投资影响企业创新的调节作用结果

因变量	创新产出			创新效率		
	ln*AppNum*	ln*GraNum*	ln*Fcit*	ln*AppNumIE3*	ln*GraNumIE3*	ln*CitationIE3*
FLeFirmDum2	-1.060*** (0.375)	-0.857** (0.341)	-1.141*** (0.416)	-0.566** (0.228)	-0.300* (0.173)	-1.017*** (0.257)
ln*LeFirmSi2*	-0.032*** (0.010)	-0.031*** (0.009)	-0.037*** (0.011)	-0.005 (0.005)	-0.005 (0.004)	-0.007 (0.006)
leFVCrep	0.040** (0.018)	0.028* (0.016)	0.046** (0.020)	0.019* (0.011)	0.008 (0.008)	0.040*** (0.012)
Controls	Yes	Yes	Yes	Yes	Yes	Yes
Year	Yes	Yes	Yes	Yes	Yes	Yes
Industry	Yes	Yes	Yes	Yes	Yes	Yes
Country	Yes	Yes	Yes	Yes	Yes	Yes

续表

因变量	创新产出			创新效率		
	lnAppNum	lnGraNum	lnFcit	lnAppNumIE3	lnGraNumIE3	lnCitationIE3
_cons	-52.057*** (6.004)	-46.416*** (5.473)	-32.748*** (6.665)	-14.240*** (4.019)	-8.180*** (3.055)	-6.007 (4.533)
N	5070	5070	5070	4495	4495	4495
F	49.090	48.237	40.868	11.354	15.985	19.382
R^2	0.492	0.487	0.446	0.181	0.238	0.274
log lik.	-8.6e+03	-8.1e+03	-9.1e+03	-4.8e+03	-3.6e+03	-5.3e+03

注：*、**、***分别表示在10%、5%、1%的水平上显著。

四、国际风险投资期限

表4-25汇报了风险投资期限（*LeVC2dur*）对国际风险投资领投与企业创新关系的调节作用。结果显示，风险投资期限（*LeVC2dur*）与国际风险投资领投（*FLeFirmDum2*）的交互项（*LeFvcDur*）对企业创新的系数均在1%的水平上显著为正，即较长的风险投资期限能够缓解领投国际风险投资对企业创新的不利影响。

上述结果说明，国际风险投资机构的投资期限越长，表示对企业的发展前景越看重，越会将自身资源和经验更多地用于促进企业发展和创新；同时，较长的投资期限能有效抑制国际风险投资机构对企业的攫取动机和行为。因此，具有较长风险投资期限的国际风险投资机构，具有更大的动机和能力为企业发展提供更多的增值服务，进而对企业创新发挥更大的促进作用。综上，H4-5得到验证。

表4-25　风险投资期限对国际风险投资影响企业创新的调节作用结果

因变量	创新产出			创新效率		
	lnAppNum	lnGraNum	lnFcit	lnAppNumIE3	lnGraNumIE3	lnCitationIE3
FLeFirmDum2	-0.593*** (0.084)	-0.618*** (0.078)	-0.546*** (0.094)	-0.290*** (0.047)	-0.238*** (0.037)	-0.335*** (0.054)
LeVC2dur	0.027** (0.013)	0.013 (0.012)	0.041*** (0.014)	0.006 (0.007)	-0.004 (0.005)	0.017** (0.008)
LeFvcDur	0.102*** (0.022)	0.111*** (0.020)	0.105*** (0.025)	0.048*** (0.013)	0.041*** (0.010)	0.059*** (0.015)

续表

因变量	创新产出			创新效率		
	lnAppNum	lnGraNum	lnFcit	lnAppNumIE3	lnGraNumIE3	lnCitationIE3
Controls	Yes	Yes	Yes	Yes	Yes	Yes
Year	Yes	Yes	Yes	Yes	Yes	Yes
Industry	Yes	Yes	Yes	Yes	Yes	Yes
Country	Yes	Yes	Yes	Yes	Yes	Yes
_cons	-63.356*** (9.141)	-52.199*** (8.402)	-45.607*** (10.222)	-30.472*** (6.121)	-18.470*** (4.865)	-19.913*** (6.983)
N	3826	3826	3826	3532	3532	3532
F	39.702	39.275	35.071	12.061	14.797	19.867
R^2	0.486	0.483	0.455	0.223	0.260	0.321
log *lik.*	-6.4e+03	-6.0e+03	-6.8e+03	-3.5e+03	-2.7e+03	-4.0e+03

注：**、***分别表示在5%、1%的水平上显著。

五、国际风险投资进入时机

表4-26汇报了风险投资进入时机（*LeVCInvStage*）对国际风险投资领投与企业创新关系的调节作用。结果显示，风险投资进入时机（*LeVCInvStage*）与国际风险投资领投（*FLeFirmDum2*）的交互项（*LeFvcStage*）对企业创新产出和创新效率的系数均在1%的水平上显著为负，即在创业企业后期进入的国际风险投资对企业创新的不利影响更大。

上述结果说明，国际风险投资的进入时期越早，越有利于企业创新。这是因为，一方面，早期的进入代表了国际风险投资对创业企业未来发展前景的长期看好，此时，国际风险投资机构具有更大的增值动机，并能获取更大的增值收益；另一方面，早期进入也能够有效抑制国际风险投资的短期主义行为，降低其攫取动机，进而促进企业创新。综上，H4-6得到验证。

表4-26　风险投资进入时机对国际风险投资影响企业创新的调节作用结果

因变量	创新产出			创新效率		
	lnAppNum	lnGraNum	lnFcit	lnAppNumIE3	lnGraNumIE3	lnCitationIE3
FLeFirmDum2	0.329 (0.223)	0.374* (0.204)	0.524** (0.249)	0.213* (0.125)	0.141 (0.098)	0.239* (0.143)

续表

因变量	创新产出			创新效率		
	lnAppNum	lnGraNum	lnFcit	lnAppNumIE3	lnGraNumIE3	lnCitationIE3
LeVCInvStage	-0.109*** (0.035)	-0.079** (0.032)	-0.170*** (0.039)	0.011 (0.020)	0.033** (0.015)	-0.019 (0.022)
LeFvcStage	-0.205*** (0.069)	-0.217*** (0.063)	-0.252*** (0.077)	-0.124*** (0.039)	-0.086*** (0.030)	-0.145*** (0.044)
Controls	Yes	Yes	Yes	Yes	Yes	Yes
Year	Yes	Yes	Yes	Yes	Yes	Yes
Industry	Yes	Yes	Yes	Yes	Yes	Yes
Country	Yes	Yes	Yes	Yes	Yes	Yes
_cons	-63.151*** (7.980)	-57.253*** (7.294)	-43.474*** (8.903)	-20.214*** (5.012)	-11.685*** (3.900)	-9.026 (5.709)
N	4047	4047	4047	3679	3679	3679
F	40.565	39.847	34.998	10.637	13.930	18.534
R^2	0.488	0.484	0.452	0.195	0.241	0.297
log *lik.*	-6.8e+03	-6.4e+03	-7.3e+03	-3.8e+03	-2.9e+03	-4.3e+03

注：*、**、***分别表示在10%、5%、1%的水平上显著。

第五节　小结

本章从是否参与、参与程度及投资强度三个方面构造了5个国际风险投资的度量指标，并基于企业的研发投入、专利申请数量、专利授权数量和专利被引数量数据，从创新产出和创新效率两个维度构造的6个创新指标对企业创新水平进行衡量。在此基础上，实证研究了国际风险投资对企业创新的影响以及国际风险投资影响的异质性，主要得出了以下结论：

首先，从整体上看，对于新兴国家创业企业而言，与本土风险投资机构相比，国际风险投资机构对企业创新的攫取效应大于增值效应，表现为国际风险投资支持的企业具有较少的创新产出和较低的创新效率。且这一结论在Heckman两阶段法和工具变量法的内生性分析，以及因变量替换、进一步加入控制变量、改变样本范围、剔除专利滞后性影响、剔除国际事件影响等一系列稳定性检验后，依然成立。这说明与本土风险投资机构相比，国际风险投资机构对企业创新的影响主要表现为攫取效应，而非增值效应。即虽然国际风险投资机构与本土风险投资机构相比，具有成立时间长、投资经验丰富和专业化程度更高等优势，能够通过为企业提供更好的国际资源、监督治理和认证服务等发挥增值效应，但是也面临由于跨国投资所带来的明显的外来者劣势，使得上述增值效应并不能得到有效发挥；同时，基于道德风险和逐名动机的普遍存在，国际风险投资机构为实现退出时的自身利益最大化会更加短视，且能够凭借其自身优势在与创业企业的谈判过程中占据强势地位，具有更大的攫取动机和攫取能力，从而不利于企业创新的培育。

其次，基于国际风险投资影响的进一步分析发现：

（1）国际风险投资机构与本土风险投资机构的联合投资有利于缓解国际风险投资对企业创新的不利影响。这说明与本土风险投资机构的联合投资，不仅能帮助国际风险投资机构缓解外来者劣势，降低增值行为成本和提高增值效应收益，还能通过引入监督机制降低国际风险投资机构的攫取收益，并抑制其攫取动机，进而促进企业创新。

（2）较丰富的新兴国家企业 IPO 经验加重了国际风险投资对企业创新的不利影响。这说明国际风险投资机构能够凭借其丰富的新兴国家上市经验在创业企业投资过程中处于强势地位，获取更大的攫取能力，进而对企业创新表现出更大的攫取效应。

（3）较高的风险投资声誉有利于缓解国际风险投资对企业创新的不利影响。这说明具有较高声誉的国际风险投资机构，为了维护和提高自身声誉，会更倾向于抑制其攫取动机，并努力为企业提供更多的增值服务，进而对企业创新产生积极影响。

（4）较长的风险投资期限能够有效缓解国际风险投资对企业创新的不利影响。这说明国际风险投资机构对创业企业的投资期限越长，其增值动机越强，攫取动机相应减弱，且增值效应越能得到有效发挥，进而对企业创新产生积极影响。

（5）风险投资在企业发展的越早阶段进入，越有利于缓解国际风险投资对企业创新的不利影响。这说明国际风险投资机构的进入时期越早，越关注企业的长期发展，对创新失败的风险容忍度越高，具有更强的增值动机和更好的增值效果，从而更有利于企业创新的培育。

第五章

国际风险投资影响企业创新的机制研究

——基于国家距离视角

由第四章的研究结论可知，与本土风险投资相比，国际风险投资培育较少的企业创新。这说明，在新兴国家，与本土风险投资相比，国际风险投资对企业创新主要发挥增值效应的结论不成立。一个可能的解释是国际风险投资对企业创新的增值效应并没有得到有效发挥，从而表现出更少的创新产出和较低的创新效率。

在国际风险投资增值效应发挥的影响因素研究文献中，学者们基于国家距离视角的不同维度进行了广泛分析。首先，从单一维度看，Que 和 Zhang（2020）基于地理距离维度，以中国国内上市企业为样本，研究指出，较远的地理距离是国际风险投资机构对企业创新培育能力较本土风险投资机构低的可能原因。Moore 等（2015）基于文化距离维度，以欧洲国家间的风险资本流动为研究对象，发现文化距离会影响国际风险投资机构的投资决策和投资绩效，如国际风险投资机构在较远文化距离国家投资的可能性较低，且较远的文化距离与公司绩效显著负相关等。Cumming 等（2010）基于法律距离维度，利用风险资本在北美、南美、欧洲和亚洲 39 个国家的投资数据，研究发现，国家间的法律体系或法律来源差异对国际风险投资绩效有显著影响。Liu 等（2019）基于制度距离维度，以在美国上市的外国公司为样本研究发现，较远的制度距离对 IPO 绩效产生负面影响。其次，从综合维度看，Li 等（2014）从地理、文化和制度维度对国家距离进行衡量的研究发现，在控制地理距离的基础上，较远的文化距离和制度距离将降低风险投资机构开展投资活动的有效性，并在成功退出方面对投资业绩有负面影响。Tykvova 等（2014）基于地理距离和制度距离维度的研究发现，风险资本家在投资于地理位置偏远或制度与母国有很大差别的国家时，会面临额外的风险和成本。Dai 等（2012）以亚洲风险投资市场为研究对象，发现亚洲市场中的国际风险投资与创业企业间较远的地理距离和文化距离会增加其在信息收集和监督方面的成本和难度，进而影响其投资绩效。

由此可知，目前学术界主要从地理距离、文化距离、法律距离和制度距离的维度对国家距离进行衡量，且普遍认为较远的国家距离对企业绩效会有消极影响。然而上述研究大都基于国家距离的一个到三个维度进行研究，且基于新兴国家企业样本和针对企业创新视角的研究较少。基于此，本章以新兴国家企业为研究样本，基于国家距离视角，从地理距离、文化距离、法律距离和制度距离四个维度出发，试图将国家距离的不同但互补的观点尽可能完整地纳入本章的理论研究框架，以使本章能够更充分地说明国际风险投资与新兴国家创业企业间的国家距离对企业创新的影响。此外，本章还基于风险投资层面，进一步探究了风险投资特征的异质性对国家距离与企业创新关系的影响；并从创业企业国家禀赋层面，提出了缓解国家距离不利影响，进而促进企业创新的可能政策机制。

综上，本章主要研究以下问题：

（1）国际风险投资与创业企业间较远的国家距离不利于企业创新吗？

（2）基于风险投资的微观层面特征，不同的风险投资特征会影响国家距离与企业创新的关系吗？

（3）基于创业企业的宏观国家禀赋特征，新兴国家可以采取哪些措施缓解国家距离对企业创新的不利影响？

第一节　理论分析与假设提出

一、地理距离与企业创新

关于地理距离，基于临近假说，本书认为较远的地理距离增加了国际风险投资机构对创业企业投资前的信息收集成本和投资后的监督成本，不利于增值效应的发挥，从而不利于企业创新。具体体现在以下两个方面：

一方面，较远的地理距离，增加了国际风险投资机构的投前信息收集成本（Sorenson & Stuart，2008），提高了国际风险投资机构与创业企业之间的信息不对称程度（Que & Zhang，2020），不利于企业创新。这是因为，较远的地理距离增加了国际风险投资机构实地调研及其与创业企业面对面交流等活动的成本（龙玉等，2017），而这种更强烈的、潜在的、不太正式的沟通方式正是风险投资机构获取当地公司和当地市场条件“软信息”（Dai et al.，2012），缓解投资决策中的信息不对称及其带来的高风险的重要途径（Shane & Cable，2002；

Huang & Kang，2017）。因此，较远的地理距离会使国际风险投资机构的交易筛选、尽职调查、交易谈判和契约谈判等变得更难和更昂贵（Lutz et al.，2013），从而增加其对创业企业项目的评估难度（Makela & Maula，2006）。此外，还有学者研究指出，国际风险投资机构为了克服这一信息劣势，更倾向于在创业企业后期或稍后轮次投资进入（Li，2008；Schertler & Tykvova，2011；Dai et al.，2012），这将不利于国际风险投资对企业创新增值效应的发挥（成力为和邹双，2020；苟燕楠和董静，2013）。

另一方面，较远的地理距离，增加了国际风险投资机构的投后监督成本（Makela & Maula，2006；Sorenson & Stuart，2008），降低了其对企业创新提供监督和增值服务的动机和能力（Tian，2012；Dai et al.，2012）。这是因为，较远的地理距离增加了风险投资机构与企业间的通信和交通成本，抑制了其进行积极企业监督的动机（Huang & Kang，2017），并降低了组织间知识转让的有效性（Gilbert et al.，2008）。另外，国际风险投资与创业企业间较大地理距离的存在，会使其通过介入董事会（张学勇和廖理，2011；钟昀珈和何小锋，2018）、监督企业高管团队工作（Que & Zhang，2020；王姝勋和董艳，2020）或者参与企业经营管理与公司治理（Tan et al.，2008；陈工孟等，2011）等方式的监管能力和效果降低，从而不利于企业创新（Que & Zhang，2020）。此外，Bernstein 等（2016）基于国际航线开通的准自然实验研究发现，航线的开通减少了旅行时间，降低了国际风险投资机构与创业企业间由于较远地理距离所引起的监督成本，提高了风险投资机构增值活动的能力，进而显著提高了企业的创新水平。

综上，本书认为，较远的地理距离增加了国际风险投资机构的增值成本，不利于其对企业创新增值效应的发挥，从而对企业创新产生负面影响。基于此，本章提出如下假设：

H5-1a：国际风险投资与创业企业所在国家间的地理距离与企业创新负相关。

二、文化距离与企业创新

已有研究表明，文化距离体现了国家在认知模式和价值观方面的差异（Li et al.，2014）；同时，不同国家间民族文化的差异是显著的，并会影响人们的行为和互动方式（Reus & Lamont，2009）。在风险投资国际化的背景下，本书认为文化距离会负向影响企业创新，主要体现在以下三个方面：

第一，文化距离会造成沟通问题，阻碍信息共享，这是成功的风险投资与企业关系的基本要素（Amit et al.，1998；Dai et al.，2012）。国外学者 Thomas（2001）研究指出，不同文化背景下的交流方式（如集体主义社会中的隐性交流 vs 个人主义社会中的显性交流）、交流模式（如高权力距离文化中的等级交流 vs 低权利距离文化中的平等交流）和注意模式的根本差异可能阻碍风险投资机构和创业企业间沟通的有效性。同时，通过文化携带的价值观、信念和认知模式往往更默契，更不易改变，且在很多情况下，国际风险投资机构无法提供足够的机会通过深度学习以弥补文化差距（Li et al.，2014）。

第二，文化距离表明国际风险投资机构和创业企业间价值观和信仰的差异，这种差异可能会增加国际风险投资机构的交易成本，降低其开展主要活动的效力。主要体现为：

（1）在选择交易时，来自美国或英国等个人主义社会文化的风险投资机构更多地以市场来确定交易（Hofstede，2001；Steensma et al.，2000），而集体主义社会的风险投资机构倾向于更多地依赖于“群体内”的个人关系来确定交易。且已有研究表明，当个人主义文化国家的国际风险投资机构对集体主义文化国家的创业企业进行投资时，可能会因为缺乏当地的社会网络而选择次优交易（Bruton et al.，2005）。

（2）在提供建议时，国际风险投资机构可能会以其在母国惯用的直接和对抗性的方法（Fried & Hisrich，1995）为新兴国家创业企业提供建议，然而这可能会进一步激化冲突（周嘉南等，2015），破坏二者之间的关系。如 Ahlstrom 和 Bruton（2006）研究指出，在向中国 CEO 提供咨询服务时，是要留面子的，可雇用既了解国际风险投资机构又了解创业企业 CEO 的中介来解决此类文化差异的影响。

第三，文化距离还可能导致国际风险投资机构的“外部人劣势”（liability of outsidership）（Johanson & Vahlne，2009；Vaara et al.，2012），从而增加社会歧视，降低信任水平，进而不利于企业绩效。已有研究表明，具有相似价值观和信仰的人更容易形成信任关系（Sorenson & Stuart，2001）；而价值观和信仰不同往往限制关系和信任的形成（Vaara et al.，2012）。由于信任是风险投资机构与受投资方之间信息交流的基础，是二者成功合作的关键，因此，文化距离可能会阻碍交易选择、监督和咨询所必需的信息收集（Park et al.，2012），增加冲突的发生率，降低风险投资机构尽量减少投资机会主义的能力（Gulati，1995）。

综上，国际风险投资机构与创业企业之间的文化距离意味着价值观、信仰和行为方式的差异。这些差异增加了沟通和交易成本，造成了外部人劣势，不利于交易选择、监督和咨询等价值增值活动的开展，进而不利于对企业创新的培育。基于此，本章提出如下假设：

H5-1b：国际风险投资与创业企业所在国家间的文化距离与企业创新负相关。

三、法律距离与企业创新

关于法律距离，学者们基于国家间法律体系的差异对国际风险投资的治理作用进行了广泛研究（Lerner & Schoar，2005；Cumming et al.，2010；Chemmanur et al.，2016）。首先，学者们普遍认为，法律在影响创业企业家享受私人利益的能力以及风险投资机构监督创业企业的相关成本和收益方面发挥着重要作用（La Porta et al.，1998；Cumming et al.，2010）。其次，目前国家的法律体系主要包括普通法（Common Law，又称英美法系或判例法）和民法（Civil Law，又称大陆法系或成文法），可以通过向风险投资者提供有力的法律保护促进创业企业的资本筹集（La Porta et al.，1998；Beck et al.，2005；Dyck & Zingales，2004）。然而国际风险投资机构和创业企业国家间法律体系的差异，会影响其投资方式（如证券选择，普通或优先股）、监督的动机和能力（Lerner & Schoar，2005），进而影响企业绩效。

Cumming 等（2010）研究指出，不同法系的国家（如普通法和民法）对投资者保护、行业新发展和治理机制的反应速度存在差异。一方面，这可能使得风险投资机构在进行跨国投资时，因法律体系差异的存在，面临涉及所有权和控制权分离的合同或更复杂的意外情况（如可转换优先股合同等）无法执行等风险（Lerner & Schoar，2005），这在资本市场不发达的新兴国家较为普遍。另一方面，合同的无法执行风险，会使国际风险投资机构更多地选择普通股（现金流权和控制权不分离，会使创始人丧失一定的公司控制权），容易导致风险投资机构和创始人的控制权冲突（周嘉南等，2015），进而对企业绩效产生负面影响（董静等，2017）。此外，不同国家法律体系的质量差异，还会阻碍投资进程（Cumming et al.，2010）。如合同拒绝的风险会提高国际风险投资机构面临的代理风险，增加其对创业企业的交易和监督成本（La Porta et al.，1998），进而减弱其对创业企业的增值动机。

综上，本书认为，国际风险投资机构与创业企业国家间法律体系的差异，会提高相关契约合同条款的执行风险，增加其对创业企业的交易和监督成本，进而不利于企业创新。基于此，本章提出如下假设：

H5-1c：国际风险投资与创业企业所在国家间的法律距离与企业创新负相关。

四、制度距离与企业创新

关于制度距离，Li 等（2014）认为，制度距离体现了不同国家间监管系统以及商业关系治理和安排的制度化做法、信仰和假设方面的差异。与文化距离相比，制度距离增加了与相关制度化做法不一致的合法性损失、制裁和额外交易成本的风险；同时，与当地制度不相容的行为更有可能受到正式惩罚或遭受社会制裁，但可以通过从经验中学习得以缓解。此外，Berry 等（2010）指出，国家间制度差异的重点是国家治理制度的差异，且这种差异通常反映在政治、社会和法律规则的性质和范围、执法的质量和执法手段（例如，正式的司法和执法程序 vs 社会网络和社会制裁）。在风险投资机构进行跨国投资的背景下，上述制度距离的存在会增加国际风险投资机构在交易选择、订约、监督和咨询方面的做法与当地制度化做法之间的不协调，进而影响其投资绩效。

首先，在交易选择方面，国家间的制度差异会影响国际风险投资机构的投资标的获取途径。这是因为：在制度环境较好的国家（例如强有力的法律和会计规则），国际风险投资机构可以依靠财务和会计信息来评估投资风险（Cumming et al.，2010；Manigart et al.，1997）；然而，在制度环境薄弱的国家，信息的透明度和准确性较低，国际风险投资机构需要更广泛的社会网络来获取企业家及其企业信息（Bruton & Ahlstrom，2003）。其次，在合同的执行和监督方面，国家间的制度差异会影响国际风险投资机构的交易和监督成本。这是因为：在制度环境较好的国家，法律的可执行性和投资者保护力度较大，此时跨国风险投资机构可以通过控制权和现金流权分离的合同来保护自己的权利（Guler & Guillen，2010；Lerner & Schoar，2005），并通过对管理人员的合同限制（陈孝勇和惠晓峰，2015；Que & Zhang，2020）来减少代理成本；然而在制度环境薄弱的国家，建立网络和关系往往被认为是收集信息、执行合同和监督企业的有效方法（Bruton & Ahlstrom，2003；Bruton et al.，2005；Cumming et al.，2010）。最后，在战略咨询方面，Bruton 和 Ahlstrom（2003）研究发现，擅长基于市场战略的在发达制度环境中生存的国际风险投资机构，可能很难向主要依靠网络战略在不发达制度环境中生存的创业企业提供有价值的战略咨询（Que & Zhang，2020），反之亦然。

综上，本书认为，较远的制度距离会造成不同国家企业惯常做法的不一致，这将降低国际风险投资机构利用其专门知识和常规做法对创业企业开展增值活动的合法性，进而产生额外的交易和监督费用，从而不利于其对企业创新的培育。基于此，本章提出如下假设：

H5-1d：国际风险投资与创业企业所在国家间的制度距离与企业创新负相关。

基于上述理论分析，综合地理距离、文化距离、法律距离和制度距离四个维度，本书认为较远的国家距离会使国际风险投资机构具有较大的外来者劣势，会明显增加国际风险投资机构对创业企业投资前的信息收集成本和投资后的监督治理成本，进而抑制其增值动机，并降低其增值效应的有效发挥，进而不利于企业创新。基于此，本章将地理距离、文化距离、法律距离和制度距离统一纳入国家距离的研究框架，提出如下假设：

H5-1：国际风险投资与创业企业所在国家间的国家距离与企业创新负相关。

第二节　数据来源与模型设定

一、样本选取与数据来源

本章以 1989—2019 年有风险投资支持的 1642 家新兴国家上市公司的 47842 条观测值为初始样本，时间起自 1989 年是因为在此之前新兴市场国家几乎没有国际风险投资进入（Chemmanur et al.，2016）。并对初始样本进行如下处理：剔除无法与 Datastream 数据库匹配的公司（65 家）；剔除财务数据缺失严重的公司（40 家）；剔除金融类上市公司（107 家）；剔除公司年龄小于 0 和主要变量数据缺失严重的样本年度观测值，最终得到了包括波兰①在内的来自 28 个新兴市场国家的 1430 家上市企业的 21957 条公司—年度观测值。

其中，公司专利数据来自 BVD 旗下的知识产权数据库，包括专利申请时间、专利申请号、专利授权状态、专利授权日期、专利被引文件号等；研发

① 因为波兰在 2008 年之后由新兴国家变成了发达国家，因此在主效应回归中，实际样本为不包括波兰在内的来自 27 个新兴国家的 1399 家企业，并对包括波兰在内的总样本进行了稳定性检验。

投入数据和财务数据均来自路孚特（前汤森路透 Thomson Reuters）的 Datastream 数据库；风险投资层面数据来自路孚特（前汤森路透 Thomson Reuters）的 EIKON 数据库；地理距离数据来自 CEPII 数据库；文化距离数据来自 Hofstede 官网；法律距离数据来自美国中情局的世界概况（The CIA World Factbook）；制度距离数据、国家法治水平和国家综合治理水平数据均来自世界银行；国家自由访问度数据来自世界经济自由度报告；国家创新水平数据来自世界知识产权组织。此外，为了避免异常值的影响，本章对所有连续变量进行了 1%和 99%分位数上的缩尾处理。

二、模型设定

（一）主效应回归

为检验 H5-1，本章构建了回归模型（5-1）。

$$Innovation_{i,t}=\alpha_0+\beta_1 NationalDistance_{i,t}+Controls_{i,t}+\varepsilon \tag{5-1}$$

其中，*Innovation* 为因变量，表示企业创新，从创新产出和创新效率两个方面进行度量。

（1）创新产出，包括专利申请数（*AppNum*），用企业 i 第 t 年的专利申请数量来衡量；专利授权数（*GraNum*），用企业 i 第 t 年申请专利的最终授权数量来衡量；专利被引数（*Citation*），用企业 i 第 t 年申请专利的被引用数量来衡量。并参照惯用做法对专利数据进行加 1 并取对数处理（Lerner，1994）。

（2）创新效率，借鉴 Hirshleifer 等（2013）的做法，用创新产出与累计研发投入之比来衡量，其中累计研发投入参照 Chan 等（2001）和 Lev 等（2005）的做法，以每年 20%的折旧率计算 5 年累计研发资本，分别运用式（4-2）、式（4-3）和式（4-4）构建了如下三个创新效率变量：专利申请效率（*AppNumIE*3）、专利授权效率（*GraNumIE*3）和专利被引效率（*CitationIE*3）。同时，借鉴温军和冯根福（2018）的做法，直接用专利数量与当年研发投入的比值来衡量创新效率，构建了 *AppNumIE*2、*GraNumIE*2 和 *CitationIE*2 变量用作稳定性检验。此外，因为创新效率有较多 0 值且分布有偏，参照惯有做法对上述不同衡量方法的创新效率均进行加 1 取对数处理。

NationalDistance 为解释变量，表示国家距离，主要从地理距离、文化距离、法律距离和制度距离四个方面进行度量。具体度量方法如下：

（1）地理距离（*lefvcdiscap*2），基于 CEPII 数据库的国家间地理距离数据，借鉴方慧和赵甜（2017）、陈衍泰等（2018）和 Dai 等（2012）的做法，用领投国际风险投资机构所在国家与创业企业所在国家首都间的直线地理距离来衡量；若领投风险投资机构为本土风险投资机构，则该地理距离取值为 0；并对地理距离进行加 1 取对数处理。

（2）文化距离（*FVCcludis*2），基于霍夫斯泰德（Hofstede）6 个文化维度的分值，包括权力距离（PDI）、个人主义—集体主义（IDV）、男性化—女性化（MAS）、不确定性规避（UAI）、长期导向—短期规范导向（LTO）和包容—约束（IVR），借鉴方慧和赵甜（2017）的做法，运用式（5-2）进行具体度量。此外，对文化距离也进行加 1 取对数的处理。

$$FVCcludis2_{i,j} = \frac{1}{6}\sum_{k=1}^{6}\frac{(VC_{i,k} - CO_{j,k})^2}{V_k} \tag{5-2}$$

其中，$VC_{i,k}$表示领投风险投资机构所在国家 i 在第 k 个文化维度的得分，$CO_{j,k}$表示创业企业所在国家 j 在第 k 个文化维度的得分，V_k 表示第 k 个维度文化距离的方差。

（3）法律距离（*FVClegal*2），基于美国中央情报局的 *The CIA World Factbook* 2019 中国家的法律起源，将国家的法律体系划分为民法（civil law system，又称大陆法系，属于成文法）、普通法（common law system，又称海洋法系、英美法系等，属于判例法）和混合法律体系（mixed legal system）等。若领投风险投资机构所在国家与创业企业所在国家不属于同一法系，则取值为 1，否则取 0。

（4）制度距离（*FVCinsdis*4），借鉴 Li 等（2014）、方慧和赵甜（2017）、王永钦等（2016）的做法，运用世界银行的 WGI 指数 6 个维度的平均值来衡量一个国家的制度质量，然后用领投风险投资机构所在国家与创业企业所在国家平均制度质量之差的绝对值来度量制度距离，并进行加 1 取对数处理。其中，世界银行发布的全球治理指数包含以下 6 个维度：话语权和问责制（Voice and Accountability）、政治稳定与杜绝暴恐（Political Stability and Absence of Violence/Terrorism）、政府施政有效性（Government Effectiveness）、监管质量（Regulatory Quality）、司法有效性（Rule of Law）和贪腐控制（Control of Corruption）。

Controls 为一系列控制变量，与本书第四章控制变量保持一致，包括：公司年龄（ln*AdjCoage*）、公司规模（ln*size*）、公司杠杆率（*leverage*）、托宾 *Q* (*tobinq*)、风险投资机构数量（*NoFirmSR*）、风险投资机构年龄(ln*AveVCAge*)、创业企业所在国家 GDP（ln*CoGDP*）、创业企业所在国家的资本市场规模（ln*CoMarCap*）。同时，模型中还加入了滞后一期的企业研发密度(*RDint_1*)。此外，还控制了年份(*Year*)、2 位数 SIC 行业（*Industry*）和国家(*Country*) 固定效应。

（二）进一步分析

进一步地，为了检验风险投资特征和创业企业国家禀赋对国家距离影响企业创新的调节作用，本章构建了回归模型（5-3）。

$$Innovation_{i,t} = \alpha_0 + \beta_1 NationalDistance_{i,t} + \beta_2 CHAR_{i,t} + \beta_3 NationalDistance_{i,t} \times CHAR_{i,t} + Controls_{i,t} + \varepsilon \tag{5-3}$$

其中，*CHAR* 为特征变量，分别从风险投资层面和创业企业所在国家层面进行衡量。一方面，风险投资层面特征变量包括：

（1）国际风险投资与本土风险投资的联合投资虚拟变量（*FLSydicate*），若投资于创业企业的风险投资机构中既包括国际风险投资又包括本土风险投资，则取值为 1，否则为 0。

（2）风险投资经验（ln*LeVCexp*），用领投风险投资机构在进入创业企业前在新兴国家投资过的企业 IPO 数量来衡量。

（3）风险投资声誉（ln*LeFirmSi2*），用投资于创业企业的领投风险投资机构投资过的资金总额来衡量。

（4）风险投资期限（*LeVC2dur*），用创业企业的领投风险投资机构首次进入时间与企业 IPO 时间的间隔年份（具体到日）来衡量。

（5）风险投资早期进入（*earlystage*），根据 EIKON 的界定标准，用领投风险投资机构首次进入时，创业企业所处的发展阶段来衡量，具体地，若企业处于种子期（seed stage）或早期（early stage），取值为 1；若处于扩张期(expansion stage）或后期（later stage），取值为 0。

另一方面，创业企业所在国家层面特征变量包括：

（1）国家自由访问度高低（*HIGHFreevist*），根据样本企业所在国家自由访问度①的中值进行度量，若大于中值，取值为1，否则为0。

（2）国家综合治理水平（*highCoNatWGI*），根据样本企业所在国家的综合治理水平②的中值划分，若大于中值，取值为1，否则为0。

（3）国家创新水平（*highGII*），根据样本企业所在国家创新指数得分中值划分，若大于中值，取值为1，否则为0。其他变量同上。表5-1汇报了相关变量的类别、名称、构造方法和数据来源。

表5-1 国家距离影响企业创新的变量说明和数据来源

	变量名称	变量设计	数据来源
因变量	ln*AppNum*	创新产出1：专利申请数量，公司 *i* 在第 *t* 年的专利申请数量 *AppNum*，并进行加1取对数处理	BVD知识产权数据库
	ln*GraNum*	创新产出2：专利授权数量，公司 *i* 在第 *t* 年申请专利的最终授权数量 *GraNum*，并进行加1取对数处理	
	ln*Fcit*	创新产出3：专利被引数量，公司 *i* 在第 *t* 年申请专利的被引用数量 *Citation*，并进行加1取对数处理	
	ln*AppNumIE*3	创新效率1：专利申请效率，专利申请数量/5年累计研发支出（20%累计折旧），并进行加1取对数处理	BVD知识产权数据库和Datastream数据库
	ln*GraNumIE*3	创新效率2：专利授权效率，专利授权数量/5年累计研发支出（20%累计折旧），并进行加1取对数处理	
	ln*CitationIE*3	创新效率3：专利被引效率，专利被引数量/5年累计研发支出（20%累计折旧），并进行加1取对数处理	
解释变量	*lefvcdiscap*2	地理距离，领投风险投资所在国家与创业企业所在国家首都间的地理距离，若领投风险投资为本土风险投资，则其地理距离为0，并进行加1取对数处理	CEPII数据库
	*FVCcludis*2	文化距离，领投风险投资所在国家 *i* 与创业企业所在国家 *j* 的文化距离 $FVCcludis2_{i,j} = \frac{1}{6}\sum_{k=1}^{6}\frac{(VC_{i,k} - CO_{j,k})^2}{V_k}$，并进行加1取对数处理	Hofstede官网
	*FVClegal*2	法律距离，若领投风险投资所在国家与创业企业所在国家不属于同一法系，取值为1，否则取0	美国中央情报局（CIA）官网
	*FVCinsdis*4	制度距离，领投风险投资所在国家与创新企业所在国家WGI的6大指标算术平均数之差的绝对值，并进行加1取对数处理	世界银行

① 国家自由访问度（Freedom of foreigners to visit）衡量了一个国家需要外国游客签证的城市的百分比。它反映了外国人为旅游和短期商业目的前往该国的自由，取值在0~10，值越大代表该国家自由访问度越高。

② 国家综合治理水平用世界银行披露的WGI指数的6个维度的平均值来衡量。

续表

	变量名称	变量设计	数据来源
调节变量	*FLSydicate*	国际风险投资机构与本土风险投资机构的联合投资虚拟变量，是则取值为 1，否则取值为 0	EIKON 数据库
	ln*LeVCexp*	风险投资经验，即领投风险投资在进入创业企业之前在新兴国家投资企业的 IPO 数量	
	ln*LeFirmSi2*	风险投资声誉，即领投风险投资投资过的资金总规模	
	LeVC2dur	风险投资期限，即领投风险投资机构首次进入时间与企业 IPO 时间的间隔年份（具体到日）	
	earlystage	风险投资早期进入，若领投风险投资首次进入时，企业处于种子期（seed stage）或早期（early stage），取值为 1；若处于扩张期（expansion stage）或后期（later stage），取值为 0	
	HIGHFreevist	创业企业所在国家较高的自由访问度虚拟变量，根据中值划分，若大于中值，取值为 1，否则为 0	2019 年世界经济自由度报告
	highCoNatWGI	创业企业所在国家较高的综合治理水平虚拟变量，根据中值划分，若大于中值，取值为 1，否则为 0	世界银行
	highGII	创业企业所在国家较高的创新水平，根据国家创新指数得分中值划分，若大于中值，取值为 1，否则为 0	世界知识产权组织
控制变量	ln*AdjCoage*	公司年龄，公司自注册成立以来的年份	Datastream 数据库
	ln*size*	公司规模，用公司总资产的对数值来衡量	
	leverage	公司杠杆率=总负债/（权益市值+总负债）	
	tobinq	公司权益市值与债务账面价值之和除以权益账面价值与债务账面价值之和	
	RDint_1	研发密度，研发支出/销售收入，滞后一阶	
	NoFirmSR	风险投资机构数量，投资于创业企业的风险投资机构总数量	EIKON 数据库
	ln*AveVCAge*	风险投资机构年龄，投资创业企业的所有风险投资机构的年龄均值	
	ln*CoGDP*	企业所在国家 GDP	世界银行
	ln*CoMarCap*	企业所在国家资本市场价值	
	i. Year	年份固定效应	Datastream 数据库
	i. Country	企业所在国家的国家固定效应	
	i. Industry	*SIC* 两位数的行业固定效应	

资料来源：笔者整理所得。

第三节　国家距离影响企业创新的实证分析

一、国家距离影响企业创新的主要变量描述性分析

表 5-2 汇报了国家距离影响企业创新研究中，主要变量的描述性分析及统计差异 T 检验的结果。结果显示，与本土风险投资机构相比，国际风险投资机构与新兴国家创业企业之间客观存在着显著更远的地理距离、更大的文化距离、不一样的法律体系和较远的制度距离；同时，与本土风险投资机构相比，国际风险投资机构支持的企业具有明显更少的创新产出和更低的创新效率。因此，一个合理的猜测是，国际风险投资机构在跨国投资时面临的国家距离可能是其较本土风险投资机构培育较少企业创新的重要影响因素。

表 5-2　国家距离影响企业创新的主要变量描述性分析及统计差异 T 检验

国家距离	全样本		分样本 类别 1 为国际风险投资领投；类别 2 为本土风险投资领投					
	Obs	Mean	obs1	obs2	Mean1	Mean2	dif	t_value
lefvcdiscap2	19230	3.639	8080	11150	8.661	0	8.661***	1079.65
FVCcludis2	18147	0.532	7198	10949	1.342	0	1.342***	261.35
FVClegal2	19230	0.307	8080	11150	0.73	0	0.73***	173.55
FVCinsdis4	17334	0.365	6784	10550	0.932	0	0.932***	459.95
企业创新	Obs	Mean	obs1	obs2	Mean1	Mean2	dif	t_value
ln*AppNum*	21511	1.243	8080	11511	0.75	1.556	−0.806***	−35.55
ln*GraNum*	21511	0.959	8080	11511	0.527	1.233	−0.706***	−36.25
ln*Fcit*	21511	1.176	8080	11511	0.697	1.478	−0.781***	−31.25
ln*AppNumIE3*	7601	0.771	2139	4752	0.597	0.845	−0.247***	−10.85
ln*GraNumIE3*	7601	0.525	2139	4752	0.348	0.598	−0.249***	−13.65
ln*CitationIE3*	7601	0.71	2139	4752	0.564	0.768	−0.203***	−7.35
调节变量	Obs	Mean	Std. Dev.		Min		Max	
FLSydicate	20537	0.168	0.374		0		1	
ln*LeVCexp*	18809	1.579	1.506		0		5.257	
ln*LeFirmSi2*	19153	20.341	2.682		13.23		25.107	
LeVC2dur	13916	3.065	2.599		0.017		12.706	
earlystage	15100	0.117	0.322		0		1	

续表

调节变量	Obs	Mean	Std. Dev.	Min	Max
HIGHFreevist	15648	0.626	0.484	0	1
highCoNatWGI	19095	0.481	0.5	0	1
highGII	12023	0.451	0.498	0	1

注：*** 表示在1%的水平上显著。

资料来源：笔者整理所得。

表5-3汇报了国家距离解释变量和企业创新因变量之间的相关关系分析结果。由表5-3可知，地理距离（*lefvcdiscap2*）、文化距离（*FVCcludis2*）、法律距离（*FVClegal2*）和制度距离（*FVCinsdis4*）均与企业创新产出和创新效率负相关，且在10%的水平上显著。初步验证了H5-1。

表5-3 国家距离影响企业创新的主要变量相关关系分析

主要变量	(1)	(2)	(3)	(4)	(5)	(6)	(7)	(8)	(9)
(1) ln*AppNum*	1.000								
(2) ln*GraNum*	0.956*	1.000							
(3) ln*Fcit*	0.854*	0.850*	1.000						
(4) ln*AppNumIE3*	0.605*	0.583*	0.610*	1.000					
(5) ln*GraNumIE3*	0.544*	0.611*	0.582*	0.918*	1.000				
(6) ln*CitationIE3*	0.491*	0.497*	0.742*	0.831*	0.804*	1.000			
(7) *lefvcdiscap2*	-0.238*	-0.243*	-0.208*	-0.133*	-0.169*	-0.087*	1.000		
(8) *FVCcludis2*	-0.212*	-0.210*	-0.178*	-0.144*	-0.162*	-0.082*	0.918*	1.000	
(9) *FVClegal2*	-0.168*	-0.163*	-0.147*	-0.132*	-0.134*	-0.084*	0.768*	0.692*	1.000
(10) *FVCinsdis4*	-0.210*	-0.216*	-0.185*	-0.122*	-0.155*	-0.080*	0.962*	0.876*	0.748*

注：* 表示在10%的水平上显著。

二、国家距离影响企业创新的主效应回归结果

首先，表5-4汇报了地理距离影响企业创新的实证结果。结果显示，国际风险投资机构与创业企业所在国家间的地理距离（*lefvcdiscap2*）对创新产出的专利申请数量（ln*AppNum*）、专利授权数量（ln*GraNum*）和专利被引数量（ln*Fcit*），以及对创新效率的专利申请效率（ln*AppNumIE3*）、专利授权效率

（*lnGraNumIE*3）和专利被引效率（ln*CitationIE*3）的系数均为负，且在1%的水平上显著。这说明，国际风险投资机构与创业企业所在国家间的地理距离与企业创新显著负相关，即国际风险投资机构与创业企业所在国家间的地理距离越远，越不利于企业创新，H5-1a得到验证。

表5-4　地理距离对企业创新的影响结果

因变量	创新产出			创新效率		
	ln*AppNum*	ln*GraNum*	ln*Fcit*	ln*AppNumIE*3	ln*GraNumIE*3	ln*CitationIE*3
*lefvcdiscap*2	-0.026*** (0.006)	-0.032*** (0.005)	-0.020*** (0.006)	-0.019*** (0.003)	-0.017*** (0.003)	-0.020*** (0.004)
Controls	Yes	Yes	Yes	Yes	Yes	Yes
Year	Yes	Yes	Yes	Yes	Yes	Yes
Industry	Yes	Yes	Yes	Yes	Yes	Yes
Country	Yes	Yes	Yes	Yes	Yes	Yes
_cons	-54.218*** (5.989)	-48.099*** (5.455)	-35.490*** (6.649)	-14.943*** (3.999)	-8.568*** (3.039)	-7.418 (4.518)
N	5082	5082	5082	4503	4503	4503
F	49.597	48.807	41.065	11.654	16.433	19.613
R^2	0.489	0.485	0.442	0.181	0.238	0.000
log *lik.*	-8.6e+03	-8.1e+03	-9.1e+03	-4.8e+03	-3.6e+03	-5.4e+03

注：***表示在1%的水平上显著。

其次，表5-5汇报了文化距离影响企业创新的实证结果。结果显示，国际风险投资机构与创业企业所在国家间的文化距离（*FVCcludis*2）对创新产出的专利申请数量（ln*AppNum*）、专利授权数量（ln*GraNum*）和专利被引数量（ln*Fcit*），以及对创新效率的专利申请效率（ln*AppNumIE*3）、专利授权效率（ln*GraNumIE*3）和专利被引效率（ln*CitationIE*3）的系数均为负，且在1%的水平上显著。这说明，国际风险投资机构与创业企业所在国家间的文化距离与企业创新显著负相关，即国际风险投资机构与创业企业所在国家间的文化距离越大，越不利于企业创新，H5-1b得到验证。

表 5-5 文化距离对企业创新的影响结果

因变量	创新产出			创新效率		
	lnAppNum	lnGraNum	lnFcit	lnAppNumIE3	lnGraNumIE3	lnCitationIE3
FVCcludis2	-0. 180 *** (0. 034)	-0. 208 *** (0. 031)	-0. 124 *** (0. 038)	-0. 130 *** (0. 019)	-0. 109 *** (0. 015)	-0. 118 *** (0. 022)
Controls	Yes	Yes	Yes	Yes	Yes	Yes
Year	Yes	Yes	Yes	Yes	Yes	Yes
Industry	Yes	Yes	Yes	Yes	Yes	Yes
Country	Yes	Yes	Yes	Yes	Yes	Yes
_cons	-55. 707 *** (6. 264)	-50. 011 *** (5. 737)	-36. 865 *** (6. 966)	-16. 681 *** (4. 228)	-8. 627 *** (3. 246)	-8. 259 * (4. 832)
N	4932	4932	4932	4392	4392	4392
F	50. 346	49. 223	41. 992	12. 761	17. 528	20. 430
R^2	0. 489	0. 483	0. 444	0. 193	0. 248	0. 277
log lik.	-8. 3e+03	-7. 9e+03	-8. 9e+03	-4. 6e+03	-3. 4e+03	-5. 2e+03

注：*、*** 分别表示在 10%、1%的水平上显著。

再次，表 5-6 汇报了法律距离影响企业创新的实证结果。结果显示，国际风险投资机构与创业企业所在国家间的法律距离（FVClegal2）对创新产出的专利申请数量（lnAppNum）、专利授权数量（lnGraNum）和专利被引数量（lnFcit），以及对创新效率的专利申请效率（lnAppNumIE3）、专利授权效率（lnGraNumIE3）和专利被引效率（lnCitationIE3）的系数均为负，且在 1%的水平上显著。这说明，国际风险投资机构与创业企业所在国家间的法律距离与企业创新显著负相关，即国际风险投资机构与创业企业所在国家间法律体系的差异更不利于企业创新，H5-1c 得到验证。

表 5-6 法律距离对企业创新的影响结果

因变量	创新产出			创新效率		
	lnAppNum	lnGraNum	lnFcit	lnAppNumIE3	lnGraNumIE3	lnCitationIE3
FVClegal2	-0. 282 *** (0. 053)	-0. 299 *** (0. 048)	-0. 300 *** (0. 058)	-0. 193 *** (0. 030)	-0. 156 *** (0. 023)	-0. 254 *** (0. 034)
Controls	Yes	Yes	Yes	Yes	Yes	Yes
Year	Yes	Yes	Yes	Yes	Yes	Yes
Industry	Yes	Yes	Yes	Yes	Yes	Yes
Country	Yes	Yes	Yes	Yes	Yes	Yes

续表

因变量	创新产出			创新效率		
	lnAppNum	lnGraNum	lnFcit	lnAppNumIE3	lnGraNumIE3	lnCitationIE3
_cons	-52.775*** (6.004)	-47.243*** (5.472)	-32.929*** (6.661)	-13.707*** (4.010)	-7.718** (3.048)	-5.256 (4.520)
N	5082	5082	5082	4503	4503	4503
F	49.772	48.837	41.368	11.811	16.521	20.101
R^2	0.489	0.485	0.443	0.183	0.239	0.277
log lik.	-8.6e+03	-8.1e+03	-9.1e+03	-4.8e+03	-3.6e+03	-5.3e+03

注：**、***分别表示在5%、1%的水平上显著。

最后，表5-7汇报了制度距离影响企业创新的实证结果。结果显示，国际风险投资机构与创业企业所在国家间的制度距离（*FVCinsdis*4）对创新产出的专利申请数量（ln*AppNum*）、专利授权数量（ln*GraNum*）和专利被引数量（ln*Fcit*），以及对创新效率的专利申请效率（ln*AppNumIE*3）、专利授权效率（ln*GraNumIE*3）和专利被引效率（ln*CitationIE*3）的系数均为负，且在1%的水平上显著。这说明，国际风险投资机构与创业企业所在国家间的制度距离与企业创新显著负相关，即国际风险投资机构与创业企业所在国家间的制度差距越大，越不利于企业创新，H5-1d得到验证。

表5-7　制度距离对企业创新的影响结果

因变量	创新产出			创新效率		
	lnAppNum	lnGraNum	lnFcit	lnAppNumIE3	lnGraNumIE3	lnCitationIE3
FVCinsdis4	-0.269*** (0.053)	-0.324*** (0.048)	-0.252*** (0.059)	-0.148*** (0.030)	-0.134*** (0.023)	-0.184*** (0.034)
Controls	Yes	Yes	Yes	Yes	Yes	Yes
Year	Yes	Yes	Yes	Yes	Yes	Yes
Industry	Yes	Yes	Yes	Yes	Yes	Yes
Country	Yes	Yes	Yes	Yes	Yes	Yes
_cons	-49.677*** (6.363)	-44.990*** (5.826)	-29.453*** (7.071)	-11.872*** (4.250)	-6.211* (3.248)	-3.241 (4.800)
N	4791	4791	4791	4297	4297	4297
F	46.720	45.764	39.151	11.314	15.937	19.750
R^2	0.483	0.478	0.439	0.182	0.239	0.280
log lik.	-8.1e+03	-7.7e+03	-8.6e+03	-4.6e+03	-3.4e+03	-5.1e+03

注：*、***分别表示在10%、1%的水平上显著。

综上，本章从地理距离、文化距离、法律距离和制度距离四个维度衡量的国家距离对企业创新产出和创新效率的系数均显著为负，即国际风险投资机构与创业企业所在国家间客观存在的国家距离显著不利于企业创新水平的提高，验证了 H5-1。另外，该结论也证实了较远的国家距离是国际风险投资机构较本土风险投资机构培育较少企业创新的重要影响机制之一的猜想。

三、国家距离影响企业创新的内生性检验

在本章研究中，因变量创新效率的度量使用了研发投入数据，且在实证模型中加入了滞后一阶的研发密度来控制研发投入对企业创新的影响，即本书在实证过程中把样本限制在了披露研发投入数据的企业中。然而，在样本选取期间，仅有 39.96%的企业披露了研发投入数据。考虑到选择披露研发信息的企业与不披露研发信息的企业可能本身就存在差异，因此可能存在样本自选择问题。为解决可能存在的样本自选择而带来的内生性问题，本书构建了 Heckman 两阶段模型，进一步检验国家距离对企业创新的影响。

与第四章保持一致，本章将公司年龄（ln*AdjCoage*）、规模（ln*size*）、成长性（*tobinq*）、会计年度（*Year*）、行业（*Industry*）和国家（*Country*）作为企业是否披露研发投入信息（*RD*2）的解释变量，并建立了 Heckman 一阶段回归模型，见式（5-4）。

$$RD2_{it}=\alpha+\beta_1\ \ln AdjCoage_{it}+\beta_2\ \ln size_{it}+\beta_3\ tobinq_{it}+\beta_4\ Year_{it}+\beta_5\ Industry_{it}+\beta_6\ Country_{it}+\varepsilon \quad (5-4)$$

首先，表 5-8 汇报了地理距离影响企业创新的内生性检验结果。结果显示，Heckman 一阶段回归中的逆米尔系数除因变量为专利被引数量（ln*Fcit*）时不显著外，其他 5 个逆米尔系数均显著，这说明 Heckman 两阶段模型的选择是正确的；同时，虽然地理距离（*lefvcdiscap*2）对专利被引效率（ln*CitationIE*3）的系数不显著，但对其他企业创新变量的回归系数均在 1%的水平上显著为负，与表 5-4 的主效应回归结果基本一致。这说明，在考虑了可能存在的样本自选择所导致的内生性问题后，地理距离负向影响企业创新的结论依然成立。

表 5-8　地理距离影响企业创新的 Heckman 两阶段检验结果

因变量	创新产出			创新效率		
	lnAppNum	lnGraNum	lnFcit	lnAppNumIE3	lnGraNumIE3	lnCitationIE3
lefvcdiscap2	-0.025*** (0.006)	-0.032*** (0.005)	-0.021*** (0.007)	-0.018*** (0.007)	-0.016*** (0.005)	-0.019 (0.012)
Controls	Yes	Yes	Yes	Yes	Yes	Yes
Year	Yes	Yes	Yes	Yes	Yes	Yes
Industry	Yes	Yes	Yes	Yes	Yes	Yes
Country	Yes	Yes	Yes	Yes	Yes	Yes
RD2						
lnAdjCoage	-0.115*** (0.023)	-0.115*** (0.023)	-0.115*** (0.023)	-0.171*** (0.026)	-0.171*** (0.026)	-0.171*** (0.026)
lnsize	0.075*** (0.008)	0.075*** (0.008)	0.075*** (0.008)	0.116*** (0.009)	0.116*** (0.009)	0.116*** (0.009)
tobinq	0.104*** (0.008)	0.104*** (0.008)	0.104*** (0.008)	0.133*** (0.008)	0.133*** (0.008)	0.133*** (0.008)
Year	0.066*** (0.003)	0.066*** (0.003)	0.066*** (0.003)	0.091*** (0.003)	0.091*** (0.003)	0.091*** (0.003)
Industry	-0.002*** (0.001)	-0.002*** (0.001)	-0.002*** (0.001)	-0.003*** (0.001)	-0.003*** (0.001)	-0.003*** (0.001)
Country	0.143*** (0.006)	0.143*** (0.006)	0.143*** (0.006)	0.163*** (0.007)	0.163*** (0.007)	0.163*** (0.007)
_cons	-137.839*** (6.261)	-137.839*** (6.261)	-137.839*** (6.261)	-188.988*** (6.941)	-188.988*** (6.941)	-188.988*** (6.941)
mills lambda	1.738* (1.049)	1.829* (0.941)	-1.172 (1.203)	-2.176** (0.893)	-1.644** (0.674)	-4.003** (1.643)
N	11394	11394	11394	10923	10923	10923
chi2	2610.723	2930.308	3209.051	243.529	346.454	156.372
p	0.000	0.000	0.000	0.000	0.000	0.000
rho	0.919	0.980	-0.679	-1.000	-1.000	-1.000

注：*、**、***分别表示在 10%、5%、1%的水平上显著。

其次，表 5-9 汇报了文化距离影响企业创新的内生性检验结果。结果显示，Heckman 一阶段回归中的逆米尔系数除因变量为专利被引数量（lnFcit）

时不显著外，其他 5 个逆米尔系数均显著，这说明 Heckman 两阶段模型的选择是正确的；同时，文化距离（*FVCcludis*2）对创新产出的专利申请数量（ln*AppNum*）、专利授权数量（ln*GraNum*）和专利被引数量（ln*Fcit*），以及对创新效率的专利申请效率（ln*AppNumIE*3）、专利授权效率（ln*GraNumIE*3）和专利被引效率（ln*CitationIE*3）的系数均显著为负，与表 5-5 的主效应回归结果高度一致。这说明，在考虑了可能存在的样本自选择所导致的内生性问题后，文化距离负向影响企业创新的结论依然成立。

表 5-9　文化距离影响企业创新的 Heckman 两阶段检验结果

因变量	创新产出			创新效率		
	ln*AppNum*	ln*GraNum*	ln*Fcit*	ln*AppNumIE*3	ln*GraNumIE*3	ln*CitationIE*3
*FVCcludis*2	−0.177*** (0.034)	−0.209*** (0.031)	−0.124*** (0.038)	−0.121*** (0.032)	−0.104*** (0.025)	−0.108* (0.065)
Controls	Yes	Yes	Yes	Yes	Yes	Yes
Year	Yes	Yes	Yes	Yes	Yes	Yes
Industry	Yes	Yes	Yes	Yes	Yes	Yes
Country	Yes	Yes	Yes	Yes	Yes	Yes
*RD*2						
ln*AdjCoage*	−0.103*** (0.024)	−0.103*** (0.024)	−0.103*** (0.024)	−0.147*** (0.027)	−0.147*** (0.027)	−0.147*** (0.027)
ln*size*	0.076*** (0.009)	0.076*** (0.009)	0.076*** (0.009)	0.120*** (0.009)	0.120*** (0.009)	0.120*** (0.009)
tobinq	0.107*** (0.008)	0.107*** (0.008)	0.107*** (0.008)	0.137*** (0.009)	0.137*** (0.009)	0.137*** (0.009)
Year	0.067*** (0.003)	0.067*** (0.003)	0.067*** (0.003)	0.092*** (0.004)	0.092*** (0.004)	0.092*** (0.004)
Industry	−0.002*** (0.001)	−0.002*** (0.001)	−0.002*** (0.001)	−0.003*** (0.001)	−0.003*** (0.001)	−0.003*** (0.001)
Country	0.178*** (0.007)	0.178*** (0.007)	0.178*** (0.007)	0.221*** (0.009)	0.221*** (0.009)	0.221*** (0.009)
_*cons*	−139.828*** (6.447)	−139.828*** (6.447)	−139.828*** (6.447)	−193.604*** (7.199)	−193.604*** (7.199)	−193.604*** (7.199)
mills *lambda*	1.705* (0.996)	1.871** (0.891)	−0.935 (1.158)	−1.819** (0.722)	−1.424** (0.565)	−3.655** (1.451)

续表

因变量	创新产出			创新效率		
	lnAppNum	lnGraNum	lnFcit	lnAppNumIE3	lnGraNumIE3	lnCitationIE3
N	11260	11260	11260	10819	10819	10819
chi2	2676.223	2984.599	3242.519	364.974	474.345	186.872
p	0.000	0.000	0.000	0.000	0.000	0.000
rho	0.913	0.990	-0.572	-1.000	-1.000	-1.000

注：*、**、***分别表示在10%、5%、1%的水平上显著。

再次，表5-10汇报了法律距离影响企业创新的内生性检验结果。结果显示，Heckman一阶段回归中的逆米尔系数除因变量为专利被引数量（ln*Fcit*）时不显著外，其他5个逆米尔系数均显著，这说明Heckman两阶段模型的选择是正确的；同时，法律距离（*FVClegal*2）对创新产出的专利申请数量（ln*AppNum*）、专利授权数量（ln*GraNum*）和专利被引数量（ln*Fcit*），以及对创新效率的专利申请效率（ln*AppNumIE*3）、专利授权效率（ln*GraNumIE*3）和专利被引效率（ln*CitationIE*3）的系数均显著为负，与表5-6的主效应回归结果高度一致。这说明，在考虑了可能存在的样本自选择所导致的内生性问题后，法律距离负向影响企业创新的结论依然成立。

表5-10 法律距离影响企业创新的Heckman两阶段检验结果

因变量	创新产出			创新效率		
	lnAppNum	lnGraNum	lnFcit	lnAppNumIE3	lnGraNumIE3	lnCitationIE3
FVClegal2	-0.273*** (0.053)	-0.296*** (0.048)	-0.298*** (0.059)	-0.186*** (0.058)	-0.153*** (0.044)	-0.248** (0.106)
Controls	Yes	Yes	Yes	Yes	Yes	Yes
Year	Yes	Yes	Yes	Yes	Yes	Yes
Industry	Yes	Yes	Yes	Yes	Yes	Yes
Country	Yes	Yes	Yes	Yes	Yes	Yes
RD2						
ln*AdjCoage*	-0.115*** (0.023)	-0.115*** (0.023)	-0.115*** (0.023)	-0.171*** (0.026)	-0.171*** (0.026)	-0.171*** (0.026)
ln*size*	0.075*** (0.008)	0.075*** (0.008)	0.075*** (0.008)	0.116*** (0.009)	0.116*** (0.009)	0.116*** (0.009)

续表

因变量	创新产出			创新效率		
	lnAppNum	lnGraNum	lnFcit	lnAppNumIE3	lnGraNumIE3	lnCitationIE3
tobinq	0.104*** (0.008)	0.104*** (0.008)	0.104*** (0.008)	0.133*** (0.008)	0.133*** (0.008)	0.133*** (0.008)
Year	0.066*** (0.003)	0.066*** (0.003)	0.066*** (0.003)	0.091*** (0.003)	0.091*** (0.003)	0.091*** (0.003)
Industry	−0.002*** (0.001)	−0.002*** (0.001)	−0.002*** (0.001)	−0.003*** (0.001)	−0.003*** (0.001)	−0.003*** (0.001)
Country	0.143*** (0.006)	0.143*** (0.006)	0.143*** (0.006)	0.163*** (0.007)	0.163*** (0.007)	0.163*** (0.007)
_cons	−137.839*** (6.261)	−137.839*** (6.261)	−137.839*** (6.261)	−188.988*** (6.941)	−188.988*** (6.941)	−188.988*** (6.941)
mills lambda	1.793* (1.043)	1.922** (0.933)	−1.155 (1.201)	−2.173** (0.892)	−1.641** (0.673)	−3.997** (1.640)
N	11394	11394	11394	10923	10923	10923
chi2	2620.787	2948.313	3237.209	247.179	349.138	159.603
p	0.000	0.000	0.000	0.000	0.000	0.000
rho	0.934	1.000	−0.672	−1.000	−1.000	−1.000

注：*、**、***分别表示在10%、5%、1%的水平上显著。

最后，表5-11汇报了制度距离影响企业创新的内生性检验结果。结果显示，Heckman一阶段回归中的逆米尔系数除因变量为专利申请数量（ln*AppNum*）和专利被引数量（ln*Fcit*）时不显著外，其他4个逆米尔系数均显著，这说明Heckman两阶段模型的选择是正确的；同时，虽然制度距离（*FVCinsdis*4）对专利被引效率（ln*CitationIE*3）的系数不显著，但对创新产出的专利申请数量（ln*AppNum*）、专利授权数量（ln*GraNum*）和专利被引数量（ln*Fcit*），以及对创新效率的专利申请效率（ln*AppNumIE*3）和专利授权效率（ln*GraNumIE*3）的系数均显著为负，与表5-7的主效应回归结果基本一致。这说明，在考虑了可能存在的样本自选择所导致的内生性问题后，制度距离负向影响企业创新的结论依然成立。

表 5-11　制度距离影响企业创新的 Heckman 两阶段检验结果

因变量	创新产出			创新效率		
	lnAppNum	lnGraNum	lnFcit	lnAppNumIE3	lnGraNumIE3	lnCitationIE3
FVCinsdis4	−0.268*** (0.054)	−0.327*** (0.049)	−0.259*** (0.060)	−0.140** (0.063)	−0.131*** (0.044)	−0.176 (0.113)
Controls	Yes	Yes	Yes	Yes	Yes	Yes
Year	Yes	Yes	Yes	Yes	Yes	Yes
Industry	Yes	Yes	Yes	Yes	Yes	Yes
Country	Yes	Yes	Yes	Yes	Yes	Yes
RD2						
lnAdjCoage	−0.123*** (0.023)	−0.123*** (0.023)	−0.123*** (0.023)	−0.176*** (0.026)	−0.176*** (0.026)	−0.176*** (0.026)
lnsize	0.084*** (0.009)	0.084*** (0.009)	0.084*** (0.009)	0.123*** (0.009)	0.123*** (0.009)	0.123*** (0.009)
tobinq	0.105*** (0.008)	0.105*** (0.008)	0.105*** (0.008)	0.133*** (0.009)	0.133*** (0.009)	0.133*** (0.009)
Year	0.073*** (0.003)	0.073*** (0.003)	0.073*** (0.003)	0.097*** (0.004)	0.097*** (0.004)	0.097*** (0.004)
Industry	−0.003*** (0.001)	−0.003*** (0.001)	−0.003*** (0.001)	−0.003*** (0.001)	−0.003*** (0.001)	−0.003*** (0.001)
Country	0.145*** (0.006)	0.145*** (0.006)	0.145*** (0.006)	0.167*** (0.007)	0.167*** (0.007)	0.167*** (0.007)
_cons	−150.854*** (6.446)	−150.854*** (6.446)	−150.854*** (6.446)	−201.071*** (7.152)	−201.071*** (7.152)	−201.071*** (7.152)
mills lambda	1.526 (1.034)	1.914** (0.915)	−1.361 (1.167)	−2.295** (0.924)	−1.594** (0.642)	−4.146** (1.669)
N	11136	11136	11136	10730	10730	10730
chi2	2472.982	2775.097	3017.764	217.671	366.953	147.277
p	0.000	0.000	0.000	0.000	0.000	0.000
rho	0.859	0.995	−0.752	−1.000	−1.000	−1.000

注：**、***分别表示在5%、1%的水平上显著。

综上，在考虑了可能存在的样本自选择所导致的内生性问题后，本章从地理距离、文化距离、法律距离和制度距离四个维度衡量的国际风险投资机构与创业企业间的国家距离负向影响企业创新的实证结果依然成立。

四、国家距离影响企业创新的稳定性检验

（一）因变量替换

用经专利被引用数加权的专利申请数 ln*Pat*3 作为创新产出的替代变量，用 ln*AppNumIE*2、ln*GraNumIE*2 和 ln*CitationIE*2 作为创新效率的替代变量，对国家距离与企业创新的关系重新进行回归检验。表 5-12 汇报了该稳定性分析结果，其中（1）为地理距离影响企业创新的回归系数，（2）为文化距离影响企业创新的回归系数，（3）为法律距离影响企业创新的回归系数，（4）为制度距离影响企业创新的回归系数；同时，所有回归均加入了相同控制变量，并控制了年份、行业和国家固定效应。

表 5-12　国家距离影响企业创新的稳定性检验结果 1

因变量	创新产出	创新效率		
	ln*Pat*3	ln*AppNumIE*2	ln*GraNumIE*2	ln*CitationIE*2
（1）*lefvcdiscap*2	-0.027*** (0.006)	-0.017*** (0.004)	-0.018*** (0.003)	-0.019*** (0.005)
（2）*FVCcludis*2	-0.183*** (0.036)	-0.126*** (0.025)	-0.121*** (0.020)	-0.113*** (0.027)
（3）*FVClegal*2	-0.310*** (0.056)	-0.217*** (0.038)	-0.180*** (0.031)	-0.282*** (0.041)
（4）*FVCinsdis*4	-0.284*** (0.056)	-0.130*** (0.039)	-0.143*** (0.031)	-0.171*** (0.042)
Controls	Yes	Yes	Yes	Yes
Year	Yes	Yes	Yes	Yes
Industry	Yes	Yes	Yes	Yes
Country	Yes	Yes	Yes	Yes
p	0.000	0.000	0.000	0.000

注：***表示在 1%的水平上显著。*Pat*3 = *AppNum*+0.3×*Citations*。

由表 5-12 可知，以地理距离、文化距离、法律距离和制度距离衡量的国家距离对企业创新的影响均在 1%的水平上显著为负，与主效应回归结果保持高度一致。这说明，经过因变量替换后，本章国家距离负向影响企业创新的实证结果依然稳健。

（二）自变量替换

分别采用以下方法重新度量国家距离：

（1）地理距离（ln*lefvcdist*2）：用领投国际风险投资机构所在国家与创业企业所在国家最受欢迎城市间的地理距离（*lefvcdist*2）来衡量，若领投风险投资机构为本土风险投资机构，则其地理距离为0，并对地理距离（*lefvcdist*2）进行加1取对数处理。

（2）文化距离（*FVCcludis*4）：借鉴Chemmanur等（2016）、Dai等（2012）、吴先明和黄春桃（2016）、曲如晓等（2015）的做法，基于欧式距离计算公式度量风险投资机构与创业企业所在国家间的文化距离，具体计算见式（5-5）。

$$FVCcludis4_{i,j}=\frac{1}{6}\sqrt{\sum_{k=1}^{6}(VC_{i,k}-CO_{j,k})^2} \tag{5-5}$$

（3）法律距离（*FCoLegalDis*）：若在投资于创业企业的所有国际风险投资机构中，存在与创业企业所在国家法律体系不同的国家，则取值为1，否则为0。

（4）制度距离（*FVCinsdis*1）：借鉴Chemmanur等（2016）的做法，用领投国际风险投资机构所在国家和创业企业所在国家间在过去5年平均资本市场规模与GDP比值的绝对差异来衡量制度距离。因为一个国家各方面的制度治理水平，如法治、政治和社会稳定、监管质量等，最终将反映在一个国家的市场发展中；此外，这一变量与风险投资机构直接相关，因为它们只有在资本市场退出时才能获利。

表5-13汇报了该稳定性分析结果，其中（1）为地理距离影响企业创新的回归系数，（2）为文化距离影响企业创新的回归系数，（3）为法律距离影响企业创新的回归系数，（4）为制度距离影响企业创新的回归系数；同时，所有回归均加入了相同控制变量，并控制了年份、行业和国家固定效应。

表5-13　国家距离影响企业创新的稳定性检验结果2

因变量	创新产出			创新效率		
	ln*AppNum*	ln*GraNum*	ln*Fcit*	ln*AppNumIE*3	ln*GraNumIE*3	ln*CitationIE*3
（1）ln*lefvcdist*2	-0.026*** (0.006)	-0.032*** (0.005)	-0.020*** (0.006)	-0.019*** (0.003)	-0.017*** (0.003)	-0.020*** (0.004)
（2）*FVCcludis*4	-0.116*** (0.021)	-0.135*** (0.019)	-0.092*** (0.023)	-0.079*** (0.012)	-0.066*** (0.009)	-0.079*** (0.013)

续表

因变量	创新产出			创新效率		
	ln*AppNum*	ln*GraNum*	ln*Fcit*	ln*AppNumIE*3	ln*GraNumIE*3	ln*CitationIE*3
(3) *FCoLegalDis*	-0.323*** (0.047)	-0.311*** (0.043)	-0.284*** (0.052)	-0.188*** (0.027)	-0.135*** (0.020)	-0.181*** (0.030)
(4) *FVCinsdis*1	-0.078*** (0.015)	-0.076*** (0.014)	-0.086*** (0.016)	-0.027*** (0.009)	-0.022*** (0.007)	-0.039*** (0.009)
Controls	Yes	Yes	Yes	Yes	Yes	Yes
Year	Yes	Yes	Yes	Yes	Yes	Yes
Industry	Yes	Yes	Yes	Yes	Yes	Yes
Country	Yes	Yes	Yes	Yes	Yes	Yes
p	0.000	0.000	0.000	0.000	0.000	0.000

注：***表示在1%的水平上显著。

由表5-13可知，以地理距离、文化距离、法律距离和制度距离衡量的国家距离对企业创新的影响均在1%的水平上显著为负，与主效应回归结果保持高度一致。这说明，经过自变量替换后，本章国家距离负向影响企业创新的实证结果依然稳健。

（三）改变样本范围

首先，鉴于波兰在2008年之前为新兴国家，因此，在主效应样本的基础上，加入波兰企业样本进行稳定性检验，表5-14汇报了该稳健性分析结果。其中，（1）为地理距离影响企业创新的回归系数，（2）为文化距离影响企业创新的回归系数，（3）为法律距离影响企业创新的回归系数，（4）为制度距离影响企业创新的回归系数；同时，所有回归均加入了相同控制变量，并控制了年份、行业和国家固定效应。

由表5-14的结果可知，以地理距离、文化距离、法律距离和制度距离衡量的国家距离对企业创新的影响均在1%的水平上显著为负，与主效应回归结果保持高度一致。这说明，加入波兰企业样本后，本章国家距离负向影响企业创新的实证结果依然稳健。

表 5-14　国家距离影响企业创新的稳定性检验结果 3-1

因变量	创新产出			创新效率		
	lnAppNum	lnGraNum	lnFcit	lnAppNumIE3	lnGraNumIE3	lnCitationIE3
(1) lefvcdiscap2	-0.026*** (0.006)	-0.032*** (0.005)	-0.020*** (0.006)	-0.019*** (0.003)	-0.016*** (0.003)	-0.020*** (0.004)
(2) FVCcludis2	-0.179*** (0.034)	-0.208*** (0.031)	-0.124*** (0.038)	-0.129*** (0.019)	-0.108*** (0.015)	-0.118*** (0.022)
(3) FVClegal2	-0.281*** (0.053)	-0.298*** (0.048)	-0.300*** (0.058)	-0.192*** (0.030)	-0.155*** (0.023)	-0.255*** (0.034)
(4) FVCinsdis4	-0.266*** (0.053)	-0.322*** (0.048)	-0.251*** (0.059)	-0.146*** (0.030)	-0.134*** (0.023)	-0.184*** (0.034)
Controls	Yes	Yes	Yes	Yes	Yes	Yes
Year	Yes	Yes	Yes	Yes	Yes	Yes
Industry	Yes	Yes	Yes	Yes	Yes	Yes
Country	Yes	Yes	Yes	Yes	Yes	Yes
p	0.000	0.000	0.000	0.000	0.000	0.000

注：***表示在1%的水平上显著。

其次，鉴于个别国家风险投资支持的创业企业数量较少，为了防止个别离群值国家企业样本对实证结果的影响，在主效应回归的基础上，将样本进一步控制在风险投资支持的创业企业数量大于等于5家的国家内，即剔除风险投资支持的创业企业数量小于5家的国家企业样本，表5-15汇报了该稳健性分析结果。其中，(1) 为地理距离影响企业创新的回归系数，(2) 为文化距离影响企业创新的回归系数，(3) 为法律距离影响企业创新的回归系数，(4) 为制度距离影响企业创新的回归系数；同时，所有回归均加入了相同控制变量，并控制了年份、行业和国家固定效应。

表 5-15　国家距离影响企业创新的稳定性检验结果 3-2

因变量	创新产出			创新效率		
	lnAppNum	lnGraNum	lnFcit	lnAppNumIE3	lnGraNumIE3	lnCitationIE3
(1) lefvcdiscap2	-0.026*** (0.006)	-0.032*** (0.005)	-0.020*** (0.006)	-0.019*** (0.003)	-0.017*** (0.003)	-0.020*** (0.004)
(2) FVCcludis2	-0.180*** (0.034)	-0.208*** (0.031)	-0.124*** (0.038)	-0.130*** (0.019)	-0.109*** (0.015)	-0.118*** (0.022)

续表

因变量	创新产出			创新效率		
	lnAppNum	lnGraNum	lnFcit	lnAppNumIE3	lnGraNumIE3	lnCitationIE3
（3）*FVClegal2*	−0.278*** （0.053）	−0.295*** （0.048）	−0.294*** （0.058）	−0.192*** （0.030）	−0.155*** （0.023）	−0.252*** （0.034）
（4）*FVCinsdis4*	−0.264*** （0.053）	−0.320*** （0.048）	−0.246*** （0.059）	−0.146*** （0.030）	−0.134*** （0.023）	−0.182*** （0.034）
Controls	Yes	Yes	Yes	Yes	Yes	Yes
Year	Yes	Yes	Yes	Yes	Yes	Yes
Industry	Yes	Yes	Yes	Yes	Yes	Yes
Country	Yes	Yes	Yes	Yes	Yes	Yes
p	0.000	0.000	0.000	0.000	0.000	0.000

注：***表示在1%的水平上显著。

由表 5-15 可知，以地理距离、文化距离、法律距离和制度距离衡量的国家距离对企业创新的影响均在 1%的水平上显著为负，与主效应回归结果保持高度一致。这说明，在剔除可能的离群值国家企业样本后，国家距离负向影响企业创新的实证结果依然稳健。

（四）进一步加入控制变量

进一步加入国家层面的控制变量：国家融资轮次（ln*CouRouN*），用创业企业首次接受风险投资机构投资时，所在国家已经发生过的投资轮次来衡量；国家创新指数（ln*GIIScore*），用创业企业所在国家的创新指数来衡量，该数据来自世界知识产权组织。表 5-16 汇报了该稳健性分析结果，其中（1）为地理距离影响企业创新的回归系数，（2）为文化距离影响企业创新的回归系数，（3）为法律距离影响企业创新的回归系数，（4）为制度距离影响企业创新的回归系数；同时，所有回归均加入了相同控制变量，并控制了年份、行业和国家固定效应。

由表 5-16 可知，以地理距离、文化距离、法律距离和制度距离衡量的国家距离对企业创新的影响均在 1%的水平上显著为负，与主效应回归结果保持高度一致。这说明，在进一步加入国家层面的控制变量后，本章国家距离负向影响企业创新的实证结果依然稳健。

表 5-16 国家距离影响企业创新的稳定性检验结果 4

因变量	创新产出			创新效率		
	lnAppNum	lnGraNum	lnFcit	lnAppNumIE3	lnGraNumIE3	lnCitationIE3
（1）lefvcdiscap2	-0.028*** (0.007)	-0.033*** (0.006)	-0.027*** (0.007)	-0.014*** (0.004)	-0.013*** (0.003)	-0.017*** (0.004)
lnCouRouN	0.016 (0.047)	0.086** (0.043)	-0.092* (0.051)	0.139*** (0.025)	0.134*** (0.019)	0.078*** (0.026)
lnGIIScore	0.684 (0.828)	0.931 (0.762)	-5.152*** (0.896)	-2.052*** (0.485)	-1.754*** (0.375)	-4.736*** (0.517)
（2）FVCcludis2	-0.199*** (0.039)	-0.213*** (0.036)	-0.164*** (0.042)	-0.109*** (0.021)	-0.088*** (0.016)	-0.115*** (0.022)
lnCouRouN	0.000 (0.047)	0.073* (0.044)	-0.099* (0.051)	0.128*** (0.024)	0.128*** (0.019)	0.073*** (0.026)
lnGIIScore	1.413 (0.880)	1.492* (0.813)	-4.657*** (0.956)	-1.677*** (0.510)	-1.646*** (0.398)	-4.784*** (0.552)
（3）FVClegal2	-0.262*** (0.060)	-0.293*** (0.055)	-0.292*** (0.065)	-0.125*** (0.032)	-0.111*** (0.025)	-0.169*** (0.034)
lnCouRouN	0.014 (0.047)	0.086** (0.043)	-0.100** (0.051)	0.139*** (0.025)	0.134*** (0.019)	0.076*** (0.026)
lnGIIScore	0.742 (0.827)	1.005 (0.762)	-5.112*** (0.895)	-2.041*** (0.485)	-1.743*** (0.375)	-4.725*** (0.517)
（4）FVCinsdis4	-0.261*** (0.059)	-0.306*** (0.055)	-0.270*** (0.064)	-0.092*** (0.032)	-0.094*** (0.025)	-0.134*** (0.034)
lnCouRouN	0.022 (0.049)	0.110** (0.045)	-0.072 (0.053)	0.126*** (0.026)	0.129*** (0.020)	0.068** (0.028)
lnGIIScore	0.080 (0.870)	0.648 (0.803)	-5.407*** (0.943)	-2.172*** (0.513)	-1.773*** (0.398)	-4.721*** (0.547)
Controls	Yes	Yes	Yes	Yes	Yes	Yes
Year	Yes	Yes	Yes	Yes	Yes	Yes
Industry	Yes	Yes	Yes	Yes	Yes	Yes
Country	Yes	Yes	Yes	Yes	Yes	Yes
p	0.000	0.000	0.000	0.000	0.000	0.000

注：*、**、***分别表示在10%、5%、1%的水平上显著。

（五）剔除2018年及之后研究样本

基于专利申请—公告—授权等具有一定的时间间隔，考虑到专利从申请到授权再到被引用过程中的滞后性，为避免采用近几年专利数据可能导致的“截断问题”（陈思等，2017；Wadhwa et al.，2016），本章选择剔除2018年及之后的样本观测值，进行稳定性检验，表5-17汇报了该稳健性分析结果。其中，（1）为地理距离影响企业创新的回归系数，（2）为文化距离影响企业创新的回归系数，（3）为法律距离影响企业创新的回归系数，（4）为制度距离影响企业创新的回归系数；同时，所有回归均加入了相同控制变量，并控制了年份、行业和国家固定效应。

表5-17　国家距离影响企业创新的稳定性检验结果5

因变量	创新产出			创新效率		
	ln*AppNum*	ln*GraNum*	ln*Fcit*	ln*AppNumIE*3	ln*GraNumIE*3	ln*CitationIE*3
（1）*lefvcdiscap*2	-0.027*** (0.006)	-0.033*** (0.006)	-0.026*** (0.007)	-0.021*** (0.004)	-0.018*** (0.003)	-0.023*** (0.004)
（2）*FVCcludis*2	-0.187*** (0.036)	-0.208*** (0.033)	-0.156*** (0.041)	-0.145*** (0.022)	-0.119*** (0.017)	-0.140*** (0.025)
（3）*FVClegal*2	-0.314*** (0.056)	-0.321*** (0.051)	-0.365*** (0.064)	-0.216*** (0.033)	-0.172*** (0.025)	-0.289*** (0.038)
（4）*FVCinsdis*4	-0.284*** (0.057)	-0.331*** (0.052)	-0.310*** (0.065)	-0.167*** (0.034)	-0.149*** (0.026)	-0.215*** (0.039)
Controls	Yes	Yes	Yes	Yes	Yes	Yes
Year	Yes	Yes	Yes	Yes	Yes	Yes
Industry	Yes	Yes	Yes	Yes	Yes	Yes
Country	Yes	Yes	Yes	Yes	Yes	Yes
p	0.000	0.000	0.000	0.000	0.000	0.000

注：***表示在1%的水平上显著。

由表5-17可知，以地理距离、文化距离、法律距离和制度距离衡量的国家距离对企业创新的影响均在1%的水平上显著为负，与主效应回归结果保持高度一致。这说明，在考虑了专利滞后性的可能影响后，本章国家距离负向影响企业创新的实证结果依然稳健。

（六）剔除国际事件的影响

考虑到国际事件可能对国际风险投资机构的跨国投资决策和新兴国家企

业创新造成的影响，本章同时剔除国际事件（1998—2000 年互联网泡沫和 2007—2009 年全球金融危机）期间的研究样本观测值，并重新进行稳定性检验，表 5-18 汇报了该稳健性分析结果。其中，(1) 为地理距离影响企业创新的回归系数，(2) 为文化距离影响企业创新的回归系数，(3) 为法律距离影响企业创新的回归系数，(4) 为制度距离影响企业创新的回归系数；同时，所有回归均加入了相同控制变量，并控制了年份、行业和国家固定效应。

表 5-18　国家距离影响企业创新的稳定性检验结果 6

因变量	创新产出			创新效率		
	ln*AppNum*	ln*GraNum*	ln*Fcit*	ln*AppNumIE3*	ln*GraNumIE3*	ln*CitationIE3*
(1) *lefvcdiscap2*	−0.026*** (0.006)	−0.033*** (0.006)	−0.020*** (0.007)	−0.018*** (0.003)	−0.016*** (0.003)	−0.019*** (0.004)
(2) *FVCcludis2*	−0.185*** (0.036)	−0.211*** (0.033)	−0.123*** (0.039)	−0.128*** (0.020)	−0.106*** (0.015)	−0.119*** (0.022)
(3) *FVClegal2*	−0.277*** (0.056)	−0.305*** (0.051)	−0.284*** (0.061)	−0.188*** (0.031)	−0.159*** (0.024)	−0.238*** (0.034)
(4) *FVCinsdis4*	−0.264*** (0.056)	−0.324*** (0.051)	−0.243*** (0.061)	−0.132*** (0.031)	−0.126*** (0.024)	−0.163*** (0.034)
Controls	Yes	Yes	Yes	Yes	Yes	Yes
Year	Yes	Yes	Yes	Yes	Yes	Yes
Industry	Yes	Yes	Yes	Yes	Yes	Yes
Country	Yes	Yes	Yes	Yes	Yes	Yes
p	0.000	0.000	0.000	0.000	0.000	0.000

注：***表示在 1%的水平上显著。

由表 5-18 可知，以地理距离、文化距离、法律距离和制度距离衡量的国家距离对企业创新的影响均在 1%的水平上显著为负，与主效应回归结果保持高度一致。这说明，在剔除国际事件的可能影响后，本章国家距离负向影响企业创新的实证结果依然稳健。

第四节　国家距离影响的异质性分析

一、与本土风险投资的联合投资

已有研究指出，国际风险投资机构在进入东道国进行跨国投资时，与本土风险投资机构的联合投资，不仅是降低由于较高信息不对称程度导致的外来者劣势的有效途径（Dimov & Milanov，2010；Chemmanur et al.，2016；谈毅和唐霖露，2016），还能够为其投资的企业提供更广泛和互补的知识和资源（Brander et al.，2002；Fritsch & Schilder，2008），从而发挥更好的增值效应。

基于此，本章研究了国际风险投资机构和本土风险投资机构的联合投资（*FLSydicate*）对国家距离与企业创新关系的调节作用，表 5-19 汇报了该结果。其中，（1）为联合投资调节地理距离与企业创新关系的回归系数，（2）为联合投资调节文化距离与企业创新关系的回归系数，（3）为联合投资调节法律距离与企业创新关系的回归系数，（4）为联合投资调节制度距离与企业创新关系的回归系数；同时，所有回归均加入了相同控制变量，并控制了年份、行业和国家固定效应。

表 5-19　与本土风险投资联合对国家距离影响企业创新的调节作用结果

因变量	创新产出			创新效率		
	ln*AppNum*	ln*GraNum*	ln*Fcit*	ln*AppNumIE*3	ln*GraNumIE*3	ln*CitationIE*3
（1）*FLSydiscap*2	0.084*** （0.013）	0.070*** （0.012）	0.076*** （0.015）	0.020** （0.008）	0.015** （0.006）	0.012 （0.009）
*lefvcdiscap*2	−0.049*** （0.007）	−0.052*** （0.006）	−0.043*** （0.008）	−0.022*** （0.004）	−0.019*** （0.003）	−0.022*** （0.005）
FLSydicate	−0.367*** （0.087）	−0.264*** （0.079）	−0.257*** （0.097）	−0.168*** （0.050）	−0.130*** （0.038）	−0.103* （0.056）
（2）*FLSycludis*2	0.207*** （0.073）	0.135** （0.067）	0.137* （0.082）	0.021 （0.041）	0.018 （0.032）	−0.062 （0.047）
*FVCcludis*2	−0.252*** （0.042）	−0.259*** （0.038）	−0.183*** （0.046）	−0.129*** （0.024）	−0.108*** （0.018）	−0.091*** （0.027）
FLSydicate	−0.069 （0.077）	−0.011 （0.071）	0.051 （0.086）	−0.079* （0.043）	−0.066** （0.033）	−0.009 （0.049）
（3）*FLSylegal*2	0.401*** （0.114）	0.278*** （0.104）	0.462*** （0.127）	0.145** （0.066）	0.097* （0.050）	0.123* （0.074）
*FVClegal*2	−0.416*** （0.065）	−0.402*** （0.059）	−0.478*** （0.072）	−0.219*** （0.037）	−0.170*** （0.028）	−0.287*** （0.042）
FLSydicate	−0.118 （0.078）	−0.042 （0.071）	−0.045 （0.086）	−0.127*** （0.045）	−0.098*** （0.034）	−0.069 （0.051）

续表

因变量	创新产出			创新效率		
	ln*AppNum*	ln*GraNum*	ln*Fcit*	ln*AppNumIE*3	ln*GraNumIE*3	ln*CitationIE*3
（4）*FLSyInsDis*4	0.686*** (0.120)	0.510*** (0.110)	0.590*** (0.134)	0.228*** (0.069)	0.140*** (0.053)	0.117 (0.078)
*FVCinsdis*4	−0.448*** (0.062)	−0.468*** (0.056)	−0.429*** (0.068)	−0.185*** (0.036)	−0.154*** (0.027)	−0.204*** (0.041)
FLSydicate	−0.285*** (0.087)	−0.163** (0.080)	−0.139 (0.097)	−0.196*** (0.049)	−0.134*** (0.038)	−0.095* (0.056)
Controls	Yes	Yes	Yes	Yes	Yes	Yes
Year	Yes	Yes	Yes	Yes	Yes	Yes
Industry	Yes	Yes	Yes	Yes	Yes	Yes
Country	Yes	Yes	Yes	Yes	Yes	Yes
p	0.000	0.000	0.000	0.000	0.000	0.000

注：*、**、***分别表示在10%、5%、1%的水平上显著。

由表5-19可知，国际风险投资机构和本土风险投资机构的联合投资与地理距离、文化距离、法律距离和制度距离的交互项（*FLSydiscap*2、*FLSycludis*2、*FLSylegal*2和*FLSyInsDis*4）对企业创新的回归系数大都显著为正，即国际风险投资机构与本土风险投资机构的联合投资能够有效缓解国家距离对企业创新的不利影响。这说明，与本土风险投资机构的联合投资更有利于国际风险投资机构发挥对企业创新的增值效应。

二、风险投资经验

已有研究表明，较丰富的IPO经验，会增强风险投资机构在对创业企业进行投资时的讨价还价能力（王疆，2013），使其与企业签订契约合同时具有更大的谈判权，并在协议中为自己争取最大的利益（Hsu，2004；王茵田等，2017）。同时，有学者研究指出，在新兴国家风险投资市场中，创业企业普遍处于被动和弱势地位（王茵田等，2017），且风险投资机构道德风险普遍存在（Lee & Wahal，2004；胡志颖等，2012；周嘉南等，2015）。此时，国际风险投资机构可能凭借其较丰富的新兴国家IPO经验向创业企业索取更多的基于较远国家距离风险的补偿，进而可能更加不利于企业的长期发展。

基于此，本章研究了风险投资机构在新兴国家的IPO经验（ln*LeVCexp*）对国家距离与企业创新关系的调节作用，表5-20汇报了该结果。其中，

（1）为风险投资经验调节地理距离与企业创新关系的回归系数，（2）为风险投资经验调节文化距离与企业创新关系的回归系数，（3）为风险投资经验调节法律距离与企业创新关系的回归系数，（4）为风险投资经验调节制度距离与企业创新关系的回归系数；同时，所有回归均加入了相同控制变量，并控制了年份、行业和国家固定效应。

表 5-20　风险投资经验对国家距离影响企业创新的调节作用结果

因变量	创新产出			创新效率		
	ln*AppNum*	ln*GraNum*	ln*Fcit*	ln*AppNumIE*3	ln*GraNumIE*3	ln*CitationIE*3
（1）*LeFvcExpdiscap*2	−0.012** (0.005)	−0.012*** (0.004)	−0.015*** (0.005)	−0.005* (0.003)	−0.004* (0.002)	−0.005 (0.003)
*lefvcdiscap*2	−0.014 (0.009)	−0.022*** (0.008)	−0.007 (0.010)	−0.014*** (0.005)	−0.012*** (0.004)	−0.015*** (0.006)
ln*LeVCexp*	−0.021 (0.018)	−0.019 (0.016)	−0.030 (0.020)	0.019* (0.010)	0.014* (0.008)	0.008 (0.011)
（2）*LeFvcExcludis*2	−0.067** (0.030)	−0.072*** (0.027)	−0.059* (0.033)	−0.026 (0.017)	−0.017 (0.013)	−0.009 (0.019)
*FVCcludis*2	−0.161*** (0.052)	−0.196*** (0.047)	−0.131** (0.058)	−0.108*** (0.030)	−0.093*** (0.023)	−0.121*** (0.034)
ln*LeVCexp*	−0.031* (0.018)	−0.031* (0.016)	−0.044** (0.020)	0.018* (0.010)	0.012 (0.008)	0.005 (0.011)
（3）*LeFvcExlegal*2	−0.157*** (0.047)	−0.161*** (0.043)	−0.203*** (0.052)	−0.016 (0.027)	−0.026 (0.021)	−0.045 (0.031)
*FVClegal*2	−0.043 (0.086)	−0.084 (0.079)	−0.015 (0.096)	−0.163*** (0.050)	−0.117*** (0.038)	−0.187*** (0.056)
ln*LeVCexp*	−0.013 (0.017)	−0.007 (0.016)	−0.025 (0.019)	0.018* (0.010)	0.016** (0.007)	0.008 (0.011)
（4）*LeFvcExInsDis*4	−0.084* (0.044)	−0.093** (0.041)	−0.112** (0.049)	−0.033 (0.026)	−0.025 (0.020)	−0.032 (0.029)
*FVCinsdis*4	−0.226*** (0.082)	−0.288*** (0.075)	−0.192** (0.091)	−0.130*** (0.047)	−0.113*** (0.037)	−0.173*** (0.053)
ln*LeVCexp*	−0.023 (0.018)	−0.021 (0.017)	−0.033* (0.020)	0.021** (0.010)	0.017** (0.008)	0.010 (0.011)
Controls	Yes	Yes	Yes	Yes	Yes	Yes

续表

因变量	创新产出			创新效率		
	ln*AppNum*	ln*GraNum*	ln*Fcit*	ln*AppNumIE*3	ln*GraNumIE*3	ln*CitationIE*3
Year	Yes	Yes	Yes	Yes	Yes	Yes
Industry	Yes	Yes	Yes	Yes	Yes	Yes
Country	Yes	Yes	Yes	Yes	Yes	Yes
p	0.000	0.000	0.000	0.000	0.000	0.000

注：*、**、***分别表示在10%、5%、1%的水平上显著。

由表5-20可知，风险投资的IPO经验与地理距离、文化距离、法律距离和制度距离的交互项（*LeFvcExpdiscap*2、*LeFvcExcludis*2、*LeFvcExlegal*2和*LeFvcExInsDis*4）对企业创新的回归系数均为负，且在创新产出阶段更为显著。这说明国际风险投资机构的新兴国家IPO经验加重了国家距离对企业创新的负向影响，即较丰富的IPO经验可能成为国际风险投资机构向创业企业索取更多风险补偿，攫取企业创新的有力筹码，从而对企业创新产出的增长产生不利影响。

三、风险投资声誉

已有研究表明，声誉是风险投资机构的一项宝贵资产（钟昀珈和何小锋，2018；李曜和宋贺，2017），高声誉风险投资机构为了更好地维护声誉，会降低其攫取的投机行为（Lee & Masulis，2011；Atanasov，2012；吴超鹏，2012）。同时，较高声誉的风险投资机构往往具有更丰富的资源和更广泛的社会网络（蔡宁，2015），能为创业企业提供更好的增值服务（李曜和宋贺，2017；Nahata，2008），且更愿意花费较多的时间去监督和治理创业企业（Gompers et al.，2009），从而促进企业创新。

基于此，本章研究了风险投资声誉（ln*LeFirmSi*2）对国家距离与企业创新关系的调节作用，表5-21汇报了该结果。其中，（1）为风险投资声誉调节地理距离与企业创新关系的回归系数，（2）为风险投资声誉调节文化距离与企业创新关系的回归系数，（3）为风险投资声誉调节法律距离与企业创新关系的回归系数，（4）为风险投资声誉调节制度距离与企业创新关系的回归系数；同时，所有回归均加入了相同控制变量，并控制了年份、行业和国家固定效应。

表 5-21　风险投资声誉对国家距离影响企业创新的调节作用结果

因变量	创新产出			创新效率		
	ln*AppNum*	ln*GraNum*	ln*Fcit*	ln*AppNumIE*3	ln*GraNumIE*3	ln*CitationIE*3
（1）*leFVCrepdiscap*2	0.006*** (0.002)	0.004** (0.002)	0.006*** (0.002)	0.003** (0.001)	0.001 (0.001)	0.005*** (0.001)
*lefvcdiscap*2	−0.144*** (0.043)	−0.118*** (0.039)	−0.150*** (0.048)	−0.075*** (0.026)	−0.045** (0.020)	−0.130*** (0.030)
ln*LeFirmSi*2	−0.034*** (0.010)	−0.033*** (0.009)	−0.040*** (0.011)	−0.005 (0.005)	−0.005 (0.004)	−0.008 (0.006)
（2）*leFVCrepcludis*2	0.034*** (0.012)	0.032*** (0.011)	0.042*** (0.013)	0.019*** (0.007)	0.012** (0.006)	0.034*** (0.008)
*FVCcludis*2	−0.895*** (0.262)	−0.863*** (0.240)	−1.003*** (0.291)	−0.545*** (0.158)	−0.368*** (0.121)	−0.850*** (0.180)
ln*LeFirmSi*2	−0.033*** (0.009)	−0.034*** (0.009)	−0.039*** (0.011)	−0.005 (0.005)	−0.007 (0.004)	−0.008 (0.006)
（3）*leFVCreplegal*2	−0.071*** (0.023)	−0.044** (0.021)	−0.068*** (0.025)	−0.014 (0.014)	−0.016 (0.010)	−0.010 (0.015)
*FVClegal*2	1.266*** (0.486)	0.683 (0.444)	1.195** (0.540)	0.106 (0.297)	0.202 (0.226)	−0.027 (0.335)
ln*LeFirmSi*2	−0.012 (0.009)	−0.019** (0.008)	−0.015 (0.010)	0.002 (0.005)	−0.001 (0.004)	0.004 (0.006)
（4）*LeFvcrepInsDis*4	0.045** (0.019)	0.036** (0.018)	0.049** (0.021)	0.022* (0.011)	0.009 (0.009)	0.043*** (0.013)
*FVCinsdis*4	−1.174*** (0.414)	−1.054*** (0.379)	−1.245*** (0.460)	−0.604** (0.245)	−0.326* (0.187)	−1.101*** (0.276)
ln*LeFirmSi*2	−0.032*** (0.010)	−0.031*** (0.009)	−0.039*** (0.011)	−0.003 (0.005)	−0.004 (0.004)	−0.006 (0.006)
Controls	Yes	Yes	Yes	Yes	Yes	Yes
Year	Yes	Yes	Yes	Yes	Yes	Yes
Industry	Yes	Yes	Yes	Yes	Yes	Yes
Country	Yes	Yes	Yes	Yes	Yes	Yes
p	0.000	0.000	0.000	0.000	0.000	0.000

注：*、**、***分别表示在10%、5%、1%的水平上显著。

由表 5-21 可知，风险投资声誉与地理距离、文化距离和制度距离的交互项（*leFVCrepdiscap*2、*leFVCrepcludis*2 和 *LeFvcrepInsDis*4）对企业创新的回归系数显著为正；然而，风险投资声誉与法律距离的交互项（*leFVCreplegal*2）对企业创新产出的系数却显著为负。这说明较高的风险投资声誉能够有效缓解地理距离、文化距离和制度距离对企业创新的不利影响；但不能缓解法律距离对企业创新的不利影响。

四、风险投资期限

已有研究表明，风险投资机构的投资期限越长，表明该风险投资机构对企业未来发展前景的认可度越高（陈思等，2017）。同时，创新具有投资周期长、成果产出慢的特点（Lerner et al.，2011），风险投资机构为企业带来的增值服务需要较长的时间来落实（Du，2016）。因此，国际风险投资机构的持股期限越长，越能克服国家距离的不利影响，从而更多地参与其投资企业的经营和管理活动，为企业带来更多的增值服务（Bottazzi et al.，2008），进而促进企业创新（陆瑶等，2017）。

基于此，本章研究了风险投资期限（*LeVC2dur*）对国家距离与企业创新关系的调节作用，表 5-22 汇报了该结果。其中，（1）为风险投资期限调节地理距离与企业创新关系的回归系数，（2）为风险投资期限调节文化距离与企业创新关系的回归系数，（3）为风险投资期限调节法律距离与企业创新关系的回归系数，（4）为风险投资期限调节制度距离与企业创新关系的回归系数；同时，所有回归均加入了相同控制变量，并控制了年份、行业和国家固定效应。

由表 5-22 的结果可知，风险投资期限与地理距离、文化距离、法律距离和制度距离的交互项（*leVCdurpdiscap*2、*leVCdurpcludis*2、*leVCdurlegal*2 和 *leVCdurInsDis*4）对企业创新的回归系数基本显著为正。这说明较长的风险投资期限能够有效缓解国家距离对企业创新的不利影响，即较长的投资期限有利于国际风险投资机构克服跨国投资时所面临的较远国家距离的不利影响，并有利于其增值动机的提高和增值行为效用的发挥，进而促进企业创新。

表 5-22 风险投资期限对国家距离影响企业创新的调节作用结果

因变量	创新产出			创新效率		
	ln*AppNum*	ln*GraNum*	ln*Fcit*	ln*AppNumIE*3	ln*GraNumIE*3	ln*CitationIE*3
(1) *leVCdurdiscap*2	0.013*** (0.003)	0.014*** (0.002)	0.013*** (0.003)	0.006*** (0.001)	0.005*** (0.001)	0.007*** (0.002)
*lefvcdiscap*2	-0.073*** (0.010)	-0.077*** (0.009)	-0.064*** (0.011)	-0.038*** (0.006)	-0.031*** (0.004)	-0.040*** (0.006)
LeVC2dur	0.020 (0.013)	0.007 (0.012)	0.036** (0.014)	0.003 (0.007)	-0.005 (0.006)	0.016* (0.008)
(2) *leVCdurpcludis*2	0.044*** (0.015)	0.057*** (0.014)	0.055*** (0.017)	0.010 (0.009)	0.016** (0.007)	0.017* (0.010)
*FVCcludis*2	-0.375*** (0.058)	-0.431*** (0.053)	-0.373*** (0.065)	-0.181*** (0.032)	-0.165*** (0.026)	-0.212*** (0.036)
LeVC2dur	0.027** (0.013)	0.016 (0.012)	0.039*** (0.014)	0.007 (0.007)	-0.003 (0.005)	0.020*** (0.008)
(3) *leVCdurlegal*2	0.029 (0.027)	0.069*** (0.025)	0.058* (0.030)	0.031** (0.015)	0.031** (0.012)	0.046*** (0.017)
*FVClegal*2	-0.486*** (0.095)	-0.547*** (0.087)	-0.494*** (0.106)	-0.320*** (0.052)	-0.257*** (0.041)	-0.366*** (0.059)
LeVC2dur	0.051*** (0.012)	0.033*** (0.011)	0.061*** (0.013)	0.011* (0.007)	0.001 (0.005)	0.023*** (0.008)
(4) *LeVCdurInsDis*4	0.171*** (0.026)	0.175*** (0.024)	0.181*** (0.029)	0.068*** (0.015)	0.059*** (0.012)	0.095*** (0.017)
*FVCinsdis*4	-0.812*** (0.092)	-0.825*** (0.085)	-0.786*** (0.103)	-0.354*** (0.052)	-0.297*** (0.042)	-0.441*** (0.059)
LeVC2dur	0.018 (0.013)	0.006 (0.012)	0.028* (0.015)	0.005 (0.007)	-0.003 (0.006)	0.016* (0.008)
Controls	Yes	Yes	Yes	Yes	Yes	Yes
Year	Yes	Yes	Yes	Yes	Yes	Yes
Industry	Yes	Yes	Yes	Yes	Yes	Yes
Country	Yes	Yes	Yes	Yes	Yes	Yes
p	0.000	0.000	0.000	0.000	0.000	0.000

注：*、**、*** 分别表示在 10%、5%、1% 的水平上显著。

五、风险投资进入时机

已有研究表明，风险投资机构的进入时期越早，越关注企业的长期发展，且具有更大的增值动机和能力培育企业创新（成力为和邹双，2020）。同时，在创业企业的早期发展阶段，创新所需的资金、知识和技术等资源更为缺乏（Huang et al.，2015），风险投资的早期进入和价值增值服务的提供对企业的培育作用会更大，给企业带来价值增值的可能性也越多，从而更有利于企业创新（苟燕楠和董静，2013）。

基于此，本章研究了风险投资早期进入（*earlystage*）对国家距离与企业创新关系的调节作用，表 5-23 汇报了该结果。其中，（1）为风险投资早期进入调节地理距离与企业创新关系的回归系数，（2）为风险投资早期进入调节文化距离与企业创新关系的回归系数，（3）为风险投资早期进入调节法律距离与企业创新关系的回归系数，（4）为风险投资早期进入调节制度距离与企业创新关系的回归系数；同时，所有回归均加入了相同控制变量，并控制了年份、行业和国家固定效应。

表 5-23 风险投资进入时机对国家距离影响企业创新的调节作用结果

因变量	创新产出			创新效率		
	ln*AppNum*	ln*GraNum*	ln*Fcit*	ln*AppNumIE*3	ln*GraNumIE*3	ln*CitationIE*3
（1）*VCEarStagediscap*2	−0.005 (0.017)	0.018 (0.015)	−0.000 (0.019)	0.022** (0.010)	0.016** (0.007)	0.028*** (0.011)
*lefvcdiscap*2	−0.032*** (0.007)	−0.035*** (0.007)	−0.024*** (0.008)	−0.026*** (0.004)	−0.020*** (0.003)	−0.028*** (0.005)
earlystage	0.441*** (0.090)	0.306*** (0.082)	0.569*** (0.100)	0.119** (0.051)	0.010 (0.039)	0.176*** (0.057)
（2）*VCEarStagecludis*2	0.080 (0.103)	0.190** (0.095)	0.166 (0.115)	0.047 (0.057)	0.045 (0.045)	0.084 (0.066)
*FVCcludis*2	−0.217*** (0.041)	−0.243*** (0.038)	−0.194*** (0.046)	−0.142*** (0.022)	−0.115*** (0.017)	−0.162*** (0.025)
earlystage	0.434*** (0.085)	0.310*** (0.078)	0.545*** (0.095)	0.151*** (0.047)	0.035 (0.037)	0.221*** (0.054)
（3）*VCEarStagelegal*2	0.186 (0.144)	0.348*** (0.132)	0.223 (0.160)	0.213*** (0.082)	0.179*** (0.064)	0.298*** (0.092)
*FVClegal*2	−0.449*** (0.068)	−0.428*** (0.063)	−0.381*** (0.076)	−0.282*** (0.038)	−0.211*** (0.029)	−0.301*** (0.042)

续表

因变量	创新产出			创新效率		
	lnAppNum	lnGraNum	lnFcit	lnAppNumIE3	lnGraNumIE3	lnCitationIE3
earlystage	0. 397*** (0. 087)	0. 276*** (0. 079)	0. 521*** (0. 097)	0. 130*** (0. 050)	0. 009 (0. 039)	0. 176*** (0. 056)
(4) *VCEarStageInsDis4*	0. 138 (0. 151)	0. 293** (0. 139)	0. 161 (0. 169)	0. 268*** (0. 086)	0. 198*** (0. 068)	0. 307*** (0. 097)
FVCinsdis4	−0. 400*** (0. 066)	−0. 418*** (0. 060)	−0. 347*** (0. 073)	−0. 222*** (0. 036)	−0. 176*** (0. 029)	−0. 260*** (0. 041)
earlystage	0. 429*** (0. 092)	0. 299*** (0. 085)	0. 558*** (0. 102)	0. 104** (0. 051)	−0. 002 (0. 040)	0. 166*** (0. 058)
Controls	Yes	Yes	Yes	Yes	Yes	Yes
Year	Yes	Yes	Yes	Yes	Yes	Yes
Industry	Yes	Yes	Yes	Yes	Yes	Yes
Country	Yes	Yes	Yes	Yes	Yes	Yes
p	0. 000	0. 000	0. 000	0. 000	0. 000	0. 000

注：**、***分别表示在5%、1%的水平上显著。

由表5-23可知，风险投资早期进入与地理距离、文化距离、法律距离和制度距离的交互项（*VCEarStagediscap2*、*VCEarStagecludis2*、*VCEarStagelegal2*和*VCEarStageInsDis4*）对企业创新的系数大都显著为正。这说明国际风险投资机构的早期进入能够有效缓解国家距离的不利影响，进而促进企业创新。

第五节　创业企业国家禀赋的进一步分析

一、国家自由访问度

国家自由访问度（Freedom of foreigners to visit）反映了外国人为旅游和短期商业目的前往该国的自由，主要根据一个国家需要外国游客签证的城市的百分比计算得到，取值在0~10，值越大代表该国家自由访问度越高。而较高的自由访问度，能够为国际风险投资机构对创业企业进行实地访问提供便利，有利于降低沟通交流和监督成本，从而可能有利于国际风险投资机构对企业创新增值效应的发挥，进而促进企业创新水平的提高。

基于此，本书研究了创业企业所在国家的自由访问度高低（*HIGHFreevist*）

对国家距离与企业创新关系的调节作用，表 5-24 汇报了该结果。其中，（1）为国家自由访问度调节地理距离与企业创新关系的回归系数，（2）为国家自由访问度调节文化距离与企业创新关系的回归系数，（3）为国家自由访问度调节法律距离与企业创新关系的回归系数，（4）为国家自由访问度调节制度距离与企业创新关系的回归系数；同时，所有回归均加入了相同控制变量，并控制了年份、行业和国家固定效应。

表 5-24 国家自由访问度对国家距离影响企业创新的调节作用结果

因变量	创新产出			创新效率		
	ln*AppNum*	ln*GraNum*	ln*Fcit*	ln*AppNumIE*3	ln*GraNumIE*3	ln*CitationIE*3
（1）*HIGHFreeVdiscap*1	0.010 (0.014)	−0.006 (0.013)	0.024 (0.016)	0.040*** (0.008)	0.031*** (0.006)	0.054*** (0.010)
*lefvcdiscap*2	−0.035*** (0.013)	−0.028** (0.011)	−0.047*** (0.014)	−0.052*** (0.008)	−0.043*** (0.006)	−0.066*** (0.009)
HIGHFreevist	0.024 (0.148)	0.212 (0.134)	−0.364** (0.169)	−0.335*** (0.097)	−0.266*** (0.074)	−0.675*** (0.112)
（2）*HIGHFreeVcludis*2	0.032 (0.078)	−0.043 (0.071)	0.137 (0.089)	0.184*** (0.046)	0.140*** (0.036)	0.274*** (0.054)
*FVCcludis*2	−0.215*** (0.069)	−0.177*** (0.063)	−0.269*** (0.079)	−0.284*** (0.041)	−0.225*** (0.032)	−0.353*** (0.048)
HIGHFreevist	0.056 (0.150)	0.216 (0.136)	−0.358** (0.171)	−0.212** (0.098)	−0.189** (0.076)	−0.599*** (0.115)
（3）*HIGHFreeVlegal*	0.024 (0.123)	−0.067 (0.112)	0.093 (0.141)	0.339*** (0.073)	0.274*** (0.056)	0.409*** (0.084)
*FVClegal*2	−0.326*** (0.109)	−0.264*** (0.098)	−0.435*** (0.123)	−0.467*** (0.065)	−0.376*** (0.049)	−0.594*** (0.075)
HIGHFreevist	0.047 (0.145)	0.219* (0.131)	−0.320* (0.165)	−0.308*** (0.095)	−0.248*** (0.072)	−0.629*** (0.109)
（4）*HIGHFreeVInsDis*4	0.094 (0.126)	−0.026 (0.114)	0.234 (0.143)	0.355*** (0.075)	0.270*** (0.058)	0.470*** (0.087)
*FVCinsdis*4	−0.360*** (0.113)	−0.309*** (0.103)	−0.505*** (0.128)	−0.440*** (0.068)	−0.357*** (0.052)	−0.583*** (0.078)
HIGHFreevist	−0.093 (0.158)	0.153 (0.144)	−0.438** (0.180)	−0.333*** (0.104)	−0.258*** (0.079)	−0.654*** (0.120)

续表

因变量	创新产出			创新效率		
	ln*AppNum*	ln*GraNum*	ln*Fcit*	ln*AppNumIE*3	ln*GraNumIE*3	ln*CitationIE*3
Controls	Yes	Yes	Yes	Yes	Yes	Yes
Year	Yes	Yes	Yes	Yes	Yes	Yes
Industry	Yes	Yes	Yes	Yes	Yes	Yes
Country	Yes	Yes	Yes	Yes	Yes	Yes
p	0. 000	0. 000	0. 000	0. 000	0. 000	0. 000

注：*、**、***分别表示在10%、5%、1%的水平上显著。

由表5-24可知，国家自由访问度与地理距离、文化距离、法律距离和制度距离的交互项（*HIGHFreeVdiscap*1、*HIGHFreeVcludis*2、*HIGHFreeVlegal* 和 *HIGHFreeVInsDis*4）对企业创新效率的系数均在1%的水平上显著为正，但对企业创新产出的系数不显著。这说明，较高的国家自由访问度能够有效缓解国家距离对企业创新效率的不利影响，即创业企业国家更便利的访问程度，有助于国际风险投资机构通过学习和经验积累克服国家距离的不利影响，并有利于增加与创业企业间的沟通交流机会和实施更密切的监督治理行为，从而为企业提供更好的增值服务，进而提高企业创新转化效率。

二、国家综合治理水平

较高的国家综合治理水平，反映了一个国家较高的制度稳定性、较好的法律保护与商业法规执行、透明的判决与诉讼体系等（吴先明和黄春桃，2016），这有利于降低国际风险投资机构对创业企业进行投资时面临的不确定性风险，从而增加其对企业创新的增值动机和增值收益。具体地，创业企业所在国家的综合治理水平用一个国家在话语权和问责制、政治稳定与杜绝暴恐、政府施政有效性、监管质量、司法有效性、贪腐控制六项治理指标得分的平均值来衡量，数据来自世界银行的全球治理指数（WGI）数据库。

基于此，本书研究了创业企业所在国家的综合治理水平高低（*highCoNatWGI*）对国家距离与企业创新关系的调节作用，表5-25汇报了该结果。其中，（1）为国家综合治理水平调节地理距离与企业创新关系的回归系数，（2）为国家综合治理水平调节文化距离与企业创新关系的回归系数，（3）为国家综合治理水平调节法律距离与企业创新关系的回归系数，（4）为国家综合治理水平调节制度距离与企业创新关系的回归系数；同时，所有回归均加入了相同控制变量，并控制了年份、行业和国家固定效应。

表 5-25　国家综合治理水平对国家距离影响企业创新的调节作用结果

因变量	创新产出			创新效率		
	lnAppNum	lnGraNum	lnFcit	lnAppNumIE3	lnGraNumIE3	lnCitationIE3
(1) highWGIdiscap2	0.032*** (0.011)	0.012 (0.010)	0.048*** (0.012)	0.040*** (0.006)	0.030*** (0.005)	0.053*** (0.007)
lefvcdiscap2	-0.043*** (0.008)	-0.038*** (0.008)	-0.049*** (0.009)	-0.040*** (0.005)	-0.032*** (0.004)	-0.048*** (0.005)
highCoNatWGI	0.178 (0.123)	0.270** (0.112)	-0.753*** (0.136)	-0.270*** (0.055)	-0.229*** (0.072)	-0.708*** (0.081)
(2) highWGIcludis2	0.125** (0.062)	0.038 (0.057)	0.272*** (0.069)	0.174*** (0.035)	0.126*** (0.027)	0.284*** (0.040)
FVCcludis2	-0.236*** (0.045)	-0.221*** (0.042)	-0.266*** (0.050)	-0.213*** (0.025)	-0.169*** (0.019)	-0.257*** (0.029)
highCoNatWGI	0.272** (0.128)	0.326*** (0.117)	-0.690*** (0.142)	-0.172** (0.074)	-0.195*** (0.057)	-0.689*** (0.084)
(3) highWGIlegal2	0.181* (0.099)	0.064 (0.090)	0.238** (0.110)	0.298*** (0.056)	0.234*** (0.042)	0.321*** (0.063)
FVClegal2	-0.368*** (0.072)	-0.325*** (0.066)	-0.432*** (0.080)	-0.341*** (0.040)	-0.272*** (0.031)	-0.420*** (0.045)
highCoNatWGI	0.204* (0.123)	0.291*** (0.112)	-0.717*** (0.136)	-0.257*** (0.072)	-0.222*** (0.055)	-0.680*** (0.081)
(4) highWGIInsDis4	0.212** (0.098)	0.057 (0.090)	0.321*** (0.108)	0.310*** (0.056)	0.229*** (0.043)	0.383*** (0.063)
FVCinsdis4	-0.374*** (0.073)	-0.347*** (0.066)	-0.432*** (0.080)	-0.301*** (0.041)	-0.248*** (0.031)	-0.377*** (0.046)
highCoNatWGI	0.055 (0.131)	0.219* (0.120)	-0.807*** (0.145)	-0.317*** (0.077)	-0.242*** (0.059)	-0.715*** (0.086)
Controls	Yes	Yes	Yes	Yes	Yes	Yes
Year	Yes	Yes	Yes	Yes	Yes	Yes
Industry	Yes	Yes	Yes	Yes	Yes	Yes
Country	Yes	Yes	Yes	Yes	Yes	Yes
p	0.000	0.000	0.000	0.000	0.000	0.000

注：*、**、***分别表示在10%、5%、1%的水平上显著。

由表 5-25 可知，创业企业国家综合治理水平与地理距离、文化距离、法律距离和制度距离的交互项（*highWGIdiscap*2、*highWGIcludis*2、*highWGIlegal*2 和 *highWGIInsDis*4）对企业创新的回归系数基本显著为正（虽然因变量为 ln-*GraNum* 时该交互项系数不显著，但均为正）。这说明，较高的国家综合治理水平能够有效缓解国家距离对企业创新的不利影响，即较高的国家综合治理水平有利于国际风险投资机构增值动机和增值效力的提升，进而促进企业创新产出的增加和创新效率的提高。

三、国家创新水平

国家创新水平用世界知识产权组织全球创新指数（GII）报告中的国家创新得分来衡量，GII 全球创新指数报告是由世界知识产权组织、康奈尔大学、欧洲工商管理学院于 2007 年共同创立的，旨在衡量全球各大经济体国家的创新能力，目前已得到学术界的广泛应用（漆苏和刘立春，2018；桂黄宝，2014）。较高的国家创新水平有利于优化企业创新环境，提高研发投入的创新转化效率；同时，较高的国家创新水平还有利于提高风险投资机构通过企业创新的培育获得超额退出收益的可能性。

基于此，本书研究了创业企业所在国家创新水平的高低（*highGII*）对国家距离与企业创新关系的调节作用，表 5-26 汇报了该结果。其中，（1）为国家创新水平调节地理距离与企业创新关系的回归系数，（2）为国家创新水平调节文化距离与企业创新关系的回归系数，（3）为国家创新水平调节法律距离与企业创新关系的回归系数，（4）为国家创新水平调节制度距离与企业创新关系的回归系数；同时，所有回归均加入了相同控制变量，并控制了年份、行业和国家固定效应。

由表 5-26 可知，较高的国家创新水平与地理距离、文化距离、法律距离和制度距离的交互项（*highGIIdiscap*2、*highGIIcludis*2、*highGIIlegal*2 和 *highGI-IInsDis*4）对企业创新的回归系数基本显著为正。这说明，较高的国家创新水平有利于降低国际风险投资机构与创业企业间关于创新项目的信息不对称程度，并有利于提高企业创新项目的成功率，进而增加国际风险投资机构培育企业创新的增值动机和收益，从而缓解其面临的较大国家距离对企业创新的抑制作用。

表 5-26 国家创新水平对国家距离影响企业创新的调节作用结果

因变量	创新产出			创新效率		
	lnAppNum	lnGraNum	lnFcit	lnAppNumIE3	lnGraNumIE3	lnCitationIE3
(1) highGIIdiscap2	0.016 (0.012)	0.015 (0.011)	0.036*** (0.013)	0.020*** (0.007)	0.016*** (0.005)	0.029*** (0.007)
lefvcdiscap2	−0.037*** (0.009)	−0.043*** (0.009)	−0.044*** (0.010)	−0.030*** (0.005)	−0.026*** (0.004)	−0.037*** (0.006)
highGII	0.185 (0.142)	0.226* (0.131)	−0.689*** (0.154)	−0.296*** (0.086)	−0.270*** (0.067)	−0.780*** (0.092)
(2) highGIIcludis2	0.215*** (0.071)	0.157** (0.066)	0.273*** (0.077)	0.207*** (0.038)	0.145*** (0.030)	0.235*** (0.041)
FVCcludis2	−0.328*** (0.058)	−0.319*** (0.053)	−0.314*** (0.063)	−0.263*** (0.032)	−0.203*** (0.025)	−0.280*** (0.034)
highGII	0.218 (0.146)	0.241* (0.135)	−0.675*** (0.159)	−0.262*** (0.088)	−0.272*** (0.069)	−0.800*** (0.095)
(3) highGIIlegal2	0.121 (0.113)	0.142 (0.104)	0.395*** (0.122)	0.191*** (0.061)	0.170*** (0.047)	0.317*** (0.065)
FVClegal2	−0.331*** (0.088)	−0.391*** (0.081)	−0.498*** (0.095)	−0.275*** (0.049)	−0.248*** (0.038)	−0.386*** (0.052)
highGII	0.207 (0.141)	0.244* (0.130)	−0.696*** (0.153)	−0.304*** (0.087)	−0.281*** (0.067)	−0.805*** (0.092)
(4) highGIIInsDis4	0.206* (0.110)	0.178* (0.102)	0.409*** (0.119)	0.189*** (0.060)	0.153*** (0.047)	0.281*** (0.064)
FVCinsdis4	−0.386*** (0.087)	−0.431*** (0.080)	−0.496*** (0.094)	−0.239*** (0.049)	−0.218*** (0.038)	−0.328*** (0.052)
highGII	0.008 (0.152)	0.145 (0.141)	−0.828*** (0.165)	−0.339*** (0.093)	−0.285*** (0.072)	−0.812*** (0.099)
Controls	Yes	Yes	Yes	Yes	Yes	Yes
Year	Yes	Yes	Yes	Yes	Yes	Yes
Industry	Yes	Yes	Yes	Yes	Yes	Yes
Country	Yes	Yes	Yes	Yes	Yes	Yes
p	0.000	0.000	0.000	0.000	0.000	0.000

注：*、**、***分别表示在10%、5%、1%的水平上显著。

第六节 小结

本章基于国家距离视角，从地理距离、文化距离、法律距离和制度距离四个维度，对国际风险投资培育较少企业创新的作用机制及其影响因素进行了深入研究，主要得出以下结论：

首先，国际风险投资机构所在国家与创业企业所在国家间较远的地理距离、文化距离、法律距离和制度距离不利于企业创新，即国际风险投资机构与创业企业间客观存在的较远国家距离是国际风险投资机构较本土风险投资机构培育较少企业创新的一个重要原因。且在基于Heckman两阶段法的内生性检验和一系列稳定性分析后，该结论依然成立。这说明与本土风险投资机构相比，国际风险投资机构由于与创业企业间较远的国家距离，具有明显的外来者劣势，这会增加国际风险投资机构对创业企业投资前的信息收集成本和投资后的监督成本，进而抑制其增值动机，并降低其增值效应的有效发挥，从而不利于企业创新。

其次，基于国家距离影响的异质性分析发现：

（1）国际风险投资机构与本土风险投资机构的联合投资能够有效缓解国家距离对企业创新的不利影响。这说明与本土风险投资机构的联合投资能够有效缓解国际风险投资机构由于较远的国家距离引起的外来者劣势，并有利于其增值效应的发挥，进而促进企业创新。

（2）风险投资的新兴国家IPO经验会加重国家距离对企业创新的不利影响。这说明当国际风险投资机构能够凭借其丰富的经验在与创业企业的谈判中获得优势地位时，具有更大的动机和能力对企业实施攫取行为，进而不利于企业创新。

（3）风险投资声誉能够缓解地理距离、文化距离和制度距离对企业创新的不利影响，但并不能缓解法律距离对企业创新的负面影响。

（4）风险投资期限越长，越有利于缓解国家距离对企业创新的不利影响。这说明较长的投资期限有利于提高国际风险投资机构的增值动机，并有利于其通过知识和经验的积累克服国家距离的不利影响，进而促进企业创新。

（5）风险投资的早期进入更有利于缓解国家距离对企业创新的不利影响。这说明早期进入的国际风险投资机构具有更大的动机和能力为企业提供创新急需的资金、知识和技术等资源，进而更有利于企业创新水平的提高。

最后，基于创业企业国家禀赋的进一步分析发现：

（1）创业企业国家较高的自由访问度能够有效缓解国家距离对企业创新的不利影响。这说明较高的自由访问度能够为国际风险投资机构增值监督效应的发挥提供便利，进而促进企业创新。

（2）较高的国家综合治理水平能够有效缓解国家距离对企业创新的不利影响。这说明创业企业所在国家较高的综合治理水平能够有效降低国际风险投资机构由于较远国家距离导致的不确定性风险，进而增加其培育更多企业创新的动机和能力。

（3）较高的国家创新水平能够有效缓解国家距离对企业创新的不利影响。这说明创业企业所在国家较好的创新环境有利于国际风险投资机构通过企业创新的培育获取更多的超额收益，从而使其具有更大的动机和能力为企业提供增值服务，进而提高企业的创新水平。

第六章

国际风险投资影响企业创新的机制研究

——基于海外上市视角

基于第四章和第五章的研究，本书发现，与本土风险投资相比，国际风险投资支持的创业企业之所以具有更少的创新产出和较低的创新效率，其中一个重要的原因是，与本土风险投资机构相比，国际风险投资机构与创业企业间具有较远的国家距离，即较远的国家距离使国际风险投资机构面临较大的外来者劣势，从而增加了其对创业企业投资前的信息收集成本和投资后的监督成本，进而抑制了其增值动机，并降低了其对企业创新增值作用的有效发挥。然而，也有学者指出，风险投资对企业创新的负面影响也可能源自其攫取行为（温军和冯根福，2018），主要体现在两个方面：一方面，基于道德风险，体现为短期机会主义行为，如增值行为的偷懒、搭便车（董静等，2017）和参与企业管理时牟取私利等（贾宁和李丹，2011）；另一方面，基于逐名动机，体现为出于达到向市场传递自身能力信号、提高业界声望的目的，在资源有限的条件下，有动机和能力将有限的资源用于加速企业上市（胡志颖等，2015；Gompers，1996；Atanasov et al.，2012），而非用于有利于企业长期利益的创新活动（成力为和邹双，2020）。

同时，国内外文献研究普遍表明，与本土风险投资机构相比，国际风险投资机构存在更大的动机和能力促进企业海外上市（彭涛等，2020；Zhang & Yu，2017），且这一现象在新兴国家更加显著。这是因为：一方面，基于新兴国家股票市场不发达、法律和金融体系不完善、上市门槛高以及对外资投资限制多等特点（Ding et al.，2010；Cumming et al.，2009；Humphery-Jenner & Suchard，2013），国际风险投资机构在创业企业国家上市退出受阻的情况下，更倾向于选择海外上市退出。另一方面，与本土风险投资机构相比，国际风险投资机构拥有丰富的国际市场知识和广泛的国际社会网络资源，不仅能为创业企业的海外上市提供专业知识，如海外资本市场的商务惯例、法律法规、股票发行程序和上市管理办法等（MaKela & Maula，2006），还能帮助企业建立优秀的国际 IPO 团队，为企业提供会计、审计及承销方面的高质量服务，进而提高企业海外上市的合法性，并保障海外上市的顺利进行（Bell et al.，2012）。

另外，还有学者指出，国际风险投资机构对企业海外上市的促进作用更多地体现为基于“逐名效应”的机会主义 IPO 行为。一方面，基于逐名动机，国际风险投资机构可能更加短视，具有更大的动机将更多资源用于促进企业的海外上市，而较少关注有利于企业长期发展的创新活动（成力为和邹双，2020）。另一方面，国际风险投资机构还能够凭借其强势地位（Zhang & Yu，2017），通过参与公司董事会（钟昀珈和何小锋，2018；张凯歌和顾露露，2020）或者利用投资契约条款（王茵田等，2017；周嘉南等，2015）等治理手段，干预创业企业上市决策，并对企业筹备海外上市的积极性进行有效监督，以提高其机会主义 IPO 行为成功实施的可能性。

此外，有学者指出，与国内上市相比，新兴国家海外上市企业面临普遍的“新兴者劣势”，即国外市场利益相关者基于对新兴国家的刻板印象（潘镇等，2020），而更倾向于对新兴国家企业持消极看法（Cuervo-Cazurra et al.，2016）。在此背景下，新兴国家海外上市公司普遍存在身份认同不足的问题（Zhang & Yu，2017），这会加重国际市场投资者的“家乡偏误”（home bias）（Cumming & Dai，2010；董大勇和肖作平，2011），从而可能导致海外上市企业长期处于股价低、市值低、成交量低的状态，甚至会遭遇做空而面临较大的财务困境风险（张立洲和乔加伟，2017），进而不利于企业长期发展。

综上，本书认为，与本土风险投资相比，国际风险投资对企业创新的不利影响还可能源自其促进企业海外上市的机会主义 IPO 行为，即海外上市作为国际风险投资成功退出的重要方式，可能是其较本土风险投资培育较少企业创新的重要路径。为了验证这一推测，本章基于海外上市视角，主要研究了以下问题：

（1）海外上市是国际风险投资影响企业创新的中介路径吗？

（2）国际风险投资通过海外上市影响企业创新中介路径的深层次潜在作用机制是什么？

（3）风险投资特征的异质性对海外上市的中介路径有何影响？

第一节　理论分析与假设提出

一、国际风险投资与海外上市

风险投资机构的项目退出方式一般有三种：IPO 退出、并购及清算或破产（王玉荣等，2015）。其中IPO更有利于风险投资机构获取高额回报、提高行业声望以及便利后续持续融资（Gompers，1996；Nahata，2008；胡志颖等，2015），是风险投资机构的最佳退出方式。同时，IPO上市根据上市地点，可分为国内上市和海外上市，且二者存在相互替代的关系（Korczak & Korczak，2013；彭涛等，2020）。此外，学者研究发现，具有不同国家背景的风险投资机构，对上市地点的选择也存在差异（Cheng et al.，2016）。具体地，国内外文献研究普遍表明，与本土风险投资机构相比，国际风险投资机构具有更大的动机和能力促进企业海外上市（彭涛等，2020；Humphery - Jenner & Suchard，2013；Zhang & Yu，2017），且这一现象在新兴国家更加显著。主要基于以下三个方面原因：

首先，新兴国家股票市场不发达、法律和金融体系不完善以及上市门槛高等特点，大大增加了国际风险投资支持企业的国内IPO退出成本和难度。这是因为：

（1）不成熟的股票市场能提供的资本有限，且往往投资者参与也有限，这不利于公司的长期增长（Ding et al.，2010；Foerster & Karolyi，1999）；同时，法律和金融体系的不完善，则会导致较高的发行风险（Allen et al.，2005；Cumming et al.，2006；La Porta et al.，1998），如严重定价不足（Zhang & King，2010）。

（2）与大多数发达国家实行注册制、程序便捷和市场制度完善不同，部分新兴国家对股票上市实行严格管制，存在审核周期长、程序烦琐等问题（Ding et al.，2010），同时还存在对外国投资者参与国内股票市场的较多限制（Humphery-Jenner & Suchard，2013）；另外，部分新兴国家还对国内企业的IPO设置了较高的上市条件，如满足一定的利润要求，这些条件限制了大多数新兴创业企业，特别是IT/互联网行业企业的国内上市（Xu，2014）。

其次，基于逐名动机，为了获取高额回报、提高行业声望以及维持后续融资通畅（Gompers，1996；Nahata，2008；胡志颖等，2015），国际风险投资机构有更大的激励和能力督促创业企业的海外上市。这是因为：

（1）国际风险投资机构所管理基金的投资者多为养老基金、家族基金、大学捐赠基金、银行、保险等机构，通过海外上市能提高风险投资机构的国际行业声望，进而更好地获得这些国际资金投资者的认可，从而有利于后续风险投资基金的顺利募集。

（2）国际风险投资机构还能通过参与公司董事会（钟昀珈和何小锋，

2018；张凯歌和顾露露，2020）或者利用投资契约条款（王茵田等，2017；周嘉南等，2015）等治理手段，基于自身丰富的国际资源、行业经验和国际声望，占据强势谈判地位（Zhang & Yu，2017），干预创业企业上市决策，并对企业筹备海外上市的积极性进行有效监督。

最后，基于资源基础理论，国际风险投资机构拥有丰富的国际市场知识和广泛的国际社会网络资源，有能力提高企业在海外资本市场的合法性，进而提高海外上市成功率。具体体现为：

（1）与本土风险投资机构相比，国际风险投资丰富的国际市场知识，能够为创业企业的海外上市提供专业知识。例如，国际风险投资机构更熟悉海外资本市场的商务惯例、法律法规、股票发行程序和上市管理办法等（MaKela & Maula，2006），能够为创业企业改进公司会计制度和公司治理结构以满足海外上市需求提供咨询和建议（Schertler & Tykvova，2011；Chahine et al.，2019）。同时，还有助于增进创业企业对海外股票市场的了解，并提高其与承销商进行价格谈判的技能（Zhang & Yu，2017）。

（2）与本土风险投资机构相比，国际风险投资机构通过丰富的国际投资经验，与承销商、律师和审计师等 IPO 小组成员建立了广泛的社会联系（Pollock et al.，2004；Cumming et al.，2016），能够说服这些著名的参与者加入创业企业 IPO 团队（Zhang & Yu，2017），进而提高企业海外上市的成功率（Humphery-Jenner & Suchard，2013）。

（3）国际风险投资机构还能利用其在行业中的声誉和地位为企业质量提供信用背书，降低创业企业与海外资本市场投资者之间的信息不对称，提高创业企业在海外资本市场的声誉和合法性（Makela & Maula，2005）。同时，国际著名 IPO 团队的参与也能发挥认证作用，提高国际投资者和证券监管机构对创业企业的认可程度，进而保障其海外上市的顺利进行（Bell et al.，2012）。

基于上述分析，本章提出如下假设：

H6-1：与本土风险投资相比，国际风险投资有利于企业海外上市。

二、海外上市与企业创新

与国内上市相比，新兴国家企业的海外上市大多是出于获取更多的低成本国际资金、提高企业市场知名度、拓展国际市场和优化企业外部治理环境等目的的考虑（彭涛等，2020）。然而现实中，我们观察到新兴国家海外上市企业普遍存在股票流动性差、估值偏低，甚至被恶意做空而面临退市的风险（张立洲和乔加伟，2017），其上市初衷并没有得到很好实现。基于此，有学者从“新兴者劣势”（Liability of Emergingness，LOE）视角对新兴国家跨国企业面临的额外成本进行了相关分析（Madhok et al.，2012）。

新兴者劣势，是指新兴经济体跨国企业（相对于发达经济体跨国企业而言）由于来自新兴经济体而面临的额外不利条件。与适用于所有外国公司一般情况的外来者劣势（Liability of Foreignness，LOF）不同，新兴者劣势（LOE）特别指作为新兴经济体企业所产生的额外负担，这完全是因为它们来自新兴经济体（Ramachandran & Pant，2010）。这是因为在东道国利益攸关方眼中，一方面，新兴国家往往存在市场不发达，金融体系、法律制度不完善等问题（Allen et al.，2005；Cumming et al.，2009），而制度环境又能从各个方面显著塑造企业的战略和行为（Ahuja & Yayavaram，2011；Carney，2009）。因此，来自新兴国家的跨国企业经常被认为产品低端、管理和竞争能力不足。另一方面，新兴经济体国家进入全球市场较晚，全球竞争融入程度较低，且往往在全球价值链中地位不高，存在技术和管理标准较低、资源和能力不足等问题（Madhok & Keyhani，2012）。在此环境下成长起来的新兴经济体跨国企业可能存在“能力错位”的问题（潘镇等，2020），即它们在母国保护政策环境下的低成本竞争战略、政企关系优势等核心竞争力，可能与国际市场成功经营所需的能力不匹配（杨勃和刘娟，2020）。此外，新兴国家跨国公司母国与东道国之间较远的国家距离，也会妨碍其对东道国更复杂的商业和制度环境的充分了解，这进一步增大了其优势转移的调整成本（Miller & Parkhe，2002；Cuervo-Cazurra et al.，2007）。基于上述因素，国外市场利益相关者更倾向于对新兴经济体跨国企业持消极看法（Cuervo-Cazurra et al.，2016）。

因此，在国际市场利益攸关者对新兴国家企业的刻板印象（潘镇等，2020）普遍存在的背景下，新兴国家的海外上市企业面临明显的“新兴者劣势”。这可能导致诸如国际资本、知识、技术、人员等无法通过国际市场获得，而且还要面临国际资本市场的波动风险，进而不利于企业创新。具体体现在以下两个方面：

一方面，“新兴者劣势”会造成新兴国家海外上市企业的身份认同不足问题，并导致国际市场投资者的“家乡偏误”（home bias）。首先，当新兴国家创业企业通过海外上市进入国际资本市场时，“新兴者劣势”使其不可避免地面临身份认同不足的问题（Zhang & Yu，2017）。这是因为，当国外市场利益相关者基于对新兴国家企业的刻板印象（潘镇等，2020），普遍对新兴经济体跨国企业持消极看法（Cuervo-Cazurra et al.，2016）时，新兴国家海外上市企业在进入国际市场后，其合法身份很难赢得东道国利益相关者的认同和认可（汪涛等，2018；刘建丽和刘瑞明，2020）。其次，基于新兴国家创业企业在海外上市后面临的合法性身份认同不足，国际市场投资者会减少或不会对该公司进行投资（Grinblatt & Keloharju，2000），而是将财富的相当大一部分分配给国内股票，从而在国际金融市场上表现出明显的“家乡偏误”（home bias）（Cumming & Dai，2010；Chan et al.，2005；董大勇和肖作平，2011）。

另一方面，与国内上市相比，基于“新兴者劣势”，新兴国家海外上市企业面临的身份认同不足和家乡偏误普遍存在，可能会导致其估值偏低、成本高昂、交投清淡，甚至会遭遇做空而面临较大的财务困境风险（张立洲和乔加伟，2017），进而不利于企业创新。具体表现为：

（1）国际市场机构投资者出于对新兴国家企业商业模式前景不明、抗风险能力较弱、创新能力不足、公司治理不规范的担忧，不会给予其较高的估值。

（2）与国内上市相比，海外上市看似条件宽松、审核流程快，但是却有较高的上市费用及后期维护费。如以美国资本市场为例，上市企业每年必须承担上市年费、投资者关系维护费、法律顾问费、审计费、信息披露费等高额维护费用。特别地，海外上市企业一旦涉及投资者诉讼，需要承担高昂的额外成本。

（3）与国内上市相比，新兴国家大部分海外上市企业股票交投清淡，长期处于股价低、市值低、成交量低的“三低”状态。这使得对于大多数海外上市企业而言，通过增发等形式在国际市场再次融资，募集发展所需资金面临较大困难。

（4）与国内上市相比，海外上市企业遭遇做空、封杀、退市的风险很高。以美国市场为代表的境外资本市场监管制度严格，新兴国家企业因信息披露瑕疵，被恶意做空而遭遇阻击退市的风险时刻存在；同时，在美国上市的公司还面临因政治舆论环境影响而被华尔街封杀的风险。上述因素无疑增加了海外上市企业面临的财务困境风险，进而不利于企业创新。

综上，本章提出如下假设：

H6-2：与国内上市相比，海外上市不利于企业创新。

三、海外上市的中介效应

一方面，基于道德风险和逐名假说，国际风险投资机构的海外上市退出更多地体现为策略性的投机行为（彭涛等，2020），从而对企业创新产生不利影响。这是因为，与本土风险投资机构相比，国际风险投资机构具有更多的资本、更丰富的经验和较高的行业地位，能够显著提高创业企业海外上市的概率（Zhang & Yu，2017；Hursti & Maula，2007），并在与创业企业（尤其是寻求海外上市的企业）的交易中，往往处于更加强势的地位，具有更大的谈判权（王茵田等，2017）。此时，出于实现快速退出获益和提高业界声望的目的（Nahata，2008；胡志颖等，2015），国际风险投资机构有动机和能力将更多资源用于推动企业上市（Gompers et al.，2009；Lindsey，2008），如将有限的资源用于建立政治关联以期获得有利于上市的信息和帮助、进行盈余管理以美化业绩满足上市需求（蔡宁，2015；Lee & Masulis，2011）等，而不愿意将过多的资源用于创新等长期投资（刘冰等，2016；成力为和邹双，2020），进而不会促进企业持续创新（Caselli et al.，2009）或表现出对创新的攫取效应（温军和冯根福，2018）。

另一方面，基于“新兴者劣势”（Madhok et al.，2012）和“传染效应①”（Ahluwalia et al.，2001），国际风险投资机构的投机性海外上市行为不利于创业企业从国际市场获取创新相关的国际资本、知识、经验和技术等资源。这是因为，在逆全球化思潮不断蔓延、贸易保护主义抬头和民粹主义盛行等背景下，除个别独角兽企业外，大部分新兴国家海外上市企业面临普遍的“新兴者劣势”，存在国际身份认同不足（Zhang & Yu，2017）和投资者的家乡偏误问题（Cumming & Dai，2010；Chan et al.，2005；董大勇和肖作平，2011）。同时，国际风险投资机构的投机性海外上市行为使企业可能存在经营行为不规范、财务制度不健全和财务管理不规范等问题，进而导致交投清淡、业绩下滑和遭受财务造假质疑等（张立洲和乔加伟，2017），且基于“传染效应”，这可能会引发国际市场对新兴国家海外上市企业质量的普遍担忧（如2010年左右掀起的中概股做空潮）。因此，国际风险投资机构促进企业海外上市的策略性投机行为，可能会加重新兴国家海外上市企业在国际市场面临的

---

① 传染效应是指一个主体的某一特征或信息会影响到并不具有这一特征或信息的其他主体的现象，且某一主体不负责任的行为一旦被发现并经传播将会对其他主体的声誉产生影响。

身份认同不足和家乡偏误问题，从而使其难以获得东道国利益相关者的资本、知识、经验和技术等资源支持，进而不利于企业创新。

综上，本章提出如下假设：

H6-3：海外上市是国际风险投资培育较少企业创新的中介路径。

第二节 数据来源与模型设定

一、样本选取与数据来源

本章以 1989—2019 年有风险投资支持的 1642 家新兴国家上市公司的 47842 条观测值为初始样本，时间起自 1989 年是因为在此之前新兴市场国家几乎没有国际风险投资进入（Chemmanur et al.，2016）。并对初始样本进行如下处理：剔除无法与 Datastream 数据库匹配的公司（65 家）；剔除财务数据缺失严重的公司（40 家）；剔除金融类上市公司（107 家）；剔除公司年龄小于 0 和主要变量数据缺失严重的样本年度观测值，最终得到了包括波兰[①]在内的来自 28 个新兴市场国家的 1430 家上市企业的 21957 个公司—年度观测值。

其中，企业专利数据来自 BVD 旗下的知识产权数据库；研发投入、海外上市和相关财务数据均来自路孚特（前汤森路透 Thomson Reuters）的 Datastream 数据库；风险投资层面数据来自路孚特（前汤森路透 Thomson Reuters）的 EIKON 数据库；国家层面数据来自世界银行。此外，为了避免异常值的影响，本章对所有连续变量进行了 1%和 99%分位数上的缩尾处理。

二、模型设定

为检验 H6-1 至 H6-3，本章构建了如下中介效应模型，并借鉴温忠麟等（2014）提出的新中介效应检验流程，对国际风险投资是否通过海外上市影响企业创新的中介效应机制进行检验。

---

① 因为波兰在 2008 年之后由新兴国家变成了发达国家，因此在主效应回归中，实际样本为不包括波兰在内的来自 27 个新兴国家的 1399 家企业，并对包括波兰在内的总样本进行了稳定性检验。

$$Innovation_{i,t}=\beta_0+c_1\ FLeFirmDum2_{i,t}+Controls_{i,t}+\varepsilon \quad (6-1)$$

$$outlist_{i,t}=\beta_0+a_1\ FLeFirmDum2_{i,t}+Controls_{i,t}+\varepsilon \quad (6-2)$$

$$Innovation_{i,t}=\beta_0+c'_1\ FLeFirmDum2_{i,t}+b_1\ outlist_{i,t}+Controls_{i,t}+\varepsilon \quad (6-3)$$

其中，*Innovation* 为因变量，表示企业创新，从创新产出和创新效率两个方面进行度量。

（1）创新产出，包括专利申请数（*AppNum*），用企业 i 第 t 年的专利申请数量来衡量；专利授权数（*GraNum*），用企业 i 第 t 年申请专利的最终授权数量来衡量；专利被引数（*Citation*），用企业 i 第 t 年申请专利的被引用数量来衡量。并参照惯用做法对专利数据进行加 1 取对数处理（Lerner，1994）。

（2）创新效率，借鉴 Hirshleifer 等（2013）的做法，用创新产出与累计研发投入之比来衡量，其中累计研发投入参照 Chan 等（2001）和 Lev 等（2005）的做法，以每年 20%的折旧率计算 5 年累计研发资本，包括专利申请效率（*AppNumIE*3）、专利授权效率（*GraNumIE*3）和专利被引效率（*CitationIE*3），并进行加 1 取对数处理。

*FLeFirmDum*2 为主要解释变量，表示国际风险投资是否领投的虚拟变量，若创业企业由国际风险投资机构领投，取值为 1，否则为 0。*outlist* 为中介变量，表示创业企业是否海外上市的虚拟变量，若企业在国外证券交易所上市，取值为 1，否则为 0；特别地，中国作为有风险投资机构介入的上市企业数量最多的新兴国家，鉴于中国香港和台湾资本市场的特殊性，本章将中国企业在香港和台湾的上市界定为海外上市。

另外，*Controls* 为一系列控制变量，与本书第四章和第五章的控制变量保持一致，包括：公司年龄（ln*AdjCoage*）、公司规模（ln*size*）、公司杠杆率（*leverage*）、托宾 *Q*（*tobinq*）、风险投资机构数量（*NoFirmSR*）、风险投资机构年龄（ln*AveVCAge*）、创业企业所在国家 GDP（ln*CoGDP*）、创业企业所在国家的资本市场规模（ln*CoMarCap*）。同时，还在模型中加入了滞后一阶的企业研发密度（*RDint_1*）。此外，还控制了年份（*Year*）、两位数 SIC 行业（*Industry*）和国家（*Country*）固定效应。表 6-1 汇报了上述变量的类别、名称、构造方法和数据来源。

表 6-1　海外上市中介效应的变量说明和数据来源

	变量名称	变量设计	数据来源
因变量	ln*AppNum*	创新产出 1：专利申请数量，公司 *i* 在第 *t* 年的专利申请数量 *AppNum*，并进行加 1 取对数处理	BVD 知识产权数据库
	ln*GraNum*	创新产出 2：专利授权数量，公司 *i* 在第 *t* 年申请专利的最终授权数量 *GraNum*，并进行加 1 取对数处理	
	ln*Fcit*	创新产出 3：专利被引数量，公司 *i* 在第 *t* 年申请专利的被引用数量 *Citation*，并进行加 1 取对数处理	BVD 知识产权数据库和 Datastream 数据库
	ln*AppNumIE*3	创新效率 1：专利申请效率，专利申请数量/5 年累计研发支出（20%累计折旧），并进行加 1 取对数处理	
	ln*GraNumIE*3	创新效率 2：专利授权效率，专利授权数量/5 年累计研发支出（20%累计折旧），并进行加 1 取对数处理	
	ln*CitationIE*3	创新效率 3：专利被引效率，专利被引数量/5 年累计研发支出（20%累计折旧），并进行加 1 取对数处理	
解释变量	*FLeFirmDum*2	国际风险投资机构是否领投虚拟变量，若创业企业由国际风险投资机构领投，取值为 1，否则为 0	EIKON 数据库
中介变量	*outlist*	海外上市虚拟变量，若企业在国外交易所上市，取值为 1，否则为 0	Datastream 数据库
控制变量	ln*AdjCoage*	公司年龄，公司自注册成立以来的年份	Datastream 数据库
	ln*size*	公司规模，以公司总资产的对数衡量	
	leverage	公司杠杆率=总负债/（权益市值+总负债）	
	tobinq	公司权益市值与债务账面价值之和除以权益账面价值与债务账面价值之和	
	*RDint*_1	滞后一阶的研发密度，研发支出/销售收入	EIKON 数据库
	NoFirmSR	风险投资机构数量，投资于创业企业的风险投资机构总数量	
	ln*AveVCAge*	风险投资机构年龄，投资于创业企业的所有风险投资机构的平均年龄	
	ln*CoGDP*	企业所在国家 GDP	世界银行
	ln*CoMarCap*	企业所在国家资本市场价值	Datastream 数据库
	i. Year	年份固定效应	
	i. Country	企业所在国家的国家固定效应	
	i. Industry	*SIC* 两位数的行业固定效应	

资料来源：笔者整理所得。

鉴于企业创新的创新产出和创新效率因变量为连续变量，因此，国际风险投资机构对企业创新的影响研究使用 OLS 回归模型进行检验。另外，中介变量 *outlist* 为虚拟变量，取值为 0 和 1，因此，国际风险投资机构对海外上市的影响研究使用 Probit 回归模型进行检验。此外，根据中介效应检验流程，若式（6-2）中国际风险投资（*FLeFirmDum*2）的系数 a_1 与式（6-3）中中介变量海外上市（*outlist*）的系数 b_1 均显著，则说明中介效应成立；若二者不同时显著，则需要对系数乘积 H_0：$a_1b_1=0$ 进行 bootstrap 检验，如果经偏差校正后的系数乘积置信区间内不包含 0，则中介效应成立；反之则不成立。

第三节　国际风险投资、海外上市与企业创新的实证分析

一、海外上市中介效应的主要变量描述性分析

表 6-2 汇报了海外上市中介效应研究主要变量的描述性分析及统计差异 T 检验的结果。其中，分样本 A 的结果表明，与本土风险投资机构领投的企业相比，国际风险投资机构领投的企业样本中，海外上市企业占比更大，初步验证了 H6-1；分样本 B 的结果表明，与国内上市企业相比，海外上市企业具有显著较少的创新产出和较低的创新效率，初步验证了 H6-2。同时，分样本 C 的结果表明，与本土风险投资机构领投的创业企业相比，国际风险投资机构领投的企业具有明显较少的创新产出和较低的创新效率，且均在 1%的水平上显著。

表 6-2　海外上市中介效应的主要变量描述性分析和统计差异 T 检验

海外上市	全样本		分样本 A：1 为国际风险投资领投；2 为本土风险投资领投					
	Obs	Mean	obs1	obs2	Mean1	Mean2	dif	t_value
outlist	21957	0.216	8080	11511	0.353	0.105	0.247***	44.05
企业创新	全样本		分样本 B：1 为海外上市企业；2 为国内上市企业					
	Obs	Mean	obs1	obs2	Mean1	Mean2	dif	t_value
ln*AppNum*	21511	1.243	4740	16771	1.071	1.291	−0.22***	−8.2
ln*GraNum*	21511	0.959	4740	16771	0.822	0.999	−0.176***	−7.65
ln*Fcit*	21511	1.176	4740	16771	1.044	1.214	−0.17***	−5.8

续表

企业创新	全样本		分样本 B：1 为海外上市企业；2 为国内上市企业					
	Obs	Mean	obs1	obs2	Mean1	Mean2	dif	t_value
ln*AppNumIE*3	7601	0.771	1771	5830	0.553	0.838	−0.284***	−11.9
ln*GraNumIE*3	7601	0.525	1771	5830	0.372	0.572	−0.199***	−10.3
ln*CitationIE*3	7601	0.71	1771	5830	0.624	0.736	−0.113***	−3.9
企业创新	全样本		分样本 C：1 为国际风险投资领投；2 为本土风险投资领投					
	Obs	Mean	obs1	obs2	Mean1	Mean2	dif	t_value
ln*AppNum*	21511	1.243	8080	11511	0.75	1.556	−0.806***	−35.55
ln*GraNum*	21511	0.959	8080	11511	0.527	1.233	−0.706***	−36.25
ln*Fcit*	21511	1.176	8080	11511	0.697	1.478	−0.781***	−31.25
ln*AppNumIE*3	7601	0.771	2139	4752	0.597	0.845	−0.247***	−10.85
ln*GraNumIE*3	7601	0.525	2139	4752	0.348	0.598	−0.249***	−13.65
ln*CitationIE*3	7601	0.71	2139	4752	0.564	0.768	−0.203***	−7.35

注：***表示在1%的水平上显著。

资料来源：笔者整理所得。

另外，表6-3汇报了企业创新、国际风险投资与海外上市变量的相关关系分析结果。结果显示，国际风险投资（*FLeFirmDum2*）与海外上市（*outlist*）在10%水平上显著正相关，初步验证了H6-1；海外上市与企业创新产出和创新效率均显著负相关，初步验证了H6-2；国际风险投资与企业创新产出和创新效率均显著负相关。

表6-3 海外上市中介效应的主要变量相关关系分析

主要变量	(1)	(2)	(3)	(4)	(5)	(6)	(7)
(1) ln*AppNum*	1.000						
(2) ln*GraNum*	0.956*	1.000					
(3) ln*Fcit*	0.854*	0.850*	1.000				
(4) ln*AppNumIE*3	0.605*	0.583*	0.610*	1.000			
(5) ln*GraNumIE*3	0.544*	0.611*	0.582*	0.918*	1.000		
(6) ln*CitationIE*3	0.491*	0.497*	0.742*	0.831*	0.804*	1.000	
(7) *FLeFirmDum2*	−0.236*	−0.241*	−0.208*	−0.129*	−0.162*	−0.086*	1.000
(8) *outlist*	−0.048*	−0.045*	−0.032*	−0.135*	−0.117*	−0.043*	0.302*

注：*表示在10%的水平上显著。

二、海外上市中介效应的回归结果

表 6-4 汇报了国际风险投资通过海外上市影响企业创新的中介效应检验结果。由表 6-4 可知，模型（1）中国际风险投资对企业创新产出和创新效率的系数（c_1）均在 1%的水平上显著为负，这说明与本土风险投资相比，国际风险投资不利于企业创新水平的提高；模型（2）中国际风险投资对海外上市的系数（a_1）为正，且在 1%的水平上显著，这说明与本土风险投资相比，国际风险投资支持的创业企业更有可能在海外上市，H6-1 得到验证；模型（3）中海外上市对企业创新产出和创新效率的系数（b_1）均显著为负，这说明与国内上市企业相比，海外上市企业具有相对更少的创新产出和更低的创新效率，H6-2 得到验证。

表 6-4　海外上市对国际风险投资影响企业创新的中介效应回归结果

因变量	创新产出			创新效率		
（1）	ln*AppNum*	ln*GraNum*	ln*Fcit*	ln*AppNumIE*3	ln*GraNumIE*3	ln*CitationIE*3
*FLeFirmDum*2（c_1）	-0. 258*** (0. 049)	-0. 304*** (0. 045)	-0. 234*** (0. 055)	-0. 153*** (0. 029)	-0. 127*** (0. 022)	-0. 185*** (0. 033)
（2）	*outlist*	*outlist*	*outlist*	*outlist*	*outlist*	*outlist*
*FLeFirmDum*2（a_1）	2. 086*** (0. 083)	2. 086*** (0. 083)	2. 086*** (0. 083)	2. 086*** (0. 083)	2. 086*** (0. 083)	2. 086*** (0. 083)
（3）	ln*AppNum*	ln*GraNum*	ln*Fcit*	ln*AppNumIE*3	ln*GraNumIE*3	ln*CitationIE*3
*FLeFirmDum*2（c'_1）	0. 013 (0. 055)	-0. 075 (0. 050)	-0. 012 (0. 062)	0. 020 (0. 032)	-0. 001 (0. 025)	-0. 015 (0. 037)
outlist（b_1）	-0. 721*** (0. 067)	-0. 610*** (0. 061)	-0. 591*** (0. 075)	-0. 419*** (0. 038)	-0. 305*** (0. 029)	-0. 411*** (0. 043)
Controls	Yes	Yes	Yes	Yes	Yes	Yes
Year	Yes	Yes	Yes	Yes	Yes	Yes
Industry	Yes	Yes	Yes	Yes	Yes	Yes
Country	Yes	Yes	Yes	Yes	Yes	Yes
_*cons*	-35. 919*** (6. 027)	-32. 681*** (5. 492)	-18. 985*** (6. 743)	-5. 362 (3. 973)	-1. 972 (3. 020)	4. 254 (4. 525)
N	5202	5202	5202	4612	4612	4612
F	53. 220	52. 146	43. 303	13. 439	18. 076	21. 590
R^2	0. 503	0. 498	0. 451	0. 202	0. 253	0. 288
log *lik.*	-8. 8e+03	-8. 3e+03	-9. 3e+03	-4. 9e+03	-3. 6e+03	-5. 5e+03

注：***表示在 1%的水平上显著。

综上，根据中介效应检验流程，与本土风险投资机构相比，国际风险投资机构能够显著提高创业企业的海外上市可能性；同时，与国内上市相比，海外上市显著不利于企业创新水平的提高，这说明国际风险投资通过影响企业海外上市，进而影响企业创新的中介效应成立，H6-3 得到验证。

三、海外上市中介效应的稳定性检验

（一）因变量替换

分别用经专利被引用数加权的专利申请数 ln*Pat*3 作为创新产出的替代变量；用 ln*AppNumIE*2、ln*GraNumIE*2 和 ln*CitationIE*2① 作为创新效率的替代变量，并运用中介效应模型，对国际风险投资通过影响企业海外上市概率，进而影响企业创新的中介路径重新进行检验。表 6-5 汇报了该稳定性分析结果。

表 6-5　海外上市中介效应的稳定性检验结果 1

因变量	创新产出	创新效率		
(1)	ln*Pat*3	ln*AppNumIE*2	ln*GraNumIE*2	ln*CitationIE*2
*FLeFirmDum*2（c_1）	−0.272*** (0.053)	−0.140*** (0.037)	−0.138*** (0.029)	−0.184*** (0.040)
(2)	*outlist*	*outlist*	*outlist*	*outlist*
*FLeFirmDum*2（a_1）	2.086*** (0.083)	2.086*** (0.083)	2.086*** (0.083)	2.086*** (0.083)
(3)	ln*Pat*3	ln*AppNumIE*2	ln*GraNumIE*2	ln*CitationIE*2
*FLeFirmDum*2（c'_1）	0.017 (0.059)	0.078* (0.041)	0.026 (0.033)	0.021 (0.045)
outlist（b_1）	−0.770*** (0.072)	−0.542*** (0.048)	−0.408*** (0.039)	−0.510*** (0.053)
Controls	Yes	Yes	Yes	Yes
Year	Yes	Yes	Yes	Yes
Industry	Yes	Yes	Yes	Yes
Country	Yes	Yes	Yes	Yes
_*cons*	−34.017*** (6.438)	−7.786 (5.083)	−7.260* (4.056)	5.491 (5.536)

① 借鉴温军和冯根福（2018）的做法，直接用专利数量与当年研发投入的比值来衡量创新效率，构建了 *AppNumIE*2、*GraNumIE*2 和 *CitationIE*2 变量用作稳定性检验。

续表

因变量	创新产出	创新效率		
N	5202	4627	4627	4627
F	51.502	15.204	20.073	22.733
R^2	0.495	0.219	0.271	0.296
log *lik.*	-9.1e+03	-6.0e+03	-5.0e+03	-6.4e+03

注：*、***分别表示在10%、1%的水平上显著。$Pat3=AppNum+0.3\times Citations$。

结果显示，进行因变量替换后，模型（1）中国际风险投资对企业创新的回归系数均在1%的水平上显著为负；模型（2）中国际风险投资对海外上市的回归系数均在1%的水平上显著为正；模型（3）中海外上市对企业创新的回归系数均在1%的水平上显著为负，与主效应回归结果保持高度一致。这说明在进行因变量替换后，本章海外上市在国际风险投资影响企业创新关系中的中介效应结果依然稳健。

（二）自变量替换

用是否有国际风险投资机构介入的虚拟变量（*FVCdummy*）来衡量国际风险投资参与，即当投资于创业企业的风险投资机构中存在国际风险投资时，取值为1，否则取0。并利用中介效应模型，对海外上市在国际风险投资参与影响企业创新关系中的中介效应重新进行回归。表6-6汇报了该稳定性分析结果。

表6-6　海外上市中介效应的稳定性检验结果2

因变量	创新产出			创新效率		
（1）	ln*AppNum*	ln*GraNum*	ln*Fcit*	ln*AppNumIE*3	ln*GraNumIE*3	ln*CitationIE*3
FVCdummy（c_1）	-0.384*** (0.046)	-0.355*** (0.042)	-0.314*** (0.052)	-0.213*** (0.027)	-0.151*** (0.021)	-0.192*** (0.030)
（2）	*outlist*	*outlist*	*outlist*	*outlist*	*outlist*	*outlist*
FVCdummy（a_1）	2.059*** (0.075)	2.059*** (0.075)	2.059*** (0.075)	2.059*** (0.075)	2.059*** (0.075)	2.059*** (0.075)
（3）	ln*AppNum*	ln*GraNum*	ln*Fcit*	ln*AppNumIE*3	ln*GraNumIE*3	ln*CitationIE*3
FVCdummy（c'_1）	-0.127** (0.053)	-0.127*** (0.049)	-0.097 (0.060)	-0.041 (0.031)	-0.020 (0.024)	-0.008 (0.036)
outlist（b_1）	-0.633*** (0.067)	-0.562*** (0.061)	-0.533*** (0.075)	-0.388*** (0.038)	-0.294*** (0.029)	-0.414*** (0.043)
Controls	Yes	Yes	Yes	Yes	Yes	Yes

续表

因变量	创新产出			创新效率		
Year	Yes	Yes	Yes	Yes	Yes	Yes
Industry	Yes	Yes	Yes	Yes	Yes	Yes
Country	Yes	Yes	Yes	Yes	Yes	Yes
_cons	-32. 285 *** (5. 766)	-28. 768 *** (5. 254)	-13. 382 ** (6. 455)	-0. 992 (3. 777)	2. 589 (2. 893)	11. 402 *** (4. 291)
N	5416	5416	5416	4806	4806	4806
F	55. 775	54. 972	45. 714	14. 210	18. 496	23. 097
R^2	0. 507	0. 503	0. 457	0. 208	0. 254	0. 299
log *lik.*	-9. 1e+03	-8. 6e+03	-9. 7e+03	-5. 1e+03	-3. 8e+03	-5. 7e+03

注：**、***分别表示在5%、1%的水平上显著。

结果显示，进行自变量替换后，模型（1）中国际风险投资参与对企业创新的回归系数均在1%的水平上显著为负；模型（2）中国际风险投资参与对海外上市的回归系数均在1%的水平上显著为正；模型（3）中海外上市对企业创新的回归系数均在1%的水平上显著为负，与主效应回归结果保持高度一致。这说明在进行自变量替换后，本章海外上市的中介效应结果依然稳健。

（三）进一步加入控制变量

进一步加入国家层面的控制变量：国家融资轮次（ln*CouRouN*），用创业企业首次接受风险投资机构的投资时，所在国家已经发生过的投资轮次来衡量，该数据来自路孚特（前汤森路透 Thomson Reuters）的 EIKON 数据库；国家创新指数（ln*GIIScore*），用创业企业所在国家的创新得分来衡量，该数据来自世界知识产权组织，并重新进行中介效应回归。表 6-7 汇报了该稳健性分析结果。

表 6-7　海外上市中介效应的稳定性检验结果 3

因变量	创新产出			创新效率		
（1）	ln*AppNum*	ln*GraNum*	ln*Fcit*	ln*AppNumIE3*	ln*GraNumIE3*	ln*CitationIE3*
FLeFirmDum2（a_1）	-0. 252 *** (0. 056)	-0. 295 *** (0. 052)	-0. 258 *** (0. 061)	-0. 103 *** (0. 030)	-0. 091 *** (0. 023)	-0. 138 *** (0. 032)
（2）	*outlist*	*outlist*	*outlist*	*outlist*	*outlist*	*outlist*
FLeFirmDum2（a_1）	2. 059 *** (0. 090)	2. 059 *** (0. 090)	2. 059 *** (0. 090)	2. 059 *** (0. 090)	2. 059 *** (0. 090)	2. 059 *** (0. 090)

续表

因变量	创新产出			创新效率		
（3）	ln*AppNum*	ln*GraNum*	ln*Fcit*	ln*AppNumIE3*	ln*GraNumIE3*	ln*CitationIE3*
FLeFirmDum2（c'_1）	0.036 （0.063）	−0.068 （0.059）	−0.010 （0.069）	0.059* （0.034）	0.022 （0.027）	0.027 （0.037）
outlist（b_1）	−0.700*** （0.074）	−0.551*** （0.068）	−0.602*** （0.081）	−0.372*** （0.039）	−0.262*** （0.030）	−0.380*** （0.042）
ln*CouRouN*	−0.071 （0.046）	0.013 （0.043）	−0.167*** （0.050）	0.109*** （0.024）	0.115*** （0.019）	0.046* （0.026）
ln*GIIScore*	0.493 （0.815）	0.770 （0.752）	−5.315*** （0.888）	−2.230*** （0.475）	−1.869*** （0.368）	−4.894*** （0.509）
Controls	Yes	Yes	Yes	Yes	Yes	Yes
Year	Yes	Yes	Yes	Yes	Yes	Yes
Industry	Yes	Yes	Yes	Yes	Yes	Yes
Country	Yes	Yes	Yes	Yes	Yes	Yes
_*cons*	−4.884 （12.710）	−4.061 （11.724）	37.726*** （13.846）	11.255 （7.760）	11.581* （5.999）	31.228*** （8.307）
N	4283	4283	4283	4039	4039	4039
F	45.072	46.391	44.733	14.316	20.152	28.110
R^2	0.471	0.478	0.469	0.213	0.276	0.347
log *lik.*	−7.2e+03	−6.8e+03	−7.6e+03	−4.1e+03	−3.0e+03	−4.4e+03

注：*、***分别表示在10%、1%的水平上显著。

结果显示，进一步加入控制变量后，模型（1）中国际风险投资对企业创新的回归系数均在1%的水平上显著为负；模型（2）中国际风险投资对海外上市的回归系数均在1%的水平上显著为正；模型（3）中海外上市对企业创新的回归系数均在1%的水平上显著为负，与主效应回归结果保持高度一致。这说明在进一步控制国家层面的相关变量后，本章海外上市的中介效应结果依然稳健。

（四）改变样本范围

首先，考虑到波兰在2008年之前为新兴国家，在主效应回归研究样本的基础上，加入波兰企业样本进行稳定性检验，表6-8汇报了该方法的稳健性分析结果。结果显示，加入波兰企业样本后，模型（1）中国际风险投资对企业创新的回归系数均在1%的水平上显著为负；模型（2）中国际风险投资对海外上市的回归系数均在1%的水平上显著为正；模型（3）中海外上市对企业创新的回归系数均在1%的水平上显著为负，与主效应回归结果保持高度一致。这说明加入波兰企业样本后，本章海外上市的中介效应结果依然稳健。

表 6-8 海外上市中介效应的稳定性检验结果 4-1

因变量	创新产出			创新效率		
（1）	ln*AppNum*	ln*GraNum*	ln*Fcit*	ln*AppNumIE*3	ln*GraNumIE*3	ln*CitationIE*3
*FLeFirmDum*2（c_1）	-0.256*** (0.049)	-0.303*** (0.045)	-0.234*** (0.055)	-0.152*** (0.029)	-0.127*** (0.022)	-0.185*** (0.033)
（2）	*outlist*	*outlist*	*outlist*	*outlist*	*outlist*	*outlist*
*FLeFirmDum*2（a_1）	2.086*** (0.083)	2.086*** (0.083)	2.086*** (0.083)	2.086*** (0.083)	2.086*** (0.083)	2.086*** (0.083)
（3）	ln*AppNum*	ln*GraNum*	ln*Fcit*	ln*AppNumIE*3	ln*GraNumIE*3	ln*CitationIE*3
*FLeFirmDum*2（c'_1）	0.016 (0.055)	-0.072 (0.050)	-0.010 (0.062)	0.022 (0.032)	0.000 (0.025)	-0.014 (0.037)
outlist（b_1）	-0.724*** (0.067)	-0.613*** (0.061)	-0.595*** (0.075)	-0.421*** (0.038)	-0.306*** (0.029)	-0.412*** (0.043)
Controls	Yes	Yes	Yes	Yes	Yes	Yes
Year	Yes	Yes	Yes	Yes	Yes	Yes
Industry	Yes	Yes	Yes	Yes	Yes	Yes
Country	Yes	Yes	Yes	Yes	Yes	Yes
_*cons*	-35.231*** (5.927)	-32.062*** (5.400)	-18.057*** (6.629)	-3.994 (3.899)	-1.231 (2.963)	5.027 (4.429)
N	5217	5217	5217	4625	4625	4625
F	52.975	51.891	43.116	13.198	17.862	21.448
R^2	0.504	0.498	0.452	0.200	0.253	0.289
log *lik.*	-8.8e+03	-8.3e+03	-9.4e+03	-4.9e+03	-3.6e+03	-5.5e+03

注：***表示在1%的水平上显著。

其次，鉴于个别国家中风险投资支持的创业企业数量较少，为了防止个别离群值国家对实证结果的影响，在主效应样本的基础上，将样本进一步控制在拥有大于等于5家风险投资支持企业的新兴国家。表6-9汇报了该方法的稳健性分析结果。结果显示，在剔除可能的离群值国家样本后，模型（1）中国际风险投资对企业创新的回归系数均在1%的水平上显著为负；模型（2）中国际风险投资对海外上市的回归系数在1%的水平上显著为正；模型（3）

中海外上市对企业创新的回归系数均在1%的水平上显著为负，与主效应回归结果保持高度一致。这说明在控制了可能的离群值国家样本影响后，本章海外上市的中介效应依然稳健。

表6-9　海外上市中介效应的稳定性检验结果4-2

因变量	创新产出			创新效率		
(1)	ln*AppNum*	ln*GraNum*	ln*Fcit*	ln*AppNumIE*3	ln*GraNumIE*3	ln*CitationIE*3
FLeFirmDum2 (c_1)	-0.256*** (0.049)	-0.303*** (0.045)	-0.232*** (0.055)	-0.152*** (0.029)	-0.126*** (0.022)	-0.184*** (0.033)
(2)	*outlist*	*outlist*	*outlist*	*outlist*	*outlist*	*outlist*
FLeFirmDum2 (a_1)	2.087*** (0.084)	2.087*** (0.084)	2.087*** (0.084)	2.087*** (0.084)	2.087*** (0.084)	2.087*** (0.084)
(3)	ln*AppNum*	ln*GraNum*	ln*Fcit*	ln*AppNumIE*3	ln*GraNumIE*3	ln*CitationIE*3
FLeFirmDum2 (c'_1)	0.004 (0.055)	-0.082 (0.050)	-0.022 (0.062)	0.020 (0.032)	0.000 (0.025)	-0.016 (0.037)
outlist (b_1)	-0.694*** (0.068)	-0.588*** (0.062)	-0.559*** (0.076)	-0.418*** (0.038)	-0.307*** (0.029)	-0.406*** (0.043)
Controls	Yes	Yes	Yes	Yes	Yes	Yes
Year	Yes	Yes	Yes	Yes	Yes	Yes
Industry	Yes	Yes	Yes	Yes	Yes	Yes
Country	Yes	Yes	Yes	Yes	Yes	Yes
_cons	-41.809*** (6.742)	-38.206*** (6.146)	-25.537*** (7.542)	-6.932 (4.559)	-2.463 (3.465)	2.080 (5.190)
N	5178	5178	5178	4590	4590	4590
F	55.347	54.368	45.328	13.572	18.447	22.175
R^2	0.500	0.496	0.451	0.198	0.251	0.287
log *lik.*	-8.7e+03	-8.3e+03	-9.3e+03	-4.8e+03	-3.6e+03	-5.4e+03

注：***表示在1%的水平上显著。

（五）剔除2018年及之后研究样本

基于专利申请—公告—授权等具有一定的时间间隔，考虑到专利从申请到授权再到被引用过程中的滞后性，为避免采用近几年专利数据可能导致的"截断问题"（陈思等，2017；Wadhwa et al.，2016）。本章选择剔除2018年及之后的样本观测值进行稳定性检验。表6-10汇报了该稳健性分析结果。

表 6-10 海外上市中介效应的稳定性检验结果 5

因变量	创新产出			创新效率		
(1)	ln*AppNum*	ln*GraNum*	ln*Fcit*	ln*AppNumIE3*	ln*GraNumIE3*	ln*CitationIE3*
FLeFirmDum2 (c_1)	-0.276*** (0.053)	-0.315*** (0.048)	-0.288*** (0.060)	-0.174*** (0.032)	-0.141*** (0.024)	-0.216*** (0.037)
(2)	*outlist*	*outlist*	*outlist*	*outlist*	*outlist*	*outlist*
FLeFirmDum2 (a_1)	2.142*** (0.091)	2.142*** (0.091)	2.142*** (0.091)	2.142*** (0.091)	2.142*** (0.091)	2.142*** (0.091)
(3)	ln*AppNum*	ln*GraNum*	ln*Fcit*	ln*AppNumIE3*	ln*GraNumIE3*	ln*CitationIE3*
FLeFirmDum2 (c'_1)	-0.001 (0.059)	-0.075 (0.053)	-0.027 (0.067)	0.014 (0.036)	-0.004 (0.027)	-0.021 (0.042)
outlist (b_1)	-0.737*** (0.072)	-0.641*** (0.065)	-0.699*** (0.083)	-0.452*** (0.042)	-0.331*** (0.032)	-0.470*** (0.049)
Controls	Yes	Yes	Yes	Yes	Yes	Yes
Year	Yes	Yes	Yes	Yes	Yes	Yes
Industry	Yes	Yes	Yes	Yes	Yes	Yes
Country	Yes	Yes	Yes	Yes	Yes	Yes
_cons	-36.486*** (6.551)	-34.402*** (5.928)	-33.867*** (7.535)	-10.385** (4.670)	-7.179** (3.563)	-9.113* (5.458)
N	4547	4547	4547	3965	3965	3965
F	47.972	47.964	36.657	11.611	15.503	15.872
R^2	0.506	0.506	0.439	0.199	0.249	0.253
log *lik.*	-7.7e+03	-7.2e+03	-8.3e+03	-4.3e+03	-3.2e+03	-4.9e+03

注：*、**、***分别表示在 10%、5%、1%的水平上显著。

结果显示，在剔除相关样本后，模型（1）中国际风险投资对企业创新的回归系数均在 1%的水平上显著为负；模型（2）中国际风险投资对海外上市的回归系数均在 1%的水平上显著为正；模型（3）中海外上市对企业创新的回归系数均在 1%的水平上显著为负，与主效应回归结果保持高度一致。这说明在考虑了专利滞后性可能导致的“截断问题”后，本章海外上市的中介效应结果依然稳健。

（六）剔除国际事件的影响

考虑到国际事件可能对国际风险投资机构的跨国投资和企业创新造成的影响，本章同时剔除了国际事件（1998—2000 年互联网泡沫和 2007—2009 年全球金融危机）期间的研究样本，并重新进行中介效应检验。表 6-11 汇报了该稳健性分析结果。

表 6-11 海外上市中介效应的稳定性检验结果 6

因变量	创新产出			创新效率		
（1）	ln*AppNum*	ln*GraNum*	ln*Fcit*	ln*AppNumIE3*	ln*GraNumIE3*	ln*CitationIE3*
FLeFirmDum2（c_1）	−0. 248*** （0. 052）	−0. 299*** （0. 048）	−0. 214*** （0. 058）	−0. 140*** （0. 030）	−0. 121*** （0. 023）	−0. 165*** （0. 033）
（2）	*outlist*	*outlist*	*outlist*	*outlist*	*outlist*	*outlist*
FLeFirmDum2（a_1）	2. 087*** （0. 085）	2. 087*** （0. 085）	2. 087*** （0. 085）	2. 087*** （0. 085）	2. 087*** （0. 085）	2. 087*** （0. 085）
（3）	ln*AppNum*	ln*GraNum*	ln*Fcit*	ln*AppNumIE3*	ln*GraNumIE3*	ln*CitationIE3*
FLeFirmDum2（c'_1）	0. 035 （0. 059）	−0. 065 （0. 054）	0. 015 （0. 065）	0. 039 （0. 034）	0. 010 （0. 026）	0. 011 （0. 037）
outlist（b_1）	−0. 697*** （0. 070）	−0. 576*** （0. 064）	−0. 564*** （0. 077）	−0. 414*** （0. 038）	−0. 302*** （0. 030）	−0. 404*** （0. 042）
Controls	Yes	Yes	Yes	Yes	Yes	Yes
Year	Yes	Yes	Yes	Yes	Yes	Yes
Industry	Yes	Yes	Yes	Yes	Yes	Yes
Country	Yes	Yes	Yes	Yes	Yes	Yes
_*cons*	−26. 462*** （7. 307）	−23. 709*** （6. 703）	−3. 340 （8. 092）	3. 312 （4. 925）	4. 663 （3. 783）	16. 891*** （5. 446）
N	4745	4745	4745	4346	4346	4346
F	47. 896	47. 607	41. 917	13. 052	17. 914	23. 282
R^2	0. 492	0. 490	0. 459	0. 201	0. 256	0. 309
log *lik.*	−8. 0e+03	−7. 6e+03	−8. 5e+03	−4. 5e+03	−3. 4e+03	−5. 0e+03

注：***表示在 1%的水平上显著。

结果显示，在剔除国际事件的可能影响后，模型（1）中国际风险投资对企业创新的回归系数均在 1%的水平上显著为负；模型（2）中国际风险投资对海外上市的回归系数均在 1%的水平上显著为正；模型（3）中海外上市对企业创新的回归系数均在 1%的水平上显著为负，与主效应回归结果保持高度一致。这说明在剔除国际事件期间的样本后，本章海外上市的中介效应结果依然稳健。

第四节　海外上市中介效应发挥的机制探讨

一、上市时机视角

一方面，基于逐名效应，国际风险投资机构有动机和能力通过让创业企业较早上市，从而实现尽快退出并获取超额回报；另一方面，较早上市的企业面临明显的新进入者劣势（Liability of Newness）①，这在海外上市时更加显著（Park & Lipuma，2020）。基于此，本章认为国际风险投资的介入能够促进创业企业的较早上市；然而较早海外上市企业的创新产出和创新效率可能会更低，即海外上市对企业创新的不利影响在较早上市企业样本中会更加明显。

为了验证上述假设，首先，基于研究样本中创业企业上市时的年龄中值，构造衡量企业上市时机的较早上市（*earlyIPO*）虚拟变量②，并以较早上市为因变量，运用 Probit 回归模型检验国际风险投资对较早上市的影响；其次，在模型（6-3）中加入较早上市（*earlyIPO*）及其与海外上市（*outlist*）的交互项（*earlyOutlist*），对较早上市是否会影响海外上市企业的创新水平进行检验。

表 6-12 汇报了上述实证检验结果，由表 6-12 可知，国际风险投资对较早上市的系数（0.474）显著为正；同时，较早上市与海外上市的交互项（*earlyOutlist*）对企业创新的系数均显著为负。这说明，与本土风险投资机构相比，国际风险投资机构具有更大的动机和能力促进创业企业较早上市；同时，与国内上市企业相比，较早上市更不利于海外上市企业的创新产出和创新效率。

表 6-12　上市时机视角进一步作用机制的检验结果

因变量	较早上市	创新产出			创新效率		
	earlyIPO	ln*AppNum*	ln*GraNum*	ln*Fcit*	ln*AppNumIE3*	ln*GraNumIE3*	ln*CitationIE3*
FLeFirmDum2	0.474*** (0.084)	0.068 (0.062)	−0.028 (0.058)	0.009 (0.070)	0.009 (0.034)	−0.016 (0.027)	−0.026 (0.039)

① 新进入者劣势（Liability of Newness）是指与发展较为成熟的企业相比，新进入国际市场的年轻的公司所面临的获取国际利益相关者认可的额外成本和风险。

② 本章样本企业上市时的年龄均值为 10。因此，若企业上市时年龄小于等于 10，较早上市（*earlyIPO*）虚拟变量取值为 1，否则为 0。

续表

因变量	较早上市	创新产出			创新效率		
	earlyIPO	ln*AppNum*	ln*GraNum*	ln*Fcit*	ln*AppNumIE*3	ln*GraNumIE*3	ln*CitationIE*3
outlist		−0.427*** (0.105)	−0.354*** (0.097)	−0.123 (0.118)	−0.223*** (0.056)	−0.150*** (0.044)	−0.085 (0.065)
earlyOutlist		−0.417*** (0.112)	−0.356*** (0.103)	−0.677*** (0.126)	−0.264*** (0.060)	−0.203*** (0.047)	−0.448*** (0.069)
earlyIPO		0.003 (0.057)	−0.052 (0.053)	0.037 (0.065)	0.035 (0.031)	0.016 (0.024)	0.036 (0.036)
Controls	Yes	Yes	Yes	Yes	Yes	Yes	Yes
Year	Yes	Yes	Yes	Yes	Yes	Yes	Yes
Industry	Yes	Yes	Yes	Yes	Yes	Yes	Yes
Country	Yes	Yes	Yes	Yes	Yes	Yes	Yes
_*cons*	88.741 (108.965)	−38.287*** (7.720)	−34.695*** (7.115)	−24.009*** (8.683)	−8.849* (4.637)	−4.576 (3.661)	2.437 (5.356)
N	4297	4450	4450	4450	4134	4134	4134
F		44.607	44.228	39.128	13.817	16.948	22.130
R^2		0.485	0.483	0.452	0.227	0.265	0.320
log *lik*.	−1.3e+03	−7.5e+03	−7.1e+03	−8.0e+03	−4.2e+03	−3.2e+03	−4.7e+03

注：*、***分别表示在10%、1%的水平上显著。

二、财务困境风险视角

财务困境反映了企业运作过程中出现的整体性问题。Madhok 和 Keyhani（2012）研究表明，新兴国家企业在海外上市，尤其是在发达国家资本市场上市时，面临新兴者劣势（Liability of Emergingness，LOE），即新兴经济体跨国企业（相对于发达经济体跨国企业而言）由于来自新兴经济体而面临的额外不利条件。因此，与国内上市相比，基于“新兴者劣势”，新兴国家海外上市企业面临的身份认同不足和家乡偏误普遍存在，可能会导致其估值偏低、成本高昂、交投清淡，甚至会遭遇做空而面临较大的财务困境风险（张立洲和乔加伟，2017），进而不利于企业创新。

（一）财务困境指标衡量

为了更好地衡量企业的财务困境风险，本章借鉴已有学者研究，分别构建了5个财务困境指标：

（1）借鉴 Altman 等（1995）、Megginson 等（2019）的做法，利用式（6-4）构造财务困境指标 1（Z_score1），较大的 Z_score1 值代表较低的财务困境风险。

（2）借鉴 Altman（1983）、Miller 和 Chen（2004）、姜付秀等（2009）、贺小刚等（2017）的做法，利用式（6-5）构造财务困境指标 2（Z_score2），较大的 Z_score2 值代表较低的财务困境风险。

（3）借鉴 Zmijewski（1984）的做法，利用式（6-6）构造财务困境指标 3（ZM_score），较大的 ZM_score 值代表较高的财务困境风险。

（4）借鉴 Ohlson（1980）的做法，利用式（6-7）构造财务困境指标 4（O_Score），较大的 O_Score 值代表较高的财务困境风险。

（5）利用式（6-8）构造财务困境指标 5（*Equity ratio*），正如 Andrade 和 Kaplan（1998）所指出的，高水平的杠杆是造成财务困境的主要原因之一，较大的 *Equity ratio* 值代表较低的财务困境风险。

$$Z\_score1=6.56\times\frac{WC}{TA}+3.26\times\frac{RE}{TA}+6.72\times\frac{EBIT}{TA}+1.05\times\frac{BV}{TL} \tag{6-4}$$

$$Z\_score2=1.2\times\frac{WC}{TA}+1.4\times\frac{RE}{TA}+3.3\times\frac{EBIT}{TA}+0.6\times\frac{MC}{TL}+1.0\times\frac{TR}{TA} \tag{6-5}$$

$$ZM\_score=-4.366-4.513\times\frac{NI}{TA}+5.679\times\frac{TL}{TA}+0.004\times\frac{CA}{CL} \tag{6-6}$$

$$O\_Score=-1.32-0.407\times\ln(TA)+6.03\times\frac{TL}{TA}-1.43\times\frac{WC}{TA}+0.076\times\frac{CL}{CA}-1.72\times D_{TL-TA}-2.37\times\frac{NI}{TA}-1.83\times\frac{FFO}{TL}+0.285\times D_{LOSS}-0.521\times\left(\frac{NI_t-NI_t-1}{|NI_t|+|NI_{t-1}|}\right) \tag{6-7}$$

$$Equity\ ratio=\frac{BV}{TA} \tag{6-8}$$

其中，WC 是营运资本（working capital），用流动资产与流动负债的差值来衡量；TA 是总资产（total assets）；RE 是企业未分配利润（retained earnings）；$EBIT$ 是企业息税前利润（earnings before interest and taxes）；BV 是股票账面价值（book value of total equity）；TL 是总负债（total liabilities）；MC（market capital）是企业净资产市场价值；TR（total revenue）是总营业收入；NI 是净收入（net income）；CA 是流动资产（current assets）；CL 是流动负债

(current liabilities); D_{TL-TA}是虚拟变量，当企业总负债高于总资产时取1，否则为0；*FFO* 是营运现金流（funds from operations)；D_{LOSS}是虚拟变量，若公司在过去两年里出现净损失则取1，否则为0。

（二）海外上市、财务困境风险与企业创新

首先，为了检验海外上市企业是否较国内上市企业面临更大的财务困境风险，本章以上述财务困境指标为模型（6-3）的因变量，进行回归分析，表6-13汇报了该回归结果。结果显示，海外上市（*outlist*）对财务困境因变量（*Z_score*1、*Z_score*2 和 *Equity ratio*）的回归系数均在1%的水平上显著为负；海外上市（*outlist*）对财务困境因变量（*ZM_score* 和 *O_Score*）的回归系数均在1%的水平上显著为正。这说明与国内上市企业相比，海外上市企业的 *Z_score*1、*Z_score*2 和 *Equityratio* 值更小，*ZM_score* 和 *O_Score* 值更大，意味着海外上市企业面临较大的财务困境风险。

表 6-13　海外上市对财务困境风险的影响结果

因变量	较大的值较小的财务困境风险			较大的值较大的财务困境风险	
	*Z_score*1	*Z_score*2	*Equityratio*	*ZM_score*	*O_Score*
*FLeFirmDum*2	0.315* (0.186)	0.239 (0.319)	0.009* (0.005)	−0.035 (0.037)	−0.092 (0.058)
outlist	−0.992*** (0.213)	−2.119*** (0.365)	−0.068*** (0.006)	0.440*** (0.045)	0.614*** (0.071)
Controls	Yes	Yes	Yes	Yes	Yes
Year	Yes	Yes	Yes	Yes	Yes
Industry	Yes	Yes	Yes	Yes	Yes
Country	Yes	Yes	Yes	Yes	Yes
_cons	46.639** (21.999)	13.009 (38.335)	−0.319 (0.567)	4.020 (4.070)	−6.349 (6.403)
N	4406	4364	5202	5200	5198
F	41.285	44.629	131.005	110.484	91.402
R^2	0.479	0.498	0.715	0.677	0.635
log *lik.*	−1.2e+04	−1.4e+04	3526.147	−6.7e+03	−9.1e+03

注：*、**、***分别表示在10%、5%、1%的水平上显著。

其次，为了检验财务困境对企业创新的影响，根据相关标准将企业划分

为财务困境企业和非财务困境企业，并分别用是否财务困境企业虚拟变量（*highFD*1/5）来表示，具体地：

（1）财务困境企业 1（*highFD*1），根据 Altman 等（1995）的划分标准，将 *Z_score*1<1.1 的企业界定为财务困境企业，取值为 1；将 *Z_score*1>2.6 的企业界定为非财务困境企业，取值为 0。

（2）财务困境企业 2（*highFD*2），借鉴 Altman（1983）的划分标准，将 *Z_score*2<1.81 的企业界定为财务困境企业，取值为 1；将 *Z-score*2>2.99 的企业界定为非财务困境企业，取值为 0。

（3）财务困境企业 3（*highFD*3），借鉴 Megginson（2019）的做法，将 *ZM_score* 大于 3/4 分位数取值的企业界定为财务困境企业，取值为 1；将小于 1/4 分位数取值的企业界定为非财务困境企业，取值为 0。

（4）财务困境企业 4（*highFD*4），借鉴 Megginson（2019）的做法，将 *O_Score* 大于 3/4 分位数取值的企业界定为财务困境企业，取值为 1；将小于 1/4 分位数取值的企业界定为非财务困境企业，取值为 0。

（5）财务困境企业 5（*highFD*5），借鉴 Megginson（2019）的做法，将 *Equityratio* 小于 1/4 分位数取值的企业界定为财务困境企业，取值为 1；将大于 3/4 分位数取值的企业界定为非财务困境企业，取值为 0。

最后，对企业创新水平在财务困境企业和非财务困境企业的差异性进行了统计 T 检验，表 6-14 汇报了该检验结果。结果显示，从基于 5 个财务困境指标划分的财务困境企业和非财务困境企业的创新水平差异（dif）看，除个别不显著为负外，其他均显著为负。这说明，与非财务困境企业相比，财务困境企业的创新产出和创新效率均明显较低，即企业面临的较高财务困境可能不利于企业创新产出和创新效率的提高。

表 6-14　是否财务困境企业的创新水平差异 T 统计检验结果

*highFD*1	是否财务困境企业		obs1	obs2	Mean1	Mean2	dif	t_value
ln*AppNum*	是	否	2836	9370	0.819	1.611	-0.793***	-21.95
ln*GraNum*	是	否	2836	9370	0.643	1.256	-0.613***	-19.4
ln*Fcit*	是	否	2836	9370	0.655	1.494	-0.839***	-21.65
ln*AppNumIE*3	是	否	847	4628	0.585	0.817	-0.232***	-7.25
ln*GraNumIE*3	是	否	847	4628	0.404	0.572	-0.168***	-6.35
ln*CitationIE*3	是	否	847	4628	0.486	0.786	-0.3	7.6

续表

highFD2	财务困境企业		obs1	obs2	Mean1	Mean2	dif	t_value
ln*AppNum*	是	否	3358	6650	0.974	1.736	-0.762***	-20.85
ln*GraNum*	是	否	3358	6650	0.766	1.328	-0.562***	-17.55
ln*Fcit*	是	否	3358	6650	0.733	1.573	-0.841***	-22
ln*AppNumIE3*	是	否	1180	3825	0.585	0.811	-0.227***	-8.2
ln*GraNumIE3*	是	否	1180	3825	0.4	0.559	-0.16***	-7.05
ln*CitationIE3*	是	否	1180	3825	0.458	0.77	-0.313***	-9.3
highFD3	财务困境企业		obs1	obs2	Mean1	Mean2	dif	t_value
ln*AppNum*	是	否	4466	4513	0.911	1.474	-0.562***	-16.25
ln*GraNum*	是	否	4466	4513	0.716	1.122	-0.406***	-13.6
ln*Fcit*	是	否	4466	4513	0.78	1.435	-0.654***	-17.55
ln*AppNumIE3*	是	否	1247	2297	0.73	0.832	-0.102***	-3.2
ln*GraNumIE3*	是	否	1247	2297	0.475	0.584	-0.108***	-4.2
ln*CitationIE3*	是	否	1247	2297	0.642	0.859	-0.216***	-5.5
highFD4	财务困境企业		obs1	obs2	Mean1	Mean2	dif	t_value
ln*AppNum*	是	否	4063	4162	0.592	1.712	-1.121***	-33.5
ln*GraNum*	是	否	4063	4162	0.446	1.305	-0.859***	-29.7
ln*Fcit*	是	否	4063	4162	0.516	1.609	-1.092***	-29.8
ln*AppNumIE3*	是	否	1031	2387	0.645	0.81	-0.166***	-4.9
ln*GraNumIE3*	是	否	1031	2387	0.424	0.564	-0.14***	-5.15
ln*CitationIE3*	是	否	1031	2387	0.567	0.824	-0.257***	-6.25
highFD5	财务困境企业		obs1	obs2	Mean1	Mean2	dif	t_value
ln*AppNum*	是	否	4493	4555	0.924	1.464	-0.54***	-15.6
ln*GraNum*	是	否	4493	4555	0.725	1.107	-0.383***	-12.8
ln*Fcit*	是	否	4493	4555	0.805	1.379	-0.574***	-15.5
ln*AppNumIE3*	是	否	1158	2427	0.777	0.817	-0.04	-1.2
ln*GraNumIE3*	是	否	1158	2427	0.506	0.567	-0.061**	-2.35
ln*CitationIE3*	是	否	1158	2427	0.696	0.818	-0.122***	-3.05

注：**、***分别表示在5%、1%的水平上显著。

三、企业国际化视角

已有研究普遍认为，国际风险投资的参与有利于促进创业企业的国际化进程（Park & Lipuma，2020；彭涛等，2020）；且国际化战略有助于企业获取创新的隐性知识和优化研发网络，进而显著提高企业的创新能力（吴先明，2017；Genc，2019）。同时，我们也注意到在现实中，如阿里巴巴、百度、腾讯等通过国际风险投资机构的引进，国际化进程得到快速发展，并已成为行业独角兽，在行业创新领域发挥着重要作用。然而我们也必须注意到，国内上市与海外上市所面临的资本市场环境存在的差异（张立洲和乔加伟，2017），可能会影响企业国际化对创新的作用效果。基于此，本章进一步研究了国际风险投资能否通过加快企业的国际化进程，进而促进企业创新；以及上述影响在是否海外上市企业间的差异。

首先，为了检验国际风险投资、企业国际化程度与企业创新的关系，结合模型（6-1），并将模型（6-2）和模型（6-3）的中介变量（*outlist*）替换为企业国际化程度（*FSTS*），用企业国外销售收入（foreign sales）占总销售收入（total sales）的比例来衡量，利用中介效应模型对国际风险投资、企业国际化程度与企业创新的关系进行了检验，表 6-15 汇报了该回归结果。结果显示，模型（2）中国际风险投资对企业国际化程度（*FSTS*）的回归系数为 0.025，不显著为正；模型（3）中企业国际化程度（*FSTS*）对企业创新产出和创新效率的系数均显著为正。因此，根据中介效应检验流程，国际风险投资通过提高企业国际化程度进而促进企业创新的中介路径是否成立，需要进一步的 Bootstrap 检验，由表 6-15 中的 Bootstrap 检验结果可知，$a_1 \times b_1$ 的 90%置信区间均不包括 0（除因变量为 ln*GraNumIE*3 外），因此该中介效应基本成立。这说明，与本土风险投资相比，国际风险投资能够通过提高企业的国际化程度，进而促进企业创新产出的增加和创新效率的提高。

表 6-15　企业国际化视角的中介效应检验结果

因变量	创新产出			创新效率		
(1)	ln*AppNum*	ln*GraNum*	ln*Fcit*	ln*AppNumIE*3	ln*GraNumIE*3	ln*CitationIE*3
*FLeFirmDum*2（c_1）	-0.258*** (0.049)	-0.304*** (0.045)	-0.234*** (0.055)	-0.153*** (0.029)	-0.127*** (0.022)	-0.185*** (0.033)
(2)	*FSTS*	*FSTS*	*FSTS*	*FSTS*	*FSTS*	*FSTS*
*FLeFirmDum*2（a_1）	0.025 (0.022)	0.025 (0.022)	0.025 (0.022)	0.025 (0.022)	0.025 (0.022)	0.025 (0.022)
(3)	ln*AppNum*	ln*GraNum*	ln*Fcit*	ln*AppNumIE*3	ln*GraNumIE*3	ln*CitationIE*3
*FLeFirmDum*2（c'_1）	-0.226*** (0.053)	-0.283*** (0.049)	-0.210*** (0.059)	-0.144*** (0.030)	-0.124*** (0.023)	-0.189*** (0.033)

续表

因变量	创新产出			创新效率		
FSTS (b_1)	0.381*** (0.074)	0.233*** (0.068)	0.363*** (0.082)	0.153*** (0.042)	0.075** (0.032)	0.188*** (0.046)
Controls	Yes	Yes	Yes	Yes	Yes	Yes
Year	Yes	Yes	Yes	Yes	Yes	Yes
Industry	Yes	Yes	Yes	Yes	Yes	Yes
Country	Yes	Yes	Yes	Yes	Yes	Yes
_*cons*	-62.842*** (7.315)	-53.350*** (6.696)	-39.306*** (8.068)	-16.011*** (4.503)	-9.114*** (3.414)	-5.406 (5.009)
N	4668	4668	4668	4234	4234	4234
F	47.864	47.863	42.610	11.019	15.739	19.901
R^2	0.488	0.488	0.459	0.177	0.235	0.280
log *lik.*	-7.9e+03	-7.5e+03	-8.4e+03	-4.4e+03	-3.3e+03	-4.9e+03
Bootstrap 检验 H_0: $a_1 \times b_1 = 0$	[0.0234894, 0.0455349]	[0.0043439, 0.0058732]	[0.0008184, 0.0008184]	[0.0086222, 0.0197959]	[-0.0031366, 0.0010589]	[0.0084218, 0.0217776]
中介效应	存在	存在	存在	存在	不存在	存在

注：**、***分别表示在5%、1%的水平上显著。

其次，为了检验是否海外上市在企业国际化程度对企业创新的影响差异，在中介变量为企业国际化程度（*FSTS*）的模型（6-3）中，加入海外上市（*outlist*）及其与企业国际化程度（*FSTS*）的交互项（*FSTSoutlist*），重新进行回归分析，表6-16汇报了该检验结果。结果显示，企业国际化程度与海外上市虚拟变量的交互项（*FSTSoutlist*）的系数在创新产出阶段显著为负，这说明，企业国际化对创新产出的促进作用在海外上市企业显著更低，即与海外上市企业相比，国内上市企业的国际化活动对企业创新的促进作用更大。这也体现了在复杂的国际环境下，新兴国家海外上市企业可能较国内上市企业面临更大的不确定性风险。

表6-16 海外上市对企业国际化影响企业创新的调节作用结果

因变量	创新产出			创新效率		
	ln*AppNum*	ln*GraNum*	ln*Fcit*	ln*AppNumIE*3	ln*GraNumIE*3	ln*CitationIE*3
*FLeFirmDum*2	0.006 (0.059)	-0.083 (0.054)	-0.037 (0.066)	0.005 (0.034)	-0.016 (0.026)	-0.050 (0.038)

续表

因变量	创新产出			创新效率		
	lnAppNum	lnGraNum	lnFcit	lnAppNumIE3	lnGraNumIE3	lnCitationIE3
FSTS	0.536*** (0.089)	0.370*** (0.082)	0.524*** (0.099)	0.156*** (0.050)	0.100*** (0.038)	0.209*** (0.056)
FSTSoutlist	-0.356** (0.155)	-0.318** (0.142)	-0.406** (0.172)	0.055 (0.086)	-0.027 (0.065)	-0.005 (0.096)
outlist	-0.554*** (0.082)	-0.475*** (0.075)	-0.383*** (0.091)	-0.376*** (0.045)	-0.260*** (0.034)	-0.340*** (0.050)
Controls	Yes	Yes	Yes	Yes	Yes	Yes
Year	Yes	Yes	Yes	Yes	Yes	Yes
Industry	Yes	Yes	Yes	Yes	Yes	Yes
Country	Yes	Yes	Yes	Yes	Yes	Yes
_cons	-47.225*** (7.452)	-39.861*** (6.828)	-27.217*** (8.256)	-8.201* (4.556)	-3.120 (3.456)	2.146 (5.083)
N	4668	4668	4668	4234	4234	4234
F	48.552	48.358	42.498	11.982	16.593	20.407
R^2	0.497	0.496	0.464	0.193	0.249	0.290
log lik.	-7.9e+03	-7.5e+03	-8.3e+03	-4.4e+03	-3.2e+03	-4.8e+03

注：*、**、***分别表示在10%、5%、1%的水平上显著。

第五节　海外上市影响的异质性分析

一、与本土风险投资的联合投资

已有研究表明，联合投资不仅能帮助“辛迪加”投资伙伴分散投资风险（Brander et al.，2002），提高其对创新失败的容忍度，还有利于在风险投资联合成员之间形成相互制衡（胡志颖等，2012）。这是因为单一风险投资机构对企业创新的攫取都会因损害其他参与者的利益而被抵制（温军和冯根福，2018），从而使风险投资机构道德风险实现的难度有所增加，机会主义行为动机也随之降低（胡志颖等，2012）。此外，由于新兴国家本土风险投资行业起步较晚，国际认可度并不高，可能并不能在海外资本市场发挥有效的认证效应。因此，与本土风险投资机构的联合投资可能有利于降低国际风险投资机构的投机性海外上市动机，但并不能对海外上市企业发挥较好的认证效应。

基于此，本章研究了国际风险投资与本土风险投资的联合投资（*FLSydicate*）对国际风险投资、海外上市与企业创新关系的调节作用。其中，国际风险投资与本土风险投资的联合投资（*FLSydicate*）为虚拟变量，若投资于创业企业的风险投资机构既包括国际风险投资又包括本土风险投资，则取值为1，否则为0。表6-17汇报了该回归结果。结果显示：

（1）联合投资与国际风险投资的交互项（*LeFvcFLSyd*）对海外上市的回归系数在1%的水平上显著为负，即与本土风险投资机构的联合投资（*FLSydicate*）对国际风险投资与海外上市的正相关关系有显著的负向调节作用。

（2）联合投资与海外上市的交互项（*FLSydoutlist*）对企业创新产出和创新效率的回归系数也显著为负，即与本土风险投资机构的联合投资（*FLSydicate*）对海外上市与企业创新的关系也有显著的负向调节作用。这说明，与本土风险投资机构的联合投资，能够有效抑制国际风险投资机构基于逐名动机的投机性海外上市行为，从而降低企业的海外上市概率；但并不能在国际市场上起到较好的认证作用，因此并不能缓解海外上市对企业创新的负面影响。

表6-17　与本土风险投资联合对海外上市中介效应的调节作用结果

因变量	海外上市	创新产出			创新效率		
	outlist	ln*AppNum*	ln*GraNum*	ln*Fcit*	ln*AppNumIE*3	ln*GraNumIE*3	ln*CitationIE*3
*FLeFirmDum*2	2.043*** (0.097)	-0.233*** (0.065)	-0.301*** (0.060)	-0.246*** (0.073)	-0.041 (0.039)	-0.040 (0.029)	-0.067 (0.044)
FLSydicate	1.376*** (0.130)	-0.122 (0.093)	-0.024 (0.085)	-0.111 (0.104)	0.007 (0.054)	-0.003 (0.041)	0.044 (0.061)
LeFvcFLSyd	-0.925*** (0.173)	0.731*** (0.116)	0.643*** (0.106)	0.672*** (0.130)	0.184*** (0.067)	0.119** (0.051)	0.14* (0.077)
outlist		-0.640*** (0.078)	-0.522*** (0.071)	-0.570*** (0.088)	-0.346*** (0.044)	-0.261*** (0.034)	-0.349*** (0.050)
FLSydoutlist		-0.229* (0.118)	-0.294*** (0.107)	-0.076 (0.132)	-0.217*** (0.069)	-0.128** (0.052)	-0.205*** (0.078)
Controls	Yes	Yes	Yes	Yes	Yes	Yes	Yes
Year	Yes	Yes	Yes	Yes	Yes	Yes	Yes
Industry	Yes	Yes	Yes	Yes	Yes	Yes	Yes
Country	Yes	Yes	Yes	Yes	Yes	Yes	Yes

续表

因变量	海外上市	创新产出			创新效率		
	outlist	ln*AppNum*	ln*GraNum*	ln*Fcit*	ln*AppNumIE*3	ln*GraNumIE*3	ln*CitationIE*3
_*cons*	87.589*** (18.992)	-36.974*** (6.005)	-33.793*** (5.471)	-19.751*** (6.726)	-5.968 (3.973)	-2.355 (3.022)	3.745 (4.527)
N	4683	5202	5202	5202	4612	4612	4612
F		52.572	51.584	42.683	13.166	17.583	20.979
R^2		0.508	0.503	0.456	0.204	0.255	0.290
log *lik*.	-870.126	-8.7e+03	-8.3e+03	-9.3e+03	-4.8e+03	-3.6e+03	-5.4e+03

注：*、**、***分别表示在10%、5%、1%的水平上显著。

二、风险投资经验

已有研究表明，在新兴国家风险投资交易中，创业企业普遍处于被动和弱势地位（王茵田等，2017），且风险投资机构的道德风险普遍存在（Lee & Wahal，2004；胡志颖等，2012；周嘉南等，2015）。此时，较丰富的新兴国家企业IPO经验不仅有利于提高企业海外上市的成功率，还有利于增加国际风险投资机构的话语权，使其有能力通过参与公司董事会（钟昀珈和何小锋，2018；张凯歌和顾露露，2020）、利用投资契约条款（王茵田等，2017；周嘉南等，2015）等治理手段，督促企业加快海外上市进程。然而基于机会主义IPO行为的可能不利影响，国际风险投资机构较丰富的IPO经验可能并不能在国际市场上发挥有效的认证作用。

基于此，本章研究了风险投资经验（ln*LeVCexp*）对国际风险投资、海外上市与企业创新关系的调节作用。其中，风险投资经验（ln*LeVCexp*）用领投风险投资机构进入创业企业前在新兴国家投资的IPO企业数量来衡量。表6-18汇报了该回归结果。结果显示：

（1）风险投资经验与国际风险投资的交互项（*LeFvcFvcExp*2）对海外上市的回归系数不显著为正，即风险投资经验对国际风险投资与海外上市的关系有不显著的正向调节作用。

（2）风险投资经验与海外上市的交互项（*FvcExpoutlist*2）对企业创新的回归系数不显著，即风险投资经验对海外上市与企业创新关系的影响不显著。这说明，较丰富的新兴国家企业IPO经验，能够在一定程度上提高国际风险投资对企业海外上市的促进作用（虽然这一系数并不显著），但并不能在国际市场上起到较好的认证作用，因此不能缓解海外上市对企业创新的负面影响。

表 6-18 风险投资经验对海外上市中介效应的调节作用结果

因变量	海外上市	创新产出			创新效率		
	outlist	ln*AppNum*	ln*GraNum*	ln*Fcit*	ln*AppNumIE3*	ln*GraNumIE3*	ln*CitationIE3*
FLeFirmDum2	2.052*** (0.139)	0.061 (0.084)	−0.043 (0.077)	0.065 (0.094)	0.070 (0.050)	0.045 (0.038)	0.056 (0.056)
ln*LeVCexp*	0.055* (0.030)	−0.025 (0.018)	−0.023 (0.016)	−0.032 (0.020)	0.011 (0.010)	0.008 (0.008)	0.002 (0.011)
LeFvcFvcExp2	0.040 (0.081)	−0.047 (0.043)	−0.053 (0.039)	−0.076 (0.048)	−0.041 (0.025)	−0.033* (0.019)	−0.047* (0.028)
outlist		−0.697*** (0.098)	−0.589*** (0.090)	−0.566*** (0.110)	−0.477*** (0.056)	−0.356*** (0.043)	−0.494*** (0.064)
FvcExpoutlist2		−0.059 (0.036)	−0.053 (0.033)	−0.061 (0.040)	0.033 (0.021)	0.026 (0.016)	0.036 (0.024)
Controls	Yes	Yes	Yes	Yes	Yes	Yes	Yes
Year	Yes	Yes	Yes	Yes	Yes	Yes	Yes
Industry	Yes	Yes	Yes	Yes	Yes	Yes	Yes
Country	Yes	Yes	Yes	Yes	Yes	Yes	Yes
_*cons*	46.102 (34.576)	−34.641*** (6.432)	−32.012*** (5.881)	−19.820*** (7.196)	−2.732 (4.344)	−1.376 (3.345)	3.078 (4.938)
N	3507	4712	4712	4712	4194	4194	4194
F		48.858	47.686	38.799	11.845	15.802	18.616
R^2		0.507	0.501	0.449	0.201	0.251	0.283
log *lik.*	−756.771	−7.9e+03	−7.5e+03	−8.4e+03	−4.4e+03	−3.3e+03	−5.0e+03

注：*、***分别表示在10%、1%的水平上显著。

三、风险投资声誉

已有研究表明，风险投资机构的声誉越高，越能为企业质量提供更好的“认证效应”（叶小杰和王怀芳，2016），从而缓解外部利益相关者与创业企业间的信息不对称；同时，高声誉的风险投资机构往往具有更丰富的资源和更广泛的社会网络（蔡宁，2015），且更愿意花费较多的时间去监督和治理创业企业（Gompers et al.，2009）；此外，声誉是风险投资机构的一项宝贵资产（钟昀珈和何小锋，2018；李曜和宋贺，2017），高声誉风险投资机构为了更好地维护声誉，会降低其投机主义 IPO 行为（Lee & Masulis，2011；Atanasov，2012；吴超鹏，2012）。因此，具有较高声誉的国际风险投资机构，出于维护声誉的目的，越可能降低其投机性海外上市动机，且能够更好地向国际资本市场利益相关者传递企业质量的信号，进而促进海外上市企业的创新水平。

基于此，本章研究了风险投资声誉对国际风险投资、海外上市与企业创新关系的调节作用。其中，风险投资声誉变量（ln*LeFirmSi*2）用领投风险投资机构投资过的资金总规模取对数来衡量。表 6-19 汇报了该实证结果。结果显示：

（1）风险投资声誉与国际风险投资的交互项（*leFVCrep*）对海外上市（*outlist*）的回归系数不显著为负，即风险投资声誉对国际风险投资与海外上市的关系有不显著的负向影响。

（2）风险投资声誉与海外上市的交互项（*FvcRepoutlist*）对企业专利授权数量（ln*GraNum*）的回归系数在 10%的水平上显著为正，且虽然风险投资声誉与海外上市的交互项对企业创新的其他代理变量的回归系数不显著，但大都为正。这说明，较高的风险投资声誉能在一定程度上抑制国际风险投资机构的机会主义 IPO 行为，并能够在国际市场上更好地传递企业质量的信号，发挥明显的认证效应，从而缓解海外上市对企业创新的不利影响。

表 6-19　风险投资声誉对海外上市中介效应的调节作用结果

因变量	海外上市	创新产出			创新效率		
	outlist	ln*AppNum*	ln*GraNum*	ln*Fcit*	ln*AppNumIE*3	ln*GraNumIE*3	ln*CitationIE*3
*FLeFirmDum*2	2.669*** (0.733)	-0.721* (0.411)	-0.273 (0.375)	-0.850* (0.459)	-0.305 (0.256)	-0.055 (0.194)	-0.752*** (0.289)
ln*LeFirmSi*2	0.101*** (0.020)	-0.026*** (0.010)	-0.028*** (0.009)	-0.033*** (0.011)	-0.001 (0.005)	-0.003 (0.004)	-0.004 (0.006)
leFVCrep	-0.027 (0.034)	0.037* (0.019)	0.011 (0.018)	0.042** (0.021)	0.015 (0.012)	0.002 (0.009)	0.035*** (0.013)
outlist		-0.643 (0.530)	-1.447*** (0.484)	-0.574 (0.591)	-0.425 (0.310)	-0.450* (0.236)	-0.443 (0.351)
FvcRepoutlist		-0.002 (0.025)	0.041* (0.022)	0.001 (0.027)	0.001 (0.014)	0.007 (0.011)	0.003 (0.016)
Controls	Yes	Yes	Yes	Yes	Yes	Yes	Yes

续表

因变量	海外上市	创新产出			创新效率		
	outlist	ln*AppNum*	ln*GraNum*	ln*Fcit*	ln*AppNumIE3*	ln*GraNumIE3*	ln*CitationIE3*
Year	Yes	Yes	Yes	Yes	Yes	Yes	Yes
Industry	Yes	Yes	Yes	Yes	Yes	Yes	Yes
Country	Yes	Yes	Yes	Yes	Yes	Yes	Yes
_*cons*	101. 747*** (20. 000)	-37. 750*** (6. 118)	-34. 436*** (5. 585)	-21. 348*** (6. 824)	-5. 865 (4. 060)	-2. 022 (3. 089)	2. 143 (4. 594)
N	4525	5070	5070	5070	4495	4495	4495
F		50. 047	48. 901	40. 949	12. 499	17. 023	20. 107
R^2		0. 502	0. 496	0. 452	0. 200	0. 254	0. 287
log *lik.*	-828. 862	-8. 5e+03	-8. 1e+03	-9. 1e+03	-4. 8e+03	-3. 5e+03	-5. 3e+03

注：*、**、***分别表示在10%、5%、1%的水平上显著。

四、风险投资期限

已有研究表明，风险投资机构的投资期限越长，表明该风险投资机构对企业未来发展前景的认可度越高（陈思等，2017），因而会更加关注企业研发等长期投资决策，而非通过短期的进入和退出投机获利（张凯歌和顾露露，2020）。同时，风险投资机构的持股期限越长，越能更多地参与被投企业的经营和管理活动，为企业带来更多的增值服务（Bottazzi et al.，2008），从而向市场传递企业更高治理水平的信号，缓解外部投资者与企业之间的信息不对称。因此，国际风险投资机构对新兴国家企业的投资期限越长，基于“逐名效应”的海外上市动机可能会越弱，并越有可能在国际资本市场发挥更好的信号传递机制，进而促进企业创新。

基于此，本书研究了风险投资期限（*LeVC2dur*）对国际风险投资、海外上市与企业创新关系的调节作用。其中，风险投资期限变量（*LeVC2dur*）用领投风险投资机构首次进入企业的时间与企业 IPO 时间的间隔来衡量（单位：年）。表 6-20 汇报了该实证结果。结果显示：

（1）风险投资期限与国际风险投资的交互项（*LeFvcFvcDur*）对海外上市（*outlist*）的回归系数不显著为负。

（2）风险投资期限与海外上市的交互项（*FvcDuroutlist*）对创新产出的回归系数显著为正，对创新效率的回归系数虽然不显著，但依然为正。这说明，国际风险投资机构对创业企业的投资期限越长，越能为企业提供更多的增值服务，并在国际市场上发挥更好的“认证效应”，进而有效缓解海外上市对企业创新的不利影响。

表 6-20 风险投资期限对海外上市中介效应的调节作用结果

因变量	海外上市	创新产出			创新效率		
	outlist	ln*AppNum*	ln*GraNum*	ln*Fcit*	ln*AppNumIE3*	ln*GraNumIE3*	ln*CitationIE3*
FLeFirmDum2	2.377*** (0.151)	-0.242** (0.095)	-0.314*** (0.088)	-0.257** (0.107)	-0.054 (0.054)	-0.067 (0.043)	-0.111* (0.062)
LeVC2dur	-0.015 (0.026)	0.022* (0.013)	0.004 (0.012)	0.035** (0.014)	0.005 (0.007)	-0.005 (0.006)	0.016** (0.008)
LeFvcFvcDur	-0.026 (0.041)	0.071*** (0.024)	0.070*** (0.022)	0.074*** (0.027)	0.036** (0.014)	0.030*** (0.011)	0.048*** (0.016)
outlist		-0.788*** (0.106)	-0.701*** (0.098)	-0.656*** (0.119)	-0.497*** (0.058)	-0.361*** (0.046)	-0.473*** (0.066)
FvcDuroutlist		0.061** (0.027)	0.094*** (0.024)	0.066** (0.030)	0.017 (0.015)	0.020 (0.012)	0.016 (0.017)
Controls	Yes	Yes	Yes	Yes	Yes	Yes	Yes
Year	Yes	Yes	Yes	Yes	Yes	Yes	Yes
Industry	Yes	Yes	Yes	Yes	Yes	Yes	Yes
Country	Yes	Yes	Yes	Yes	Yes	Yes	Yes
_cons	413.387*** (61.104)	-49.749*** (9.218)	-42.217*** (8.490)	-35.132*** (10.354)	-20.710*** (6.090)	-11.741** (4.860)	-10.610 (6.983)
N	3441	3826	3826	3826	3532	3532	3532
F		40.263	39.522	34.969	13.544	15.839	20.787
R^2		0.495	0.491	0.460	0.248	0.278	0.336
log *lik.*	-604.676	-6.3e+03	-6.0e+03	-6.8e+03	-3.5e+03	-2.7e+03	-4.0e+03

注：*、**、***分别表示在10%、5%、1%的水平上显著。

五、风险投资进入时机

已有研究表明，风险投资机构的进入时期越早，越关注企业的长期发展（成力为和邹双，2020），而后期进入的风险投资更多是基于投机动机，以推动企业上市获取短期收益为目的（彭涛等，2020）。同时，风险投资的早期进入和价值增值服务的提供对企业的培育作用更大（苟燕楠和董静，2013），且能够更好地向市场传递企业的质量信号，从而缓解海外上市对企业创新的不利影响。

基于此，本章研究了风险投资进入时机对国际风险投资、海外上市与企业创新关系的调节作用。其中，风险投资进入时机用风险投资是否早期进入虚拟变量（*earlystage*）来衡量，具体地，根据 EIKON 的企业发展阶段界定，当领投风险投资机构首次进入创业企业时，若企业处于发展阶段的种子期（seed stage）或早期（early stage），则取值为 1，若企业处于发展阶段的扩张期（expansion stage）或后期（later stage），则取值为 0。表 6-21 汇报了该实证结果。结果显示：

（1）风险投资早期进入与国际风险投资的交互项（*earlyStageFVC*）对海外上市（*outlist*）的回归系数在 1%的水平上显著为负，即风险投资早期进入对国际风险投资与海外上市的关系有显著的负向调节作用。

（2）风险投资早期进入与海外上市的交互项（*earlyStageoutlist*）对企业创新的回归系数显著为正，即风险投资早期进入对海外上市与企业创新的关系有显著的正向调节作用。这说明，风险投资的早期进入不仅能有效抑制国际风险投资机构的逐名动机，降低其机会主义海外上市概率，还能在国际资本市场上起到更好的“认证效应”，从而提高海外上市企业的创新产出和创新效率。

表 6-21　风险投资进入时机对海外上市中介效应的调节作用结果

因变量	海外上市	创新产出			创新效率		
	outlist	ln*AppNum*	ln*GraNum*	ln*Fcit*	ln*AppNumIE*3	ln*GraNumIE*3	ln*CitationIE*3
FLeFirmDum2	2.347*** (0.111)	0.001 (0.070)	-0.084 (0.064)	0.029 (0.078)	-0.028 (0.040)	-0.032 (0.031)	-0.043 (0.045)
earlystage	0.688*** (0.148)	0.449*** (0.088)	0.303*** (0.081)	0.589*** (0.099)	0.097* (0.050)	-0.012 (0.039)	0.161*** (0.057)
earlyStageFVC	-0.770*** (0.234)	-0.281* (0.168)	-0.061 (0.154)	-0.424** (0.188)	0.198** (0.099)	0.171** (0.078)	0.087 (0.113)
outlist		-0.749*** (0.085)	-0.593*** (0.078)	-0.668*** (0.095)	-0.445*** (0.047)	-0.302*** (0.036)	-0.489*** (0.053)
earlyStageoutlist		0.422** (0.170)	0.385** (0.155)	0.626*** (0.190)	0.046 (0.100)	0.011 (0.078)	0.256** (0.114)
Controls	Yes	Yes	Yes	Yes	Yes	Yes	Yes
Year	Yes	Yes	Yes	Yes	Yes	Yes	Yes

续表

因变量	海外上市	创新产出			创新效率		
	outlist	ln*AppNum*	ln*GraNum*	ln*Fcit*	ln*AppNumIE3*	ln*GraNumIE3*	ln*CitationIE3*
Industry	Yes	Yes	Yes	Yes	Yes	Yes	Yes
Country	Yes	Yes	Yes	Yes	Yes	Yes	Yes
_*cons*	134.788*** (30.495)	-48.356*** (8.047)	-45.661*** (7.377)	-30.317*** (9.009)	-11.761** (5.005)	-5.947 (3.915)	-0.022 (5.707)
N	3587	4047	4047	4047	3679	3679	3679
F		41.505	40.311	35.405	12.098	14.842	19.933
R^2		0.499	0.492	0.460	0.220	0.258	0.318
log *lik.*	-635.270	-6.8e+03	-6.4e+03	-7.2e+03	-3.8e+03	-2.9e+03	-4.2e+03

注：*、**、***分别表示在10%、5%、1%的水平上显著。

第六节　小结

本章基于海外上市视角，探究了国际风险投资培育较少企业创新的中介路径，并从上市时机、财务困境风险和企业国际化的视角探究了海外上市中介效应发挥的深层次作用机制，以及进一步分析了国际风险投资影响的异质性，主要得出了以下结论：

首先，海外上市在国际风险投资影响企业创新的关系中发挥中介效应，即海外上市是国际风险投资较本土风险投资培育更少企业创新的重要路径。具体地，与本土风险投资相比，国际风险投资提高了企业海外上市的概率；同时，与国内上市企业相比，海外上市企业的创新产出数量和创新效率显著更低。此外，上述中介效应实证结果在一系列稳定性检验后依然成立。这说明，国际风险投资机构的海外上市退出更多地体现为策略性的投机主义行为，且大部分新兴国家海外上市企业普遍面临“新兴者劣势”，存在国际身份认同不足和投资者的家乡偏误，从而使其难以获得东道国利益相关者的资本、知识、经验和技术等资源支持，进而培育较少企业创新。

其次，国际风险投资通过海外上市影响企业创新的深层次作用机制研究结果显示：

（1）国际风险投资增加了企业较早上市的概率；同时，较早上市加重了海外上市对企业创新的不利影响，即海外上市对企业创新的不利影响在较早上市样本中更加明显。这说明，国际风险投资对新兴国家企业海外上市的促进作用是基于逐名效应的策略性投机行为，表现为出于实现尽快退出并获取超额回报的目的而促进企业较早上市，这会加重海外上市对企业创新的不利影响。

（2）与国内上市企业相比，新兴国家的海外上市企业面临较大的财务困境风险，而较大的财务困境风险不利于企业创新。这说明，新兴国家企业选择在海外上市，尤其是在发达国家资本市场上市时，面临明显的新兴者劣势，普遍存在国际身份认同不足和投资者的家乡偏误，可能会导致其估值偏低、成本高昂、交投清淡，甚至会遭遇做空而面临较大的财务困境风险，进而对企业创新产生消极影响。

（3）国际风险投资能够通过提高企业的国际化水平促进企业创新。具体表现为，与本土风险投资相比，国际风险投资有利于提高企业的国际化程度；同时，企业较高的国际化程度能够促进企业创新。然而，基于海外上市的调节效应研究表明，与国内上市企业相比，海外上市企业的国际化活动对企业创新的促进作用明显更弱。这说明，国际风险投资通过促进企业国际化进而提高企业创新的路径确实存在，但上述作用机制在海外上市企业中的表现较国内上市企业弱。

最后，海外上市影响的异质性分析结果表明：

（1）与本土风险投资机构的联合投资对国际风险投资与海外上市的关系，以及海外上市与企业创新的关系，均有显著的负向调节作用。这说明，与本土风险投资机构的联合投资，能够在一定程度上抑制国际风险投资机构基于逐名动机的投机性海外上市行为，但并不能在国际市场上起到很好的认证作用以促进创新。

（2）风险投资的新兴国家 IPO 经验正向调节国际风险投资对海外上市的促进作用，但该效应并不显著，这说明较丰富的新兴国家 IPO 经验能在一定程度上促进国际风险投资支持企业的海外上市。

（3）风险投资声誉能够显著缓解海外上市对企业创新的不利影响，这说明较高的声誉能够更好地在国际资本市场上发挥“认证效应”，降低国际投资者与创业企业间的信息不对称程度，从而提高海外上市企业的创新水平。

（4）风险投资期限能够显著缓解海外上市对创新产出的不利影响，这说明较长的风险投资期限能够更好地向国际投资者传达其对企业发展长期看好的信号，起到更好的“认证效应”，进而促进企业创新。

（5）风险投资的早期进入不仅能降低国际风险投资对新兴国家企业的海外上市概率，还能有效缓解海外上市对企业创新的不利影响。这说明，风险投资的早期进入不仅能有效抑制国际风险投资机构的机会主义 IPO 行为，还能在国际资本市场上起到更好的“认证效应”，从而提高海外上市企业的创新产出和创新效率。

第七章

结论与建议

第一节　结论

基于风险投资国际化现象的日益普遍，在国内不断大力度支持创新、持续推动更高水平对外开放和不断完善金融服务实体经济的背景下，本书以1989—2019年有风险投资支持的新兴国家全球上市企业为样本，基于国际风险投资在新兴国家的投资现状，采用企业的研发投入、专利申请数量、专利授权数量和专利被引数量数据，从创新产出和创新效率两个维度构造的六个指标对企业创新水平进行衡量，实证分析了国际风险投资对企业创新的影响结果，以及不同风险投资特征的调节作用。并进一步分别从国家距离视角和海外上市视角对国际风险投资影响企业创新的潜在作用机制及其影响因素进行了深入研究。主要得出了以下结论：

首先，基于国际风险投资在新兴国家的投资现状分析，主要得出了以下结论：

（1）投资于新兴国家的国际风险投资机构主要来自发达国家或地区，如美国、中国香港、新加坡、英国、日本等，且以私募股权公司、银行附属公司、公司私募/风投、投资管理公司等类型为主，具有更加专业化的特点。

（2）国际风险投资机构在新兴国家进行投资时，主要的投资目标国为具有国土面积大、人口多、经济增长速度快和发展潜力巨大等特点的中国、印度、泰国、马来西亚、印度尼西亚、巴西、菲律宾等国家。

（3）整体上，国际风险投资在有风险投资支持的新兴国家企业中的参与率占比约48.84%，接近一半；同时，国际风险投资机构的参与多以领投形式存在，占比约76.56%；此外，国际风险投资机构更偏好于投资信息检索服务、药物制剂、预装软件、半导体和相关器件等具有更高附加值、创新能力更强和发展潜力更大的行业。

（4）从时间趋势看，国际风险投资机构的年度投资规模（以总投资金额衡量）和投资数量（以总投资企业数量衡量）变化与国际金融市场环境息息相关，其投资相对峰值先后出现在2001年（互联网泡沫）、2008年（全球金融危机）、2010年（新兴国家企业做空潮）和2017年前后（全球贸易摩擦）。

（5）从国际风险投资的进入时机看，在2000年以前，国际风险投资机构的进入轮次普遍较本土风险投资机构早，而在此之后，其进入轮次虽在2001—2007年有所提前，但2008年后其投资轮次却整体后移，这说明受国际金融市场环境影响，国际风险投资机构可能基于避险的目的，选择在稍后轮次进入。

（6）从国际风险投资机构的投资模式变化趋势看，国际风险投资机构最初在新兴国家的投资更偏好于独立投资模式；但在2014年之后，与本土风险投资机构的联合投资逐渐成为其进入新兴国家企业的首选模式，这可能得益于新兴国家本土风险投资行业的迅速发展。

其次，本书对国际风险投资影响企业创新的结果进行了实证研究，并分别从国家距离和海外上市视角对国际风险投资影响企业创新的作用机制进行了深入分析，主要得出以下重要结论：

（1）从整体上看，与本土风险投资相比，国际风险投资对新兴国家企业创新的攫取效应大于增值效应，具体表现为国际风险投资支持的企业具有较少的创新产出和较低的创新效率，且这一结论在Heckman两阶段法和工具变量法的内生性分析，以及一系列稳定性检验后，依然成立。

（2）基于国家距离和海外上市视角的作用机制研究表明，与本土风险投资机构相比，国际风险投资机构与创业企业间较远的国家距离和创业企业的海外上市是国际风险投资培育较少企业创新的两大重要机制。具体表现为，国际风险投资与创业企业间的地理距离、文化距离、法律距离和制度距离均不利于企业创新；同时，海外上市是国际风险投资影响企业创新的中介路径，即与本土风险投资相比，国际风险投资的参与提高了企业海外上市的概率，且与国内上市企业相比，海外上市企业的创新产出数量和创新产出效率显著更低；此外，上述作用机制在一系列内生性分析和稳定性检验后，依然成立。上述结论表明，与本土风险投资机构相比，国际风险投资机构虽然具有成立时间长、投资经验丰富和专业化程度更高等优势，但是在对新兴国家进行跨国投资时，与创业企业间存在较远的国家距离，面临明显的外来者劣势，这会增加国际风险投资机构的筛选、交易和监督治理成本，进而降低其为企业创新提供国际资源、监督治理和质量认证等增值服务的动机和效力，从而不利于企业创新。同时，基于道德风险和逐名动机的普遍存在，在增值动机弱化和增值收益降低的情况下，国际风险投资机构为实现上市退出时自身利益的最大化会更加短视，且能够凭借其自身优势在与创业企业的谈判过程中占据强势地位，具有更大的攫取动机和攫取能力，从而使其对企业海外上市的促进作用更多地体现为策略性的投机行为，进而对企业创新产生消极影响。

再次，本书基于风险投资的不同特征，对国际风险投资影响企业创新的异质性进行了研究，并从国家距离和海外上市视角对异质性作用的发挥进行了分析，主要得出以下结论：

（1）从整体上看，与本土风险投资机构的联合投资、较高的风险投资声誉、较长的风险投资期限和风险投资的早期进入能够有效缓解国际风险投资对企业创新的不利影响；然而较丰富的新兴国家 IPO 经验却加重了国际风险投资对企业创新的不利影响。

（2）基于国家距离和海外上市视角的研究表明，与本土风险投资机构的联合投资不仅能缓解国家距离对企业创新的不利影响，还能抑制国际风险投资的投机性海外上市行为；较高的风险投资声誉能够有效缓解地理距离、文化距离和制度距离对企业创新的不利影响，并能在一定程度上降低海外上市对企业创新的负面影响；较长的风险投资期限不仅能够缓解国家距离对企业创新的不利影响，还能有效抑制海外上市对企业创新的不利影响；风险投资的早期进入不仅能够缓解国家距离对企业创新的不利影响，还能降低国际风险投资促进企业海外上市的概率，并有效缓解海外上市对企业创新的不利影响；然而，风险投资的新兴市场 IPO 经验却加重了国家距离对企业创新的不利影响，并在一定程度上增加了企业投机性海外上市的成功率。上述结论表明，与本土风险投资机构的联合投资不仅能够有效缓解国家距离导致的外来者劣势，提高国际风险投资机构的增值服务动机和效力，还能够有效抑制国际风险投资机构基于逐名效应的投机性海外上市行为，降低其攫取动机和能力，从而总体上对国际风险投资支持企业的创新产生积极影响。同时，国际风险投资机构较高的风险投资声誉和较长的风险投资期限不仅能缓解国家距离导致的外来者劣势，提高国际风险投资机构的增值动机和能力，还能向国际市场传递对企业长期看好的信号，从而有效发挥其在海外资本市场的“认证效应”，进而总体上对企业创新产生积极影响。另外，风险投资的早期进入不仅能有效缓解国际风险投资机构由于较远国家距离导致的增值动机和效力减弱，还能有效抑制其基于逐名动机的投机性海外上市行为，并在国际资本市场上起到更好的“认证效应”，从而促进企业创新。此外，国际风险投资机构可以凭借较丰富的新兴国家 IPO 经验增加其与创业企业谈判的话语权，并基于国家距离带来的外来者劣势索要更多的风险补偿，且能凭借其优势地位，监督和促进企业的海外上市进程，进而对企业创新造成不利影响。

最后，本书基于国家距离和海外上市视角的实证研究，还进一步分析了创业企业国家禀赋的调节作用，以及海外上市中介效应发挥的潜在作用机制，主要得出以下结论：

（1）基于创业企业国家禀赋的进一步分析发现，创业企业国家较高的自由访问度、较高的国家综合治理水平和较高的国家创新水平均有利于缓解国家距离对企业创新的不利影响。该结论表明，国家开放程度、国家治理水平和企业创新环境是国际风险投资影响企业创新的重要宏观因素，通过提高创业企业所在国家的开放程度、治理水平和创新环境，能够有效缓解国际风险投资机构由于较远国家距离而面临的外来者劣势，从而提高其增值行为的动机和能力，进而对企业创新产生积极影响。

（2）基于上市时机、财务困境风险和企业国际化视角，对海外上市中介效应发挥的深层次作用机制研究发现，国际风险投资增加了企业较早上市的概率，且较早上市会加重海外上市对企业创新的不利影响；与国内上市企业相比，新兴国家的海外上市企业面临较大的财务困境风险，而较大的财务困境风险不利于企业创新；虽然国际风险投资能够通过提高企业的国际化程度促进企业创新，然而与国内上市企业相比，海外上市企业的国际化程度对企业创新的促进作用明显更弱。上述结论表明，国际风险投资机构存在道德风险和基于“逐名效应”的投机性上市行为，表现为有动机和能力将更多资源用于促进企业的较早上市，而较早上市的企业面临明显的新进入者劣势，这进一步加重了海外上市对企业创新的不利影响；同时，基于新兴者劣势，海外上市企业面临普遍的国际身份认同不足和投资者的家乡偏误，这会使海外上市企业较国内上市企业面临更大的财务困境风险，进而不利于企业创新水平的提高；此外，在逆全球化思潮不断蔓延、贸易保护主义抬头和民粹主义盛行等背景下，国际风险投资机构通过提高企业的国际化水平促进企业创新的路径在海外上市企业明显更弱，从而使海外上市企业整体上较国内上市企业的创新水平更低。

第二节 建议

一、对风险投资机构和创业企业的建议

风险投资与企业创新相辅相成，风险投资机构具有较高的风险容忍度，能够为企业创新提供长期的资金支持，而较高的创新水平有利于企业建立核心竞争力，获得持续的盈利增长，并为风险投资机构带来较高的退出收益和良好的行业声誉。因此，为了更好地建立风险投资与企业创新间的良性互动，促进风险投资行业和创业企业的健康发展，风险投资机构和创业企业应该采取如下措施：

（1）国际风险投资机构应该积极考虑与本土风险投资机构的联合投资发展战略。这是因为，一方面，本书研究结果表明，与本土风险投资机构的联合投资作为国际风险投资机构进入新兴国家市场的重要方式，不仅可以有效缓解国际风险投资机构因为较远国家距离产生的外来者劣势对企业创新增值能力的抑制作用，还能有效降低其基于逐名动机的投机性海外上市行为概率，进而对企业创新产生积极影响。另一方面，随着新兴国家风险投资市场竞争越来越激烈，高质量的创新项目越来越稀缺，与国际风险投资机构相比，本土风险投资机构可以凭借其丰富的本地网络资源占据信息优势，获取更多的优质创新项目。因此，从长远来看，与本土风险投资机构的联合对于国际风险投资机构的退出也越发重要。基于此，国际风险投资机构应改变“两头在外”的投资模式，深化与本土风险投资机构的长期合作，并依托本土风险投资机构的地理临近优势和本地网络优势，以获取更多的当地优质企业创新项目，进而为企业创新提供更多的战略和互补资源，以及增强其对创新企业经营管理活动的有效监督。此外，新兴国家的本土风险投资机构也应该积极开展与国际风险投资机构的联合投资，这有利于新兴国家本土风险投资机构学习国际风险投资机构成熟的国际投资经验和运营经验，进而为新兴国家本土风险投资机构走出国门、开启国际化进程助力。

（2）以创新为导向的创业企业在引入风险资本时，应客观看待国际风险投资机构与本土风险投资机构的作用。一方面，总体来看，国际风险投资机构并不能比本土风险投资机构培育更多企业创新，但与本土风险投资机构的

联合投资、较高的风险投资声誉、较长的投资期限和风险投资的早期进入则对国际风险投资支持企业的创新有积极影响。因此，创业企业在引入国际风险投资机构时，可选择同时引入本土风险投资机构，且尽可能选择具有高声誉的国际风险投资机构，并促进风险投资更早期地进入企业和更长期地参与企业治理，从而使其从资金、监督和管理等多方面更好地为企业提供增值服务，进而促进企业创新。另一方面，国际风险投资机构有利于创业企业的国际化战略，但也存在道德风险，通常会对企业施加较多控制和约束条件，特别地，当其具有较丰富的新兴国家 IPO 经验时，表现出对企业较强的攫取能力，从而显著降低企业的创新产出水平；同时，国际风险投资机构也具有逐名动机，表现为促进企业尽早海外上市的投机主义行为，进而不利于企业创新。因此，企业在寻求国际风险投资的资金支持时，需要制订清晰的国际化发展规划和海外上市计划，以便在合理利用国际风险投资机构的国际优势资源时，尽量规避其机会主义行为的负面影响。

（3）创业企业应该充分认识到较远的国家距离和机会主义海外上市行为是国际风险投资培育较少企业创新的两大影响机制；同时，新兴国家创业企业应该充分重视海外上市面临的“新兴者劣势”可能带来的财务困境风险对企业创新的不利影响。具体地，一方面，创业企业应该主动与国际风险投资机构加强线上与线下的多渠道沟通交流，降低其由于较远地理距离而面临的信息不对称，并帮助国际风险投资机构更好地熟悉本土文化、法律和制度等方面的知识，以降低其由于外部人较低的信任水平、合法性损失和制裁等引起的额外交易和监督成本，进而提高其对企业创新的增值动机和增值效力。同时，创业企业还应重视与国际风险投资机构协商确定合适的海外上市时机，以降低其基于较早海外上市的投机主义逐名行为的负面影响。另一方面，基于新兴国家海外上市企业普遍面临的新兴者劣势，海外上市企业可能面临合法性身份认同不足及国际投资者的“家乡偏误”，从而导致其处于股价低、市值低、成交量低的“三低”状态，甚至会遭遇做空，进而面临较大的财务困境风险，这是海外上市企业较国内上市企业具有较低创新水平的重要原因。因此，创业企业应该根据自身发展情况，谨慎选择是否进行海外上市，并在海外上市前后通过完善公司治理、扩大企业知名度、提高国际化水平等措施提高国际市场的认可度，并积极做好紧急预案以应对国际资本市场可能出现的诉讼、做空、封杀和退市等风险。

二、对政府的建议

在目前加快构建以国内大循环为主体、国内国际双循环相互促进的新发展格局，推动中国经济高质量发展的背景下，为了更好地促进国际风险投资服务于企业创新，政府部门或可采取如下措施：

（1）政府可以通过提高国家创新水平，提升国家治理能力，努力营造更高效规范、更公平竞争、更具市场化和法制化的营商和投资环境，进而为国际风险投资机构通过企业创新培育获得更大的增值收益提供更加完善的制度保障。一方面，本书基于创业企业国家禀赋的进一步分析发现，较高的国家创新水平有利于缓解国际风险投资机构与创业企业间较远的国家距离对企业创新的负面影响。因此，政府可以通过不断提高国家创新水平，优化企业的创新环境，提高研发投入的创新转化效率，降低企业创新面临的失败风险，进而提高风险投资机构通过企业创新能力的培育获得超额退出收益的可能性，从而提高国际风险投资机构培育企业创新的增值动机和效力。另一方面，基于创业企业国家禀赋的进一步分析还发现，较高的国家综合治理水平也可以有效缓解较远的国家距离对企业创新的不利影响。因此，政府可以通过国家综合治理水平的全面提升，努力打造更高效规范、更公平竞争、更具市场化和法制化的营商和投资环境，从而促进国际风险资本的更长期进入和增值作用的更有效发挥。比如，可从话语权和问责制、政治稳定与杜绝暴恐、政府施政有效性、监管质量、司法有效性、贪腐控制等方面全面提高国家治理水平，降低国际风险投资机构跨国投资的合法性风险和额外交易成本，进而提高国际风险投资机构对企业创新的增值行为积极性和增值效应发挥。

（2）政府可以通过适当提高国家的商业访问自由度，并完善外资的国内市场退出机制，进而提高国际风险投资机构对企业创新的培育积极性。一方面，本书基于国家距离视角的作用机制研究表明，较远的国家距离是国际风险投资机构较本土风险投资机构培育较少企业创新的重要原因；且创业企业所在国家较高的自由访问度能够有效缓解国家距离对企业创新的不利影响。因此，政府可以酌情创造更加开放的国际商业交流环境，为国际风险投资机构积极培育作用的发挥提供更加便利的条件。比如酌情增加外国人访问自由度，提高国际风险资本家进入和沟通交流的便利性，从而降低其由于较远国家距离而造成的较高交易和监督成本，进而促进其对企业创新增值效应的更好发挥。另一方面，本书基于海外上市视角的作用机制研究表明，投机性的海外上市是国际风险投资机构较本土风险投资机构培育较少企业创新的重要中介机制。同时，已有学者研究指出，国际风险投资机构投机性海外上市行为的一个重要原因是，国内严格的股票上市审核制度和外资退出制度使国际风险投资支持的企业存在国内上市的更多障碍。因此，政府可以继续稳步实施股票发行的注册制改革、适当降低上市盈利标准以及完善外资国内上市退出的相关法律制度，以在更宽领域和更深层次上满足国际风险投资机构的退出需求，从而降低国际风险投资机构出于逐名动机的投机性海外上市概率，进而缓解海外上市对企业创新的不利影响。

（3）政府可以充分发挥自身的资源整合优势，建立和完善风险投资机构与创业企业间的双向选择互动反馈机制，并通过高水平的社会主义市场经济体制构建和更深度的全球经济融入，改变国际市场利益相关者对新兴国家海外上市企业消极的刻板印象。一方面，本书基于国际风险投资特征的进一步分析结果表明，较高的声誉、较长的投资期限和早期进入有利于国际风险投资机构对企业创新的培育，而较丰富的新兴国家 IPO 经验反而会增强国际风险投资机构对企业创新的攫取能力。因此，政府可以以创新为导向，从风险投资声誉、风险投资期限、风险投资进入时机等多角度构建风险投资机构的综合评价机制，并不断完善创业企业的创新融资渠道，提高创业企业的融资可选择性，从而有效提高其在风险投资谈判中的相对地位，进而建立完善的风险投资机构与创业企业间的双向选择互动反馈机制，以促进风险投资对企业创新的长效增值动机。另一方面，本书从财务困境视角对海外上市中介效应发挥的潜在作用机制研究表明，与国内上市企业相比，新兴国家海外上市企业面临明显的“新兴者劣势”，存在身份认同不足和国际投资者的家乡偏误，具有较高的财务困境风险，从而不利于企业创新。因此，政府可以通过不断改善市场环境、完善金融体系和法律制度等，构建高水平社会主义市场经济体制，进而从产品、管理和竞争能力等多维度塑造新兴国家创业企业的战略和行为；同时，政府还可以通过加快制定与国际接轨的技术和管理标准等，更深度地融入全球经济，提高新兴国家企业在全球价值链中的地位，并坚持以创新为导向逐渐形成国际市场核心竞争力，从而改变国际市场对新兴国家企业消极的刻板印象，进而为海外上市企业的发展保驾护航。

参考文献

[1] 蔡宁．风险投资“逐名”动机与上市公司盈余管理[J]．会计研究，2015(5)：20-27，94.

[2] 蔡宁，邓小路，程亦沁．风险投资网络具有“传染”效应吗——基于上市公司超薪酬的研究[J]．南开管理评论，2017，20(2)：17-31.

[3] 蔡宁，何星．社会网络能够促进风险投资的“增值”作用吗？——基于风险投资网络与上市公司投资效率的研究[J]．金融研究，2015(12)：178-193.

[4] 陈工孟，俞欣，寇祥河．风险投资参与对中资企业首次公开发行折价的影响——不同证券市场的比较[J]．经济研究，2011，46(5)：74-85.

[5] 陈思，何文龙，张然．风险投资与企业创新：影响和潜在机制[J]．管理世界，2017(1)：158-169.

[6] 陈苏，刘曼红．风险投资国际化的动因、模式与特征——基于文献学分析视角[J]．中国物价，2017(4)：46-49.

[7] 陈孝勇，惠晓峰．创业投资的治理作用——基于高管薪酬契约设计视角的实证研究[J]．南开管理评论，2015，18(2)：126-135.

[8] 陈衍泰，范彦成，汤临佳等．开发利用型海外研发区位选择的影响因素——基于国家距离视角[J]．科学学研究，2018，36(5)：847-856，954.

[9] 成力为，邹双．风险投资后期进入对企业创新绩效的影响研究——选择效应抑或增值效应？[J]．管理评论，2020，32(1)：80-90.

[10] 成思危等．中国风险投资年鉴[M]．北京：民主与建设出版社，2002.

[11] 董大勇，肖作平．证券信息交流家乡偏误及其对股票价格的影响：来自股票论坛的证据[J]．管理世界，2011(1)：52-61，188.

[12] 董静，汪江平，翟海燕等．服务还是监控：风险投资机构对创业企业的管理——行业专长与不确定性的视角[J]．管理世界，2017(6)：82-103，

187-188.

［13］董静，汪立，吴友．风险投资介入与创业企业国际化——基于我国高科技上市公司的实证研究［J］．财经研究，2017，43(4)：120-132.

［14］董静，徐婉渔．公司风险投资：“鱼水相依”抑或“与鲨共舞”？——文献评述与理论建构［J］．外国经济与管理，2018，40(2)：3-17，50.

［15］方慧，赵甜．中国企业对“一带一路”国家国际化经营方式研究——基于国家距离视角的考察［J］．管理世界，2017(7)：17-23.

［16］冯根福．双重委托代理理论：上市公司治理的另一种分析框架——兼论进一步完善中国上市公司治理的新思路［J］．经济研究，2004(12)：16-25.

［17］苟燕楠，董静．风险投资进入时机对企业技术创新的影响研究［J］．中国软科学，2013(3)：132-140.

［18］顾露露，岑怡，郭三等．股权结构、价值链属性与技术创新——基于中国信息技术企业的实证分析［J］．证券市场导报，2015(10)：27-35.

［19］桂黄宝．基于 GII 的全球主要经济体创新能力国际比较及启示［J］．科学学与科学技术管理，2014，35(2)：143-153.

［20］郭玥．政府创新补助的信号传递机制与企业创新［J］．中国工业经济，2018(9)：98-116.

［21］贺小刚，朱丽娜，杨婵等．经营困境下的企业变革：“穷则思变”假说检验［J］．中国工业经济，2017(1)：135-154.

［22］胡刘芬，周泽将．风险投资机构持股能够缓解企业后续融资约束吗？——来自中国上市公司的经验证据［J］．经济管理，2018，40(7)：91-109.

［23］胡诗阳，陆正飞．非执行董事对过度投资的抑制作用研究——来自中国 a 股上市公司的经验证据［J］．会计研究，2015(11)：41-48，96.

［24］胡志颖，李瑾，果建竹．研发投入与 IPO 抑价：风险投资的调节效应［J］．南开管理评论，2015，18(6)：113-124.

［25］胡志颖，周璐，刘亚莉．风险投资、联合差异和创业板 IPO 公司会计信息质量［J］．会计研究，2012(7)：48-56，97.

［26］黄当玲．研发支出会计信息披露问题研究——以通信及相关设备制造业上市公司为例［J］．财会通讯，2015(3)：13-15.

［27］贾宁，李丹．创业投资管理对企业绩效表现的影响［J］．南开管理评

论，2011，14(1)：96-106.

［28］姜付秀，张敏，陆正飞等．管理者过度自信、企业扩张与财务困境［J］．经济研究，2009，44(1)：131-143.

［29］李梅，余天骄．研发国际化是否促进了企业创新——基于中国信息技术企业的经验研究［J］．管理世界，2016(11)：125-140.

［30］李维安，郝臣．公司治理手册［M］．北京：清华大学出版社，2015.

［31］李曜，宋贺．风险投资支持的上市公司并购绩效及其影响机制研究［J］．会计研究，2017(6)：60-66，97.

［32］刘冰，罗超亮，符正平．风险投资和创业企业总是完美一对吗［J］．南开管理评论，2016，19(1)：179-192.

［33］刘建丽，刘瑞明．来源国形象、消费者偏见与中国品牌跨国营销——中国电子产品在美国的品牌来源国效应检验［J］．经济管理，2020，42(3)：133-150.

［34］刘曼红，P. Levensohn，刘小兵．风险投资学［M］．北京：对外经济贸易大学出版社，2018.

［35］龙玉，赵海龙，张新德等．时空压缩下的风险投资——高铁通车与风险投资区域变化［J］．经济研究，2017，52(4)：195-208.

［36］鲁桐，党印．公司治理与技术创新：分行业比较［J］．经济研究，2014，49(6)：115-128.

［37］陆瑶，张叶青，贾睿等．“辛迪加”风险投资与企业创新［J］．金融研究，2017(6)：159-175.

［38］潘镇，杨柳，殷华方．中国企业国际化的社会责任效应研究［J］．经济管理，2020，42(9)：27-48.

［39］彭涛，黄福广，李娅等．外资风险投资、海外上市与企业国际化［J］．外国经济与管理，2020，42(4)：123-138.

［40］漆苏，刘立春．基于全球创新指数的中国创新能力现状及影响因素分析［J］．科技进步与对策，2018，35(18)：1-10.

［41］齐绍洲，张倩，王班班．新能源企业创新的市场化激励——基于风险投资和企业专利数据的研究［J］．中国工业经济，2017(12)：95-112.

［42］乔明哲，张玉利，凌玉等．公司创业投资究竟怎样影响创业企业的IPO 抑价——来自深圳创业板市场的证据［J］．南开管理评论，2017，20(1)：167-180.

[43] 曲如晓，杨修，刘杨．文化差异、贸易成本与中国文化产品出口[J]．世界经济，2015，38(9)：130-143.

[44] 任兵，郑莹．外来者劣势研究前沿探析与未来展望[J]．外国经济与管理，2012，34(2)：27-34.

[45] 孙健．风险资本投资的国际化趋势[J]．投资研究，1987(3)：46-48.

[46] 谈毅，唐霖露．跨境风险资本在华投资绩效影响因素的研究[J]．科研管理，2016，37(10)：1-8.

[47] 汪涛，贾煜，王康等．中国企业的国际化战略：基于新兴经济体企业的视角[J]．中国工业经济，2018(5)：175-192.

[48] 王斌．风险投资学[M]．北京：清华大学出版社，2019.

[49] 王会娟，张然．私募股权投资与被投资企业高管薪酬契约——基于公司治理视角的研究[J]．管理世界，2012(9)：156-167.

[50] 王疆．风险投资国际化影响因素研究综述[J]．商业经济与管理，2013(11)：33-44.

[51] 王兰芳，胡悦．创业投资促进了创新绩效吗？——基于中国企业面板数据的实证检验[J]．金融研究，2017(1)：177-190.

[52] 王姝勋，董艳．期权激励与企业并购行为[J]．金融研究，2020(3)：169-188.

[53] 王姝勋，方红艳，荣昭．期权激励会促进公司创新吗？——基于中国上市公司专利产出的证据[J]．金融研究，2017(3)：176-191.

[54] 王茵田，黄张凯，陈梦．“不平等条约?”：我国对赌协议的风险因素分析[J]．金融研究，2017(8)：117-128.

[55] 王永钦，杜巨澜，王凯．中国对外直接投资区位选择的决定因素：制度、税负和资源禀赋[J]．经济研究，2014，49(12)：126-142.

[56] 王玉荣，高菲，李军．跨境风险投资的联合投资模式与投资绩效评估——基于中国情境的实证研究[J]．国际贸易问题，2015(1)：90-100.

[57] 温军，冯根福．风险投资与企业创新：“增值”与“攫取”的权衡视角[J]．经济研究，2018，53(2)：185-199.

[58] 温忠麟，叶宝娟．中介效应分析：方法和模型发展[J]．心理科学进展，2014，22(5)：731-745.

[59] 吴超鹏，吴世农，程静雅等．风险投资对上市公司投融资行为影响

的实证研究[J]. 经济研究，2012，47(1)：105-119，160.

[60] 吴超鹏，张媛．风险投资对上市公司股利政策影响的实证研究[J]. 金融研究，2017(9)：178-191.

[61] 吴先明，黄春桃．中国企业对外直接投资的动因：逆向投资与顺向投资的比较研究[J]. 中国工业经济，2016(1)：99-113.

[62] 吴先明，向媛媛．国际化是否有助于提升后发企业的创新能力——基于中国上市公司的实证研究[J]. 国际贸易问题，2017(9)：14-24.

[63] [美]熊彼特．经济发展理论[M]. 北京：商务印书馆，1990.

[64] 徐飞．银行信贷与企业创新困境[J]. 中国工业经济，2019(1)：119-136.

[65] 徐倩．不确定性、股权激励与非效率投资[J]. 会计研究，2014(3)：41-48，95.

[66] 徐欣，夏芸，李春涛．企业自主研发、IPO 折价与创新能力的信号效应——基于中国创业板上市公司的实证研究[J]. 经济管理，2016，38(6)：71-85.

[67] 杨勃，刘娟．来源国劣势：新兴经济体跨国企业国际化“出身劣势”——文献评述与整合框架构建[J]. 外国经济与管理，2020，42(1)：113-125.

[68] 姚立杰，周颖．管理层能力、创新水平与创新效率[J]. 会计研究，2018(6)：70-77.

[69] 叶小杰，王怀芳．风险投资声誉研究述评及展望[J]. 管理世界，2016(11)：184-185.

[70] 殷林森，李湛，李珏．基于最优停时理论的创业投资退出决策模型研究[J]. 南开管理评论，2008(4)：97-99，104.

[71] 余明桂，钟慧洁，范蕊．民营化、融资约束与企业创新——来自中国工业企业的证据[J]. 金融研究，2019(4)：75-91.

[72] 张赤东．企业创新政策体系与使用指南[M]. 北京：知识产权出版社，2017.

[73] 张嘉望，彭晖，李博阳．地方政府行为、融资约束与企业研发投入[J]. 财贸经济，2019，40(7)：20-35.

[74] 张凯歌，顾露露．风险投资促进企业创新的机制研究——基于中国信息技术行业的实证分析[J]. 武汉金融，2020(8)：37-47.

[75] 张立洲，乔加伟．战略与套利：海外中概股回归与上市之路[M]．北京：中信出版社，2017.

[76] 张维迎．理解公司——产权、激励与治理[M]．上海：上海人民出版社，2018.

[77] 张曦如，沈睿，路江涌．风险投资研究：综述与展望[J]．外国经济与管理，2019，41(4)：58-70，138.

[78] 张璇，李子健，李春涛．银行业竞争、融资约束与企业创新——中国工业企业的经验证据[J]．金融研究，2019(10)：98-116.

[79] 张璇，刘贝贝，汪婷等．信贷寻租、融资约束与企业创新[J]．经济研究，2017，52(5)：161-174.

[80] 张学勇，廖理．风险投资背景与公司 IPO：市场表现与内在机理[J]．经济研究，2011，46(6)：118-132.

[81] 张学勇，张叶青．风险投资、创新能力与公司 IPO 的市场表现[J]．经济研究，2016，51(10)：112-125.

[82] 中共中央马克思恩格斯列宁斯大林著作编译局．资本论[M]．北京：人民出版社，2004.

[83] 钟昀珈，何小锋．创业投资的传染效应研究——基于财务重述的分析视角[J]．会计研究，2018(11)：36-42.

[84] 周嘉南，段宏，黄登仕．投资者与创始人的争斗：冲突来源及演化路径——基于我国公司公开冲突事件的案例分析[J]．管理世界，2015(6)：154-163.

[85] 邹璇，张梦雨．风险投资、融资约束与新能源企业创新——基于异质性双边随机前沿模型[J]．工业技术经济，2020，39(1)：3-12.

[86] Adler, P. S., K. Seok-Woo. Social Capital: Prospects for a New Concept[J]. The Academy of Management Review, 2002, 27(1): 17-40.

[87] Ahlstrom, D., G. D. Bruton. Venture Capital in Emerging Economies: Networks and Institutional Change[J]. Entrepreneurship Theory and Practice, 2006, 30(2): 299-320.

[88] Ahluwalia, R., H. R. Unnava, R. E. Burnkrant. The Moderating Role of Commitment on the Spillover Effect of Marketing Communications[J]. Journal of Marketing Research (JMR), 2001, 38(4): 458-470.

[89] Ahuja, G., Yayavaram, S. Explaining Influence Rents: The Case for an

Institutions-Based View of Strategy [J]. Organization Science, 2011, 22 (6): 1631-1652.

[90] Aizenman, J., J. Kendall. The Internationalization of Venture Capital [J]. Journal of Economic Studies, 2012, 39(5): 488-511.

[91] Alhorr, H. S., C. B. Moore, G. T. Payne. The Impact of Economic Integration on Cross-Border Venture Capital Investments: Evidence from the European Union[J]. Entrepreneurship Theory and Practice, 2008, 32(5): 897-917.

[92] Allen, F., J. Qian, M. J. Qian. Law, Finance, and Economic Growth in China[J]. Journal of Financial Economics, 2005, 77(1): 57-116.

[93] Alperovych, Y., X. Mouchette. Industry Concentration and Venture Capital Flows around the World[J]. Economics Bulletin, 2020, 40(2): 1216-1231.

[94] Altman E. I., J. Hartzell, M. Peck. Emerging Markets Corporate Bonds: A Scoring System[M]. New York: Salomon Brothers Inc, 1995.

[95] Altman, E. I. Corporate Financial Distress: A Complete Guide to Predicting, Avoiding, and Dealing with Bankruptcy [M]. New York: John Wiley and Sons, 1983.

[96] Alvarez-Garrido, E., I. Guler. Status in a Strange Land? Context-Dependent Value of Status in Cross-Border Venture Capital[J]. Strategic Management Journal, 2018, 39(7): 1887-1911.

[97] Amit, R., J. Brander, C. Zott. Why Do Venture Capital Firms Exist? Theory and Canadian Evidence[J]. Journal of Business Venturing, 1998, 13(6): 441-466.

[98] Andrade, G., S. N. Kaplan. How Costly is Financial (Not Economic) Distress? Evidence from Highly Leveraged Transactions That Became Distressed[J]. The Journal of Finance, 1998, 53(5): 1443-1493.

[99] Arcot, S. Participating Convertible Preferred Stock in Venture Capital Exits[J]. Journal of Business Venturing, 2014, 29(1): 72-87.

[100] Arque-Castells, P. How Venture Capitalists Spur Invention in Spain: Evidence from Patent Trajectories[J]. Research Policy, 2012, 41(5): 897-912.

[101] Atanasov, V., V. Ivanov, K. Litvak. Does Reputation Limit Opportunistic Behavior in the Vc Industry? Evidence from Litigation Against Vcs[J]. Journal of Finance, 2012, 67(6): 2215-2246.

［102］Attig, N. , N. Boubakri, S. El Ghoul, et al. Firm Internationalization and Corporate Social Responsibility［J］. Journal of Business Ethics, 2016, 134(2): 171-197.

［103］Balcarcel, A. , M. G. Hertzel, L. A. Lindsey. Contracting Frictions and Cross-Border Capital Flows: Evidence from Venture Capital［J］. SSRN Electronic Journal, 2010, 1(15): 49.

［104］Barkema, H. G. , F. Vermeulen. What Differences in the Cultural Back-Grounds of Partners are Detrimental for International Joint Ventures?［J］. Journal of International Business Studies, 1997, 28(4): 845-864.

［105］Barney, J. B. Firm Resources and Sustained Competitive Advantage［J］. Journal of Management, 1991, 17(1): 99-120.

［106］Beck, T. , Demirgüc-Kunt, A. , Levine, Ross. Law and Firms' Access to Finance［J］. American Law and Economics Review, 2005, 7(1): 211-252.

［107］Bell, R. G. , C. B. Moore, I. Filatotchev. Strategic and Institutional Effects on Foreign IPO Performance: Examining the Impact of Country of Origin, Corporate Governance, and Host Country Effects［J］. Journal of Business Venturing, 2012, 27(2): 197-216.

［108］Bellavitis, C. , D. S. Kamuriwo, U. Hommel. Mitigation of Moral Hazard and Adverse Selection in Venture Capital Financing: The Influence of the Country's Institutional Setting［J］. Journal of Small Business Management, 2019, 57(4): 1328-1349.

［109］Bengtsson, O. , S. A. Ravid. The Geography of Venture Capital Contracts［J］. SSRN Electronic Journal, 2009, 3(18): 43.

［110］Bernstein, S. , X. Giroud, R. R. Townsend. The Impact of Venture Capital Monitoring［J］. Journal of Finance, 2016, 71(4): 1591-1622.

［111］Berry, H. , M. F. Guillén, N. Zhou. An Institutional Approach to Cross-National Distance［J］. Journal of International Business Studies, 2010, 41(9): 1460-1480.

［112］Bertoni, F. , A. P. Groh. Cross-Border Investments and Venture Capital Exits in Europe［J］. Corporate Governance-an International Review, 2014, 22(2): 84-99.

［113］Bertoni, F. , T. Tykvova. Does Governmental Venture Capital Spur Invention and Innovation? Evidence from Young European Biotech Companies [J]. Research Policy, 2015, 44(4): 925-935.

[114] Beugelsdijk, S., B. Frijns. A Cultural Explanation of the Foreign Bias in International Asset Allocation[J]. Journal of Banking & Finance, 2010, 34(9): 2121-2131.

[115] Bottazzi, L., M. Da Rin, T. Hellmann. Who are the Active Investors? Evidence from Venture Capital[J]. Journal of Financial Economics, 2008, 89(3): 488-512.

[116] Bottazzi, L., M. D. Rin, T. Hellmann. The Importance of Trust for Investment: Evidence from Venture Capital [J]. The Review of Financial Studies, 2016, 29(9): 2283-2318.

[117] Brander, J. A., R. Amit, W. Antweiler. Venture-Capital Syndication: Improved Venture Selection Vs. The Value-Added Hypothesis [J]. Journal of Economics & Management Strategy, 2002, 11(3): 423-452.

[118] Brennan, M., H. Cao, N. Strong, et al. The Dynamics of International Equity Market Expectations [J]. Journal of Financial Economics, 2005, 77 (2): 257-288.

[119] Bruton, G. D., Ahlstrom, D. An Institutional View of China's Venture Capital Industry: Explaining the Differences between China and the West [J]. Journal of Business Venturing, 2003, 18(2): 233-259.

[120] Bruton, G. D., V. H. Fried, S. Manigart. Institutional Influences on the Worldwide Expansion of Venture Capital[J]. Entrepreneurship Theory and Practice, 2005, 29(6): 737-760.

[121] Burt, R. Structural Holes: The Social Structure of Competition [M]. Cambridge, MA: Harvard University Press, 1992.

[122] Calantone, J. R., Cavusgil, et al. Learning Orientation, Firm Innovation Capability, and Firm Performance [J]. Industrial Marketing Management, 2002, 31(6): 515-524.

[123] Carney, M., Gedajlovic, E., Yang, X. Varieties of Asian Capitalism: Toward an Institutional Theory of Asian Enterprise[J]. Asia Pacific Journal of Management, 2009, 26(3): 361-380.

[124] Caselli, S., S. Gatti, F. Perrini. Are Venture Capitalists a Catalyst for

Innovation ? [J]. European Financial Management, 2009, 15(1): 92-111.

[125] Chahine, S., S. Saade, M. Goergen. Foreign Business Activities, Foreignness of the Vc Syndicate, and IPO Value[J]. Entrepreneurship Theory and Practice, 2019, 43(5): 947-973.

[126] Chan, K., V. Covrig, L. Ng. What Determines the Domestic Bias and Foreign Bias? Evidence from Mutual Fund Equity Allocations Worldwide [J]. Journal of Finance, 2005, 60(3): 1495-1534.

[127] Chan, L. K. C., J. Lakonishok, T. Sougiannis. The Stock Market Valuation of Research and Development Expenditures[J]. Journal of Finance, 2001, 56(6): 2431-2456.

[128] Chemmanur, T. J., T. J. Hull, K. Krishnan. Do Local and International Venture Capitalists Play Well Together? The Complementarity of Local and International Venture Capitalists[J]. Journal of Business Venturing, 2016, 31(5): 573-594.

[129] Chemmanur, T. J., K. Krishnan, D. K. Nandy. How Does Venture Capital Financing Improve Efficiency in Private Firms? A Look beneath the Surface [J]. Review of Financial Studies, 2011, 24(12): 4037-4090.

[130] Chen, H., P. Gompers, A. Kovner, et al. Buy Local? The Geography of Venture Capital[J]. Journal of Urban Economics, 2010, 67(1): 90-102.

[131] Chen, V. Z., J. Li, D. M. Shapiro, et al. Ownership Structure and Innovation: An Emerging Market Perspective [J]. Asia Pacific Journal of Management, 2014, 31(1): 1-24.

[132] Cheng, C., A. Schwienbacher. Venture Capital Investors and Foreign Listing Choices of Chinese Companies[J]. Emerging Markets Review, 2016, 29 (SI): 42-67.

[133] Clarysse, B., M. Knockaert, A. Lockett. Outside Board Members in High Tech Start-Ups[J]. Small Business Economics, 2007, 29(3): 243-259.

[134] Colombo, M. G., D. D'adda, A. Quas. The Geography of Venture Capital and Entrepreneurial Ventures' Demand for External Equity[J]. Research Policy, 2019, 48(5): 1150-1170.

[135] Cornelius, P. Emerging Markets: Net Importers or Exporters of Private Equity Capital? [J]. Journal of Private Equity, 2007, 10(4): 18-27.

[136] Corsi, C., A. Prencipe. High-Tech Entrepreneurial Firms' Innovation in Different Institutional Settings. Do Venture Capital and Private Equity Have Complementary or Substitute Effects? [J]. Industry and Innovation, 2019, 26(9): 1023-1074.

[137] Coval, J. D., T. J. Moskowitz. Home Bias at Home: Local Equity Preference in Domestic Portfolios [J]. The Journal of Finance, 1999, 54(6): 2045-2073.

[138] Croce, A., J. Marti, S. Murtinu. The Impact of Venture Capital on the Productivity Growth of European Entrepreneurial Firms: "Screening" or "Value Added" Effect? [J]. Journal of Business Venturing, 2013, 28(4): 489-510.

[139] Cuervo-Cazurra, A., W. Newburry, S. H. Park. Emerging Market Multinationals: Managing Operational Challenges for Sustained International Growth [M]. Cambridge: Cambridge University Press, 2016.

[140] Cuervo-Cazurra A., M. M. M., Shalini Manrakhan. Causes of the Difficulties in Internationalization[J]. Journal of International Business Studies, 2007, 38(5): 709-725.

[141] Cumming, D., N. Dai. Local Bias in Venture Capital Investments[J]. Journal of Empirical Finance, 2010, 17(3): 362-380.

[142] Cumming, D., G. Fleming, A. Schwienbacher. Legality and Venture Capital Exits[J]. Journal of Corporate Finance, 2006, 12(2): 214-245.

[143] Cumming, D., G. Fleming, A. Schwienbacher. Corporate Relocation in Venture Capital Finance[J]. Entrepreneurship Theory and Practice, 2009, 33(5): 1121-1155.

[144] Cumming, D., S. Johan. The Problems with and Promise of Entrepreneurial Finance[J]. Strategic Entrepreneurship Journal, 2017, 11(3): 357-370.

[145] Cumming, D., S. Johan, M. Zhang. The Economic Impact of Entrepreneurship: Comparing International Datasets[J]. Corporate Governance: An International Review, 2014, 22(2): 162-178.

[146] Cumming, D., A. Knill. Disclosure, Venture Capital and Entrepreneurial Spawning[J]. Journal of International Business Studies, 2012, 43(6): 563-590.

[147] Cumming, D., A. Knill, K. Syvrud. Do International Investors En-

hance Private Firm Value? Evidence from Venture Capital[J]. Journal of International Business Studies, 2016, 47(3): 347-373.

[148] Cumming, D., D. Schmidt, U. Walz. Legality and Venture Capital Governance around the World[J]. Journal of Business Venturing, 2010, 25(1): 54-72.

[149] Da Gbadji, L. A. G., B. Gailly, A. Schwienbacher. International Analysis of Venture Capital Programs of Large Corporations and Financial Institutions[J]. Entrepreneurship Theory and Practice, 2015, 39(5): 1213-1246.

[150] Dai, N., H. Jo, S. Kassicieh. Cross-Border Venture Capital Investments in Asia: Selection and Exit Performance[J]. Journal of Business Venturing, 2012, 27(6): 666-684.

[151] Dai, N., R. Nahata. Cultural Differences and Cross-Border Venture Capital Syndication[J]. Journal of International Business Studies, 2016, 47(2): 140-169.

[152] Davila, A., G. Foster. Management Control Systems in Early-Stage Startup Companies[J]. The Accounting Review, 2007, 82(4): 907-937.

[153] De Clercq, D., D. Dimov. Internal Knowledge Development and External Knowledge Access in Venture Capital Investment Performance[J]. Journal of Management Studies, 2008, 45(3): 585-612.

[154] De Prijcker, S., S. Manigart, M. Wright, et al. The Influence of Experiential, Inherited and External Knowledge on the Internationalization of Venture Capital Firms[J]. International Business Review, 2012, 21(5): 929-940.

[155] Deeds, D. L., P. Y. Mang, M. L. Frandsen. The Influence of Firms' and Industries' Legitimacy on the Flow of Capital into High-Technology Ventures[J]. Strategic Organization, 2004, 2(1): 9-34.

[156] Devigne, D., S. Manigart, T. Vanacker, et al. Venture Capital Internationalization: Synthesis and Future Research Directions[J]. Journal of Economic Surveys, 2018, 32(5): 1414-1445.

[157] Devigne, D., S. Manigart, M. Wright. Escalation of Commitment in Venture Capital Decision Making: Differentiating between Domestic and International Investors[J]. Journal of Business Venturing, 2016, 31(3): 253-271.

[158] Devigne, D., T. Vanacker, S. Manigart, et al. The Role of Domestic

and Cross-Border Venture Capital Investors in the Growth of Portfolio Companies [J]. Small Business Economics, 2013, 40(3): 553-573.

[159] Dimov, D., P. Martin De Holan. Firm Experience and Market Entry by Venture Capital Firms (1962-2004)[J]. Journal of Management Studies, 2010, 47 (1): 130-161.

[160] Dimov, D., H. Milanov. The Interplay of Need and Opportunity in Venture Capital Investment Syndication[J]. Journal of Business Venturing, 2010, 25(4): 331-348.

[161] Ding, Y., E. Nowak, H. Zhang. Foreign Vs. Domestic Listing: An Entrepreneurial Decision [J]. Journal of Business Venturing, 2010, 25 (2): 175-191.

[162] Dixit, A. Jayaraman, N. Internationalization Strategies of Private Equity Firms[J]. Journal of Private Equity, 2001, 5(1): 40-54.

[163] Dossani, R., M. Kenney. Creating an Environment for Venture Capital in India[J]. World Development, 2002, 30(2): 227-253.

[164] Drees, Johannes M., Heugens, Pursey P. M. A. R. Synthesizing and Extending Resource Dependence Theory: A Meta-Analysis[J]. Journal of Management, 2013, 39(6): 1666-1698.

[165] Du, Q. Birds of a Feather or Celebrating Differences? The Formation and Impacts of Venture Capital Syndication[J]. Journal of Empirical Finance, 2016 (39): 1-14.

[166] Duran, P., N. Kammerlander, M. Van Essen, et al. Doing More with Less: Innovation Input and Output in Family Firms[J]. Academy of Management Journal, 2016, 59(4): 1224-1264.

[167] Dyck, A., Zingales, L. Private Benefits of Control: An International Comparison[J]. Journal of Finance, 2004, 59(2): 533-596.

[168] Engel, D., M. Keilbach. Firm-Level Implications of Early Stage Venture Capital Investment - an Empirical Investigation [J]. Journal of Empirical Finance, 2007, 14(2): 150-167.

[169] Fernhaber, S., P. Mcdougall-Covin. Venture Capitalists as Catalysts to New Venture Internationalization: The Impact of Their Knowledge and Reputation Resources[J]. Entrepreneurship Theory and Practice, 2009, 33(1): 277-295.

[170] Fernhaber, S. A., D. Li. International Exposure through Network Relationships: Implications for New Venture Internationalization[J]. Journal of Business Venturing, 2013, 28(2): 316-334.

[171] Fleming, J. J. The Decline of Venture Capital Investment in Early-Stage Life Sciences Poses a Challenge to Continued Innovation[J]. Health Affairs, 2015, 34(2): 271-276.

[172] Foerster, S. R., G. A. Karolyi. The Effects of Market Segmentation and Investor Recognition on Asset Prices: Evidence from Foreign Stocks Listing in the United States[J]. The Journal of Finance, 1999, 54(3): 981-1013.

[173] French, K. R., J. M. Poterba. Investor Diversification and International Equity Markets[J]. The American Economic Review, 1991, 81(2): 222-226.

[174] Fried, V. H., R. D. Hisrich. The Venture Capitalist: A Relationship Investor[J]. California Management Review, 1995, 37(2): 101-113.

[175] Fritsch, M., D. Schilder. Does Venture Capital Investment Really Require Spatial Proximity? An Empirical Investigation[J]. Environment and Planning A: Economy and Space, 2008, 40(9): 2114-2131.

[176] Fuldner. Why Do So Many Chinese Companies IPO in the Us? Does China Have a Deep Public Market? [M]. Quora, 2011.

[177] Garud, R., P. Tuertscher, A. H. Van De Ven. Perspectives on Innovation Processes[J]. Academy of Management Annals, 2013, 7(1): 775-819.

[178] Genc, E., M. Dayan, O. F. Genc. The Impact of Sme Internationalization on Innovation: The Mediating Role of Market and Entrepreneurial Orientation [J]. Industrial Marketing Management, 2019(82): 253-264.

[179] Gilbert, B. A., P. P. Mcdougall, D. B. Audretsch. Clusters, Knowledge Spillovers and New Venture Performance: An Empirical Examination[J]. Journal of Business Venturing, 2008, 23(4): 405-422.

[180] Giroud, X. Proximity and Investment: Evidence from Plant-Level Data [J]. Quarterly Journal of Economics, 2013, 128(2): 861-915.

[181] Gompers, P., A. Kovner, J. Lerner. Specialization and Success: Evidence from Venture Capital [J]. Journal of Economics & Management Strategy, 2009, 18(3): 817-844.

[182] Gompers, P. A. Grandstanding in the Venture Capital Industry [J].

Journal of Financial Economics, 1996, 42(1): 133-156.

[183] Granovetter, M. Economic Action and Social Structure: The Problem of Embeddedness[J]. American Journal of Sociology, 1985, 91(3): 481-510.

[184] Grinblatt, M., M. Keloharju. The Investment Behavior and Performance of Various Investor Types: A Study of Finland's Unique Data Set[J]. Journal of Financial Economics, 2000, 55(1): 43-67.

[185] Gu, Q., X. Lu. Unraveling the Mechanisms of Reputation and Alliance Formation: A Study of Venture Capital Syndication in China[J]. Strategic Management Journal, 2014, 35(5): 739-750.

[186] Gu, W., X. Qian. Does Venture Capital Foster Entrepreneurship in an Emerging Market? [J]. Journal of Business Research, 2019(101): 803-810.

[187] Guadalupe, M., O. Kuzmina, C. Thomas. Innovation and Foreign Ownership[J]. American Economic Review, 2012, 102(7): 3594-3627.

[188] Gulati, R. Does Familiarity Breed Trust? The Implications of Repeated Ties for Contractual Choice in Alliances[J]. Academy of Management Journal, 1995, 38(1): 85-112.

[189] Guler, I., M. F. Guillen. Institutions and the Internationalization of Us Venture Capital Firms[J]. Journal of International Business Studies, 2010, 41(2): 185-205.

[190] Guler, I., M. F. Guillen. Home Country Networks and Foreign Expansion: Evidence from the Venture Capital Industry[J]. Academy of Management Journal, 2010, 53(2): 390-410.

[191] Guo, D., K. Jiang. Venture Capital Investment and the Performance of Entrepreneurial Firms: Evidence from China[J]. Journal of Corporate Finance, 2013(22): 375-395.

[192] Hain, D., S. Johan, D. Wang. Determinants of Cross-Border Venture Capital Investments in Emerging and Developed Economies: The Effects of Relational and Institutional Trust[J]. Journal of Business Ethics, 2016, 138(4): 743-764.

[193] Heirman, A., B. Clarysse. The Imprinting Effect of Initial Resources and Market Strategy on the Early Growth Path of Start-Ups[J]. Academy of Management Proceedings, 2005, 2005(1): 1-6.

[194] Hirshleifer, D., P.-H. Hsu, D. Li. Innovative Efficiency and Stock Returns[J]. Journal of Financial Economics, 2013, 107(3): 632-654.

[195] Hochberg, Y. V. Venture Capital and Corporate Governance in the Newly Public Firm[M]. The AFA 2004 San Diego Meetings, 2003.

[196] Hochberg, Y. V., A. Ljungqvist, Y. Lu. Whom You Know Matters: Venture Capital Networks and Investment Performance[J]. Journal of Finance, 2007, 62(1): 251-301.

[197] Hofstede, G. Culture's Consequences: Comparing Values, Behaviors, Institutions and Organizations across Nations[M]. Thousand Oaks, CA: Sage Publications, 2001.

[198] Howell, S. T. Financing Innovation: Evidence from R&D Grants[J]. American Economic Review, 2017, 107(4): 1136-1164.

[199] Hsu, D. H. What Do Entrepreneurs Pay for Venture Capital Affiliation? [J]. Journal of Finance, 2004, 59(4): 1805-1844.

[200] Hua, X., Y. Wang, M. Wang. The Innovation and Performance Impacts of Venture Capital Investment on China's Small- and Medium-Sized Enterprises[J]. China Economic Journal, 2016, 9(2): 167-185.

[201] Huang, X., J.-K. Kang. Geographic Concentration of Institutions, Corporate Governance, and Firm Value[J]. Journal of Corporate Finance, 2017 (47): 191-218.

[202] Huang, X., M. Kenney, D. Patton. Responding to Uncertainty: Syndication Partner Choice by Foreign Venture Capital Firms in China[J]. Venture Capital, 2015, 17(3): 215-235.

[203] Humphery-Jenner, M., J.-A. Suchard. Foreign Venture Capitalists and the Internationalization of Entrepreneurial Companies: Evidence from China[J]. Journal of International Business Studies, 2013, 44(6): 607-621.

[204] Humphery-Jenner, M., J.-A. Suchard. Foreign Vcs and Venture Success: Evidence from China[J]. Journal of Corporate Finance, 2013 (21): 16-35.

[205] Hursti, J., M. W. Maula. Acquiring Financial Resources from Foreign Equity Capital Markets: An Examination of Factors Influencing Foreign Initial Public Offerings[J]. Journal of Business Venturing, 2007, 22(6): 833-851.

[206] Johanson, J., J.-E. Vahlne. The Uppsala Internationalization Process Model Revisited: From Liability of Foreignness to Liability of Outsidership[J]. Journal of International Business Studies, 2009, 40(9): 1411-1431.

[207] Johnson, S., R. La Porta, F. Lopez-De-Silanes, et al. Tunneling [J]. American Economic Review, 2000, 90(2): 22-27.

[208] Joshi, K. Managing the Risks from High-Tech Investments in India: Differential Strategies of Foreign and Domestic Venture Capital Firms[J]. Journal of Global Entrepreneurship Research, 2018, 8(1): 21.

[209] Karlsson, A., L. Norden. Home Sweet Home: Home Bias and International Diversification among Individual Investors[J]. Journal of Banking & Finance, 2007, 31(2): 317-333.

[210] Khavul, S., D. Deeds. The Evolution of Initial Co-Investment Syndications in an Emerging Venture Capital Market[J]. Journal of International Management, 2016, 22(3): 280-293.

[211] Korczak, A., P. Korczak. The Development of Emerging Stock Markets and the Demand for Cross-Listing[J]. Journal of Empirical Finance, 2013 (24): 63-77.

[212] Kortum, S., J. Lerner. Assessing the Contribution of Venture Capital to Innovation[J]. RAND Journal of Economics (RAND Journal of Economics), 2000, 31(4): 674-692.

[213] Kraemer-Eis, H., S. Signore, D. Prencipe. The European Venture Capital Landscape: An Eif Perspective. Volume I: The Impact of Eif on the Vc Ecosystem[J]. EIF Working Paper Series, 2016.

[214] Krishnan, C. N. V., V. I. Ivanov, R. W. Masulis, et al. Venture Capital Reputation, Post-IPO Performance, and Corporate Governance[J]. Journal of Financial and Quantitative Analysis, 2011, 46(5): 1295-1333.

[215] La Porta, R., Lopez-De-Silanes, F., Shleifer, A., Vishny, R. Law and Finance[J]. Journal of Political Economy, 1998, 106(6): 1113-1155.

[216] Lee, G., R. W. Masulis. Do More Reputable Financial Institutions Reduce Earnings Management by Ipo Issuers? [J]. Journal of Corporate Finance, 2011, 17(4): 982-1000.

[217] Lee, P. M., S. Wahal. Grandstanding, Certification and the Under-

pricing of Venture Capital Backed Ipos[J]. Journal of Financial Economics, 2004, 73(2): 375-407.

[218] Lee, V. The Analysis of Cross-Border Venture Capital Networks and Investment Performances Using a Logit Model[J]. Journal of Internet Technology, 2019, 20(1): 219-228.

[219] Lerner, J. The Importance of Patent Scope: An Empirical Analysis[J]. RAND Journal of Economics, 1994, 25(2): 319-333.

[220] Lerner, J., A. Schoar. Does Legal Enforcement Affect Financial Transactions? The Contractual Channel in Private Equity[J]. Quarterly Journal of Economics, 2005, 120(1): 223-246.

[221] Lerner, J., M. Sorensen, P. Stroemberg. Private Equity and Long-Run Investment: The Case of Innovation[J]. Journal of Finance, 2011, 66(2): 445-477.

[222] Lev, B., B. Sarath, T. Sougiannis. R&D Reporting Biases and Their Consequences[J]. Contemporary Accounting Research/Recherche Comptable Contemporaine, 2005, 22(4): 977-1026.

[223] Li, Y. Duration Analysis of Venture Capital Staging: A Real Options Perspective[J]. Journal of Business Venturing, 2008, 23(5): 497-512.

[224] Li, Y., I. B. Vertinsky, J. Li. National Distances, International Experience, and Venture Capital Investment Performance[J]. Journal of Business Venturing, 2014, 29(4): 471-489.

[225] Lindsey, L. Blurring Firm Boundaries: The Role of Venture Capital in Strategic Alliances[J]. Journal of Finance, 2008, 63(3): 1137-1168.

[226] Liu, K., J. Tang, K. Yang, et al. Foreign Ipos in the Us: When Entrepreneurial Orientation Meets Institutional Distance[J]. Journal of Business Research, 2019(101): 144-151.

[227] Liu, Y., M. Maula. Local Partnering in Foreign Ventures: Uncertainty, Experiential Learning, and Syndication in Cross-Border Venture Capital Investments [J]. Academy of Management Journal, 2016, 59(4): 1407-1429.

[228] Lu, J., W. Wang. Managerial Conservatism, Board Independence and Corporate Innovation[J]. Journal of Corporate Finance, 2018(48): 1-16.

[229] Lu, Q., P. Hwang. The Impact of Liability of Foreignness on Interna-

tional Venture Capital Firms in Singapore[J]. Asia Pacific Journal of Management, 2010, 27(1): 81-97.

[230] Lutz, E., M. Bender, A.-K. Achleitner, et al. Importance of Spatial Proximity between Venture Capital Investors and Investees in Germany[J]. Journal of Business Research, 2013, 66(11): 2346-2354.

[231] Madhavan, R., A. Iriyama. Understanding Global Flows of Venture Capital: Human Networks as the "Carrier Wave" of Globalization[J]. Journal of International Business Studies, 2009, 40(8): 1241-1259.

[232] Madhok, A., M. Keyhani. Acquisitions as Entrepreneurship: Asymmetries, Opportunities, and the Internationalization of Multinationals from Emerging Economies[J]. Global Strategy Journal, 2012, 2(1): 26-40.

[233] Makela, M. M., M. V. J. Maula. Interorganizational Commitment in Syndicated Cross-Border Venture Capital Investments[J]. Entrepreneurship Theory and Practice, 2006, 30(2): 273-298.

[234] Makela, M. M., M. V. J. Maula. Attracting Cross-Border Venture Capital: The Role of a Local Investor[J]. Entrepreneurship and Regional Development, 2008, 20(3): 237-257.

[235] Makela, M. M., M. V. J. Maula. Cross-Border Venture Capital and New Venture Internationalization: An Isomorphism Perspective [J]. Venture Capital, 2005, 7(3): 227-257.

[236] Manigart, S., M. Wright, K. Robbie, et al. Venture Capitalists' Appraisal of Investment Projects: An Empirical European Study[J]. Entrepreneurship Theory and Practice, 1997, 21(4): 29-43.

[237] Masulis, R. W., R. Nahata. Venture Capital Conflicts of Interest: Evidence from Acquisitions of Venture-Backed Firms[J]. Journal of Financial and Quantitative Analysis, 2011, 46(2): 395-430.

[238] Megginson, W. L., A. Meles, G. Sampagnaro, et al. Financial Distress Risk in Initial Public Offerings: How Much Do Venture Capitalists Matter? [J]. Journal of Corporate Finance, 2019(59): 10-30.

[239] Meuleman, M., M. Wright. Cross-Border Private Equity Syndication: Institutional Context and Learning[J]. Journal of Business Venturing, 2011, 26(1): 35-48.

[240] Milanov, H. Examination of Foreign Venture Capitalists'role in Developing Economies[J]. Economic Trends & Economic Policy, 2005, 15(13): 51-71.

[241] Miller, K. D., W. -R. Chen. Variable Organizational Risk Preferences: Tests of the March-Shapira Model[J]. The Academy of Management Journal, 2004, 47(1): 105-115.

[242] Miller, S. R., A. Parkhe. Is There a Liability of Foreignness in Global Banking? An Empirical Test of Banks' X-Efficiency[J]. Strategic Management Journal, 2002, 23(1): 55-75.

[243] Moore, C. B., R. G. Bell, I. Filatotchev, et al. Foreign IPO Capital Market Choice: Understanding the Institutional Fit of Corporate Governance[J]. Strategic Management Journal, 2012, 33(8): 914-937.

[244] Moore, C. B., G. T. Payne, R. G. Bell, et al. Institutional Distance and Cross-Border Venture Capital Investment Flows[J]. Journal of Small Business Management, 2015, 53(2): 482-500.

[245] Nahata, R. Venture Capital Reputation and Investment Performance [J]. Journal of Financial Economics, 2008, 90(2): 127-151.

[246] Nahata, R., S. Hazarika, K. Tandon. Success in Global Venture Capital Investing: Do Institutional and Cultural Differences Matter? [J]. Journal of Financial and Quantitative Analysis, 2014, 49(4): 1039-1070.

[247] Ohlson, J. A. Financial Ratios and the Probabilistic Prediction of Bankruptcy[J]. Journal of Accounting Research, 1980, 18(1): 109-131.

[248] Pahnke, E. C., R. Mcdonald, D. Wang, et al. Exposed: Venture Capital, Competitor Ties, and Entrepreneurial Innovation[J]. Academy of Management Journal, 2015, 58(5): 1334-1360.

[249] Park, C., I. Vertinsky, C. Lee. Korean International Joint Ventures: How the Exchange Climate Affects Tacit Knowledge Transfer from Foreign Parents [J]. International Marketing Review, 2012, 29(2): 151-174.

[250] Park, H. D., D. Tzabbar. Venture Capital, Ceos' Sources of Power, and Innovation Novelty at Different Life Stages of a New Venture[J]. Organization Science, 2016, 27(2): 336-353.

[251] Park, S., J. A. Lipuma. New Venture Internationalization: The Role of Venture Capital Types and Reputation[J]. Journal of World Business, 2020, 55

(1): 1-10.

[252] Park, S., J. A. Lipuma, S. S. Park. Concentrating Too Hard? Foreign and Corporate Venture Capital Involvement in Syndicates[J]. Journal of Small Business Management, 2019, 57(2): 327-342.

[253] Patzelt, H., D. Z. Knyphausen-Aufsess, H. T. Fischer. Upper Echelons and Portfolio Strategies of Venture Capital Firms[J]. Journal of Business Venturing, 2009, 24(6): 558-572.

[254] Pearson, R. Looking at Chinese Vie's[M]. Forbes, 2012.

[255] Penrose, E. T. The Theory of the Growth of the Firm[M]. Oxford: Oxford University Press, 1959.

[256] Penrose, R. The Role of Aesthetics in Pure and Applird Mathematical Research[J]. Bulletin of the Institute of Mathematics and its Applications, 1974, 10(2): 266-271.

[257] Peter Groh, A., H. Von Liechtenstein, K. Lieser. The European Venture Capital and Private Equity Country Attractiveness Indices[J]. Journal of Corporate Finance, 2010, 16(2): 205-224.

[258] Pezeshkan, A., A. Smith, S. Fainshmidt, et al. Risk, Capabilities, and International Venture Capital Syndication in China[J]. International Journal of Entrepreneurial Behavior & Research, 2019, 25(8): 1671-1684.

[259] Pfeffer, J., G. R. Salancik. The External Control of Organizations: A Resource Dependence Perspective[J]. Social Science Electronic Publishing, 2003, 23(2): 123-133.

[260] Pierrakis, Y., E. Saridakis. The Role of Venture Capitalists in the Regional Innovation Ecosystem: A Comparison of Networking Patterns between Private and Publicly Backed Venture Capital Funds[J]. Journal of Technology Transfer, 2019, 44(3): 850-873.

[261] Plagmann, C., E. Lutz. Beggars or Choosers? Lead Venture Capitalists and the Impact of Reputation on Syndicate Partner Selection in International Settings [J]. Journal of Banking & Finance, 2019(100): 359-378.

[262] Plagmann, C., E. Lutz. Better Safe Than Sorry? The Effect of Trust on Venture Capitalists' Choice of Syndicate Partners[J]. International Journal of Entrepreneurial Venturing, 2019, 11(3): 231-257.

[263] Pollock, T. G., J. F. Porac, J. B. Wade. Constructing Deal Networks: Brokers as Network "Architects" in the U. S. IPO Market and Other Examples[J]. The Academy of Management Review, 2004, 29(1): 50-72.

[264] Popov, A., P. Roosenboom. Venture Capital and Patented Innovation: Evidence from Europe[J]. Economic Policy, 2012(71): 447-482.

[265] Pradhan, R. P., M. B. Arvin, M. Nair, et al. Sustainable Economic Growth in the European Union: The Role of Ict, Venture Capital, and Innovation [J]. Review of Financial Economics, 2020, 38(1): 34-62.

[266] Pruthi, S., M. Wright, K. E. Meyer. Staffing Venture Capital Firms' International Operations[J]. International Journal of Human Resource Management, 2009, 20(1): 186-205.

[267] Pukthuanthong, K., T. Walker. Venture Capital in China: A Culture Shock for Western Investors[J]. Management Decision, 2007, 45(4): 708-731.

[268] Que, J., X. Zhang. The Role of Foreign and Domestic Venture Capital in Innovation: Evidence from China[J]. Accounting and Finance, 2020(60): 1077-1110.

[269] Ramachandran, J., A. Pant. The Liabilities of Origin: An Emerging Economy Perspective on the Costs of Doing Business Abroad[J]. Advances in International Management, 2010(23).

[270] Reus, T. H., B. T. Lamont. The Double-Edged Sword of Cultural Distance in International Acquisitions[J]. Journal of International Business Studies, 2009, 40(8): 1298-1316.

[271] Sapienza, H. J., S. Manigart, W. Vermeir. Venture Capitalist Governance and Value Added in Four Countries[J]. Journal of Business Venturing, 1996, 11(6): 439-469.

[272] Schertler, A., T. Tykvova. Venture Capital and Internationalization [J]. International Business Review, 2011, 20(4): 423-439.

[273] Schertler, A., T. Tykvova. What Lures Cross-Border Venture Capital Inflows? [J]. Journal of International Money and Finance, 2012, 31(6): 1777-1799.

[274] Schmiedeberg, C. Complementarities of Innovation Activities: An Empirical Analysis of the German Manufacturing Sector[J]. Research Policy, 2008, 37(9): 1492-1503.

[275] Shane, S., D. Cable. Network Ties, Reputation, and the Financing of New Ventures[J]. Management Science, 2002(48): 364-381.

[276] Shinkle, G. A., J. A. Suchard. Innovation in Newly Public Firms: The Influence of Government Grants, Venture Capital, and Private Equity[J]. Australian Journal of Management, 2019, 44(2): 248-281.

[277] Solnik, B. Equity Home Bias and Regret: An International Equilibrium Model[J]. SSRN Electronic Journal, 2008.

[278] Sorenson, O., Stuart, Toby E. Syndication Networks and the Spatial Distribution of Venture Capital Investments[J]. American Journal of Sociology, 2001, 106(6): 1546-1588.

[279] Sorenson, O., T. E. Stuart. Bringing the Context Back In: Settings and the Search for Syndicate Partners in Venture Capital Investment Networks[J]. Administrative Science Quarterly, 2008, 53(2): 266-294.

[280] Spence, M. Job Market Signaling[J]. The Quarterly Journal of Economics, 1973, 87(3): 355-374.

[281] Steensma, H. K., L. Marino, P. H. Dickson. The Influence of National Culture on the Formation of Technology Alliances by Entrepreneurial Firms[J]. Academy of Management Journal, 2000, 43(5): 951-973.

[282] Stein, J. C. Chapter 2. Agency, Information and Corporate Investment [J]. Handbook of the Economics of Finance, 2003(1): 111-165.

[283] Stets, J. E., P. J. Burke. Identity Theory and Social Identity Theory [J]. Social Psychology Quarterly, 2000, 63(3): 224-237.

[284] Strebulaev, I., Gornall, W. How Much Does Venture Capital Drive the U. S. Economy? [M]. Stanford Business School Insights. Stanford Graduate Business School, 2015.

[285] Stuart, T. E., Hoang, H., Hybels, R. C. Interorganizational Endorsements and the Performance of Entrepreneurial Ventures[J]. Administrative Science Quarterly, 1999, 44(2): 315-349.

[286] Stulz, R. A Model of International Asset Pricing[J]. Journal of Financial Economics, 1981, 9(4): 383-406.

[287] Suh, J. Home Bias among Institutional Investors: A Study of the Economist Quarterly Portfolio Poll[J]. Journal of the Japanese and International Econo-

mies, 2005, 19(1): 72–95.

[288] Sun, W., Y. Zhao, L. Sun. Big Data Analytics for Venture Capital Application: Towards Innovation Performance Improvement [J]. International Journal of Information Management, 2020(50): 557–565.

[289] Tajfel, H. Social Identity and Intergroup Behaviour[J]. Social Science Information, 1974, 13(2): 65–93.

[290] Tajfel, H. Social Psychology of Intergroup Relations [J]. Annual Review of Psychology, 1982, 33(1): 1–39.

[291] Tan, J., W. Zhang, J. Xia. Managing Risk in a Transitional Environment: An Exploratory Study of Control and Incentive Mechanisms of Venture Capital Firms in China [J]. Journal of Small Business Management, 2008, 46 (2): 263–285.

[292] Thomas, D. C. Essentials of International Management: A Cross-Cultural Perspective[M]. Thousand Oaks, CA.: Sage Publications, 2001.

[293] Tian, X. The Role of Venture Capital Syndication in Value Creation for Entrepreneurial Firms[J]. Review of Finance, 2012, 16(1): 245–283.

[294] Tian, X., G. F. Udell, X. Yu. Disciplining Delegated Monitors: When Venture Capitalists Fail to Prevent Fraud by Their Ipo Firms[J]. Journal of Accounting and Economics, 2016, 61(2): 526–544.

[295] Tykvova, T. Legal Framework Quality and Success of (Different Types of) Venture Capital Investments[J]. Journal of Banking & Finance, 2018(87): 333–350.

[296] Tykvova, T., A. Schertler. Does Syndication with Local Venture Capitalists Moderate the Effects of Geographical and Institutional Distance? [J]. Journal of International Management, 2014, 20(4): 406–420.

[297] Vaara, E., R. Sarala, G. K. Stahl, et al. The Impact of Organizational and National Cultural Differences on Social Conflict and Knowledge Transfer in International Acquisitions[J]. Journal of Management Studies, 2012, 49(1): 1–27.

[298] Vedula, S., S. F. Matusik. Geographic, Network, and Competitor Social Cues: Evidence from Us Venture Capitalists Internationalization Decisions[J]. Strategic Entrepreneurship Journal, 2017, 11(4): 393–421.

[299] Wadhwa, A., C. Phelps, S. Kotha. Corporate Venture Capital Portfo-

lios and Firm Innovation [J]. Journal of Business Venturing, 2016, 31 (1): 95-112.

[300] Wang, P. Syndication and Foreignness: Venture Capital Investments in Emerging and Developed Markets[J]. Journal of International Management, 2017, 23(1): 1-15.

[301] Wernerfelt, B. A Resource-Based View of the Firm[J]. Strategic Management Journal, 1984, 5(2): 171-180.

[302] Xu, D., Shenkar, O. Institutional Distance and the Multinational Enterprise[J]. Academy of Management Review, 2002, 27(4): 608-618.

[303] Xu, Z. F. Why Go Ipo Overseas: Investigation and Understanding of Chinese Companies' Foreign Ipos[N]. People's Daily, 2014.

[304] Zaheer, S. Overcoming the Liability of Foreignness[J]. The Academy of Management Journal, 1995, 38(2): 341-363.

[305] Zaheer, S., L. Nachum. Sense of Place: From Location Resources to Mne Locational Capital[J]. Global Strategy Journal, 2011, 1(12): 96-108.

[306] Zhang, C. X., T. -H. D. King. The Decision to List Abroad: The Case of Adrs and Foreign Ipos by Chinese Companies[J]. Journal of Multinational Financial Management, 2010, 20(1): 71-92.

[307] Zhang, J., H. Yu. Venture Capitalists' Experience and Foreign Ipos: Evidence from China[J]. Entrepreneurship Theory and Practice, 2017, 41(5): 677-707.

[308] Zmijewski, M. E. Methodological Issues Related to the Estimation of Financial Distress Prediction Models [J]. Journal of Accounting Research, 1984 (22): 59-82.

[309] Zyglidopoulos, S., P. Williamson, P. Symeou. The Corporate Social Performance of Developing Country Multinationals[J]. Business Ethics Quarterly, 2016, 26(3): 379-406.

后　记

本书在本人博士论文基础上修改完善而成，在其即将出版之际，感触颇多。读博路上的艰辛与美好，进入高校任教后的忐忑与收获，每个人生重要阶段的快速成长，都离不开父母、老师、领导和亲朋好友的鼓励和帮助，在此表示由衷的感谢！

本书的顺利出版，要感谢我的导师顾露露教授。感谢您的持续督导和无微不至的关怀。感谢您让我参与您的重点课题研究和成为“投资研究动态”公众号的一员，带我开启科研之门。感谢您在我博士论文的写作过程中，大到选题、结构框架和实证分析，小到标点符号、格式排版和言语措辞，事无巨细的悉心指导。感谢您在我工作后，在教学和科研方面的远程指导。您渊博的学识、严谨谦虚的治学态度和为人师表的谆谆教诲都让我深深地折服，您永远都是我学习的榜样。

本书的顺利出版，要感谢生我育我的父母，是你们的关爱让我在一个无忧无虑的环境中健康成长；是你们的信任和支持让我肆意地追逐梦想。要感谢中南财经政法大学和金融学院提供这么好的学习平台，感谢任课老师们深入浅出的知识讲解，感谢学院辅导员和其他行政人员的日常工作支持。要感谢同门的兄弟姐妹们，感谢你们在我的博士生涯中，在生活和学习上提供的无私帮助。

本书的顺利出版，还要感谢河南科技大学和商学院科研团队给予的资助，以及中国经济出版社的老师们在本书出版过程中所给予的帮助和辛苦付出。

最后，限于相关样本数据的可得性以及本人有限的研究水平，尚不能窥一斑而知全豹，本书关于国际风险投资对企业创新的影响研究还有待持续完善，且本书在编写过程中难免存在疏漏、错误之处，衷心地期待各位同人专家和读者的批评指正！

“路漫漫其修远兮，吾将上下而求索”，未来我将心怀感恩，在科研之路上砥砺前行，将更多更好的文章写在祖国大地上！

河南科技大学商学院　张凯歌

2023 年 11 月